《中国职业技术教育》创刊 30 年丛书

30 年 30 事

编写组

中国教育出版传媒集团
高等教育出版社·北京

内容提要

　　本书是《中国职业技术教育》创刊30年丛书之一。党和国家高度重视职业教育，把其作为国民教育体系和人力资源开发的重要组成部分。30年来，职业教育从"大力发展"逐步迈向"加快发展"，从调整结构转向突出质量、结构、效益，从规模扩张向内涵发展转变，不断深化育人方式、办学模式、管理体制、保障机制改革，推动职业适应社会发展需要。本书精选的30件大事要事，有的对职业教育的改革和发展产生了重大影响，有的反映了职业教育的重要制度创新，有的具有里程碑意义，有的是标志性事件，有的是国家大项目，有的是发展转折点，集中展示了30年来职业教育攻坚克难、深化改革的历程，以及职业教育事业的不断壮大。

图书在版编目（ＣＩＰ）数据

　　《中国职业技术教育》创刊30年丛书．30年30事 ／《〈中国职业技术教育〉创刊30年丛书·30年30事》编写组编．--北京：高等教育出版社，2023.12
　　ISBN 978-7-04-061527-2

　　Ⅰ．①中⋯　Ⅱ．①中⋯　Ⅲ．①职业教育-中国-文集
Ⅳ．①G719.2-53

　　中国国家版本馆CIP数据核字（2023）第236926号

《中国职业技术教育》创刊30年丛书·30年30事
《ZHONGGUO ZHIYE JISHU JIAOYU》CHUANGKAN 30 NIAN CONGSHU · 30 NIAN 30 SHI

| 策划编辑 | 贾瑞武 | 责任编辑 | 陈鹏凯　苗叶凡 | 封面设计 | 王凌波 | 版式设计 | 童　丹 |
| 责任校对 | 刘娟娟 | 责任印制 | 赵义民 | | | | |

出版发行	高等教育出版社	网　　址	http://www.hep.edu.cn
社　　址	北京市西城区德外大街4号		http://www.hep.com.cn
邮政编码	100120	网上订购	http://www.hepmall.com.cn
印　　刷	北京中科印刷有限公司		http://www.hepmall.com
开　　本	787mm×1092mm　1/16		http://www.hepmall.cn
印　　张	13.75		
字　　数	260千字	版　　次	2023年12月第1版
购书热线	010-58581118	印　　次	2023年12月第1次印刷
咨询电话	400-810-0598	定　　价	38.00元

序 言

自1993年创刊以来，《中国职业技术教育》已届而立之年，我们特决定出版"《中国职业技术教育》创刊30年丛书"。

职业教育是基础性事业，其发展离不开理论指导、榜样引领、事件推动、支柱支撑和伙伴协同。故此，本丛书撷取1993—2022年这段历史，分别从"文、人、事、校、业"五个角度，力图较为全面地展示30年来中国职业教育发展之路。

"30年30文"：理论是实践的先导。中国职业教育的伟大实践与成就，离不开扎根中国实际的学术研究和理论基础。30年来，中国职业教育学术界在借鉴、总结、开拓、创新中，为实践发展路径提供了前瞻性理论探寻，对实践中的迷茫与争论进行了拨云见日的澄清，为打造职业教育"中国方案"、形成中国职业教育发展模式提供了理论支撑。回顾历史，我们从《中国职业技术教育》刊发的21400余篇文章中撷取各年度富有代表性、创造力、影响力的文章30篇，并邀约专家学者进行总结、阐释、解读，梳理展现30年来中国职业教育学术发展脉络与理论成就。

"30年30人"：综合国力的竞争归根结底是人才的竞争、劳动者素质的竞争。高素质技术技能人才是支撑中国制造、中国创造的"主力军"，也是实现高水平科技自立自强、破解创新发展难题的"生力军"；职业教育是培育造就高素质技术技能人才的主阵地，是孕育能工巧匠、大国工匠的重要母体。弘扬大国工匠与良匠之师的先进事迹，对营造劳动光荣、技能宝贵、创造伟大的时代风尚，树立心有大我、至诚报国，言为士则、行为世范，启智润心、因材施教，勤学笃行、求是创新，乐教爱生、甘于奉献，胸怀天下、以文化人的教育家精神，具有重要意义。因此，我们在众多大国工匠、能工巧匠、优秀教师中精选30位先进人物，介绍他们的事迹，供各界人士了解。

"30年30事"：重要时间节点和标志性事件既是推动我们事业发展的坐标点，也是铭记事业成就的里程碑。30年来，党和国家对职业教育高度重视、寄予厚望，一系列重要政策、会议、指示，指引了职业教育的发展方向；30年来，职业教育战线奋勇向前、改革探索，在不同时期、不同发展阶段取得了一系列辉煌成就。为系统展现30年来中国职业教育的成长历程、关键环节、重要成就，我们特遴选30件影响职业教育发展的重要事件，并进行阐释解读。

"30 年 30 校"：职业院校是职业教育的主力军，是职业教育服务经济社会发展、满足人民群众需求的核心力量。从 1994 年确立"三改一补"发展高等职业教育，到 2019 年正式批准确立首批职业本科院校，广大职业院校共同构建了以中职为基础、高职为主体、职业本科为牵引的现代职业教育体系。30 年来，它们以提升服务经济产业能力发展为主旨，努力开拓办学体制机制新路径；30 年来，它们以满足人民群众高质量教育需求为要责，不懈探索教育教学新模式；30 年来，它们以服务社会多样化教育需求为使命，为社会广开求学之门。为展现职业院校 30 年来筚路蓝缕、改革探索的艰辛历程，我们从全国 1 万多所职业院校中遴选 30 所院校作为代表，进行典型呈现。

"30 年 30 业"：产业是职业教育服务的核心，也是其发展的重要支撑。30 年来，职业教育不断探索服务产业发展路径、模式，以产定教，教随产出，四链融合，专业与产业发展日渐同频共振。以先进制造业、现代服务业和战略性新兴产业为代表的新产业和新业态，代表着产业发展的方向，也最为集中地体现了职业教育紧盯产业发展、教随产出的发展重心。为此，我们选择 30 种与职业教育发展紧密相关的新业态，充分展现职业教育与产业相互支撑、相互促进的良好生态。

历史是最好的教科书，是我们开创事业、进行斗争、实现复兴的重要基础。铭记历史，才能面向未来。1993—2022 年，是中国职业教育浓墨重彩的 30 年。这 30 年，中国职业教育在拉开社会主义市场经济的帷幕下起步，迄今已建成大规模的职业教育体系，为中国成为世界第二大经济体提供了源源不断的技能人才；这 30 年，职业教育面向人人、服务人人，一线新增从业人员 70% 以上来自职业院校，职业院校 70% 以上学生来自农村，两个"70%"为学生的发展、社会的共同富裕奠定了坚实基础；这 30 年，中国职业教育从"引进来"到"走出去"，为世界提供了"中国智慧""中国方案"，充分展现了中国道路的优势与自信。

"大江流日夜，慷慨歌未央。"回顾 30 年历史之河，众多中国职业教育的研究者、探索者、建设者或以异乎寻常的敏锐思想、超前视角探究职业教育发展前沿，扫清理论、思想障碍；或以无与伦比的勇气，勇往直前，开拓创新，开辟职业教育实践新路；或甘于奉献，勤勤恳恳夯实职业教育发展根基。他们的思想、探索、奉献值得我们回顾、铭记。

《中国职业技术教育》诞生成长于这 30 年。作为时代见证者、历史记录者、学术思想库，我们有责任刻录下这 30 年的发展历程，以及为此做出不可磨灭贡献的人物、院校和单位，进而为未来发展奠定更加坚实的基石。这是我们出版本丛书，绘制 30 年职教发展全幅画卷的初衷。

面向未来，党的二十大的胜利召开对职业教育做出新部署、提出新要求，中国职业教育进入新的发展阶段，前途广阔，一片光明。面向世界，中国职业教育发展模式被越来越多的国家学习引进，逐步走向世界前列。我们坚信在下一个30年，中国职业教育将赢得更加辉煌的未来！

本丛书由教育部职业教育发展中心主任彭斌柏策划指导、副主任曾天山统筹组织，产教合作处处长唐以志具体推进。在编撰过程中得到全国电子商务职业教育教学指导委员会、深圳职业技术大学等单位和院校，李梦卿、陈衍等专家学者的鼎力支持。高等教育出版社编辑在时间紧、任务重的情况下，尽心竭力，夙夜不懈，保证了丛书的高质量出版。在此，向所有参与丛书编撰的单位、院校、专家、学者和同仁表示衷心的感谢。

需要说明的是，由于篇幅所限，许多重要的文章、人物、事件、院校、产业未能列入其中，引以为憾，期待日后再加以增补。

编写组

2023年9月

目　录

通过修订《中华人民共和国职业教育法》推动现代职业教育科学发展

为了推动职业教育高质量发展，提高劳动者素质和技术技能水平，促进就业创业，建设教育强国、人力资源强国和技能型社会，推进社会主义现代化建设，新修订的《中华人民共和国职业教育法》对职业教育类型定位、体系建设、实施办法、办学机构和师生规范等方面都提出了相关的法律指引，对指导和保障我国现代职业教育高质量发展具有重要意义。

一、《职业教育法》的修订过程

为了实施科教兴国战略，发展职业教育，提高劳动者素质，推进社会主义现代化建设，根据《中华人民共和国教育法》和《中华人民共和国劳动法》，1996年5月15日第八届全国人民代表大会常务委员会第十九次会议通过了《中华人民共和国职业教育法》，并于1996年9月1日颁布施行。

随着我国经济社会发展速度加快，劳动者素质和技术技能水平与产业转型升级过程中的人力资源供需矛盾不断显现，迫切需要职业教育发挥育人育才积极作用，职教法的修订也被提上议事日程。

2008年10月至2014年6月间，全国人大提出修订《中华人民共和国职业教育法》的议案，国务院委托教育部起草新的职业教育法。教育部第一次提交的《中华人民共和国职业教育法》修订送审稿在国务院征求意见时，被认为尚未达到成熟的条件，没有提交到全国人大。"还须再修改"成为第一次修订也是修订第一阶段的最终结果，但所做的一切工作，为后来重新修订职业教育法奠定了良好的基础。

2016年2月24日，在第十二届全国人大常委会第十九次会议上，作为对全国人大执法检查以及委员长报告的回应，时任教育部部长袁贵仁受国务院委托，作了《国务院关于落实职业教育法执法检查报告和审议意见的报告》。2019年，征求意见稿发布并公开征求意见，经教育部完善后提交国务院常务会议审议。2021年3月24日国务院常务会议通过《中华人民共和国职业教育法（修订草案）》，提交全国人大常委会审议。

2021 年 5 月，国务院向全国人大常委会提请审议《中华人民共和国职业教育法（修订草案）》的议案。2021 年 6 月 17 日，全国人大常委会法制工作委员会就草案面向全社会征求意见。2022 年 4 月 1 日，时任中共中央政治局常委、全国人大常委会委员长栗战书率全国人大调研组就职业教育法修订工作赴职业院校进行实地调研。2022 年 4 月 20 日十三届全国人大常委会第三十四次会议表决通过了新修订的《中华人民共和国职业教育法》（以下简称新修订的《职业教育法》），新修订的《职业教育法》于 2022 年 5 月 1 日起施行。

二、内容更加丰富，体系结构更加完备

新修订的《职业教育法》内容从五章四十条完善至八章六十九条，由原来的 3 400 余字修改为 10 000 余字，内容更加丰富，体系结构更加完备，针对性和可操作性更强，体现了最新的发展理念和制度创新，系统构建了新时代职业教育法律制度体系。

第一章是总则。本章共有 13 个条款（第 1~13 条），集中规定了法律的立法宗旨与依据、职业教育定义、法律适用范围、性质定位、实施原则、管理体制等重大问题，反映了法律的指导思想、宗旨目的，确定了法律具体条文和实施中需要遵循的原则和要求。本章明确了职业教育是与普通教育具有同等重要地位的教育类型，是国民教育体系和人力资源开发的重要组成部分，是培养多样化人才、传承技术技能、促进就业创业的重要途径。提出职业教育必须坚持中国共产党的领导，坚持社会主义办学方向，贯彻党的教育方针，坚持立德树人、德技并修，坚持产教融合、校企合作，坚持面向市场、促进就业，坚持面向实践、强化能力，坚持面向人人、因材施教。

第二章是关于职业教育体系的内容。本章共 6 个条款（第 14~19 条），围绕构建职业学校教育和职业培训并重，职业教育与普通教育相互融通，不同层次职业教育有效贯通，服务全民终身学习的现代职业教育体系，规范了相关内容。本章明确提出要优化教育结构，科学配置教育资源，在义务教育阶段后的不同阶段因地制宜、统筹推进职业教育与普通高等教育协调发展。提出高等职业教育由专科、本科及以上教育层次的高等职业学校和普通高等学校实施。根据高等职业院校设置制度规定，将符合条件的技师学院纳入高等职业院校序列。

第三章是关于职业教育实施的内容。本章共 13 个条款（第 20~32 条），系统对教育等有关部门，以及行业组织、群体组织、企业等各个主体，在职业教育中的功能作用和权利义务作了明确规定。本章明确提出由国务院教育行政部门会同有关部门组织制定、修订职业教育专业目录，完善职业教育教学标准等，宏观管理指导职

业学校教材建设。要大力发展先进制造等产业需要的新兴专业，支持高水平职业学校、专业建设。要推行中国特色学徒制，引导企业按照岗位总量的一定比例设立学徒岗位，鼓励和支持有技术技能人才培养能力的企业特别是产教融合型企业与职业学校、职业培训机构开展合作。

第四章是关于职业学校和培训机构的内容。本章共11个条款（第33~43条），规定了职业学校和培训机构的设立条件、审批制度、内部治理体制、办学自主权、招生考试制度、教育教学要求、产教融合校企合作的方式、评价制度等，明确职业学校和职业培训机构的权利义务。本章明确提出要设立实施职业本科层次教育的高等职业学校，提出建立符合职业教育特点的考试招生制度，规定职业教育质量评价应当突出就业导向，把学生的职业道德、技术技能水平、就业质量作为重要指标，引导职业学校培养高素质技术技能人才。

第五章是关于职业教育的教师与受教育者的内容。本章共10个条款（第44~53条），主要围绕如何建设高素质、专业化的教师队伍，特别是"双师型"教师队伍，以及保障教师和学生的合法权益，明确了相关制度和规范。本章明确提出要加强职业教育教师专业化培养培训，鼓励设立专门的职业教育师范院校，支持高等学校设立相关专业，培养职业教育教师；鼓励行业组织、企业共同参与职业教育教师培养培训。

第六章是关于职业教育保障的内容。本章共9个条款（第54~62条），围绕职业教育的经费保障，从政策保障、财政支持、企业投入、金融支持、社会捐赠等方面做了规定，此外，规定了职业教育的科研、统计等服务和保障体系等内容。本章明确提出各级政府要加大面向农村的职业教育投入，要逐步建立反映职业教育特点和功能的信息统计和管理体系，要积极开展职业教育公益宣传，弘扬技术技能人才成长成才典型事迹，营造人人努力成才、人人皆可成才、人人尽展其才的良好社会氛围。

第七章是法律责任。本章共5个条款（第63~67条），专门增设了相关法律责任，针对职业教育中特定的违法行为设立了法律制裁措施。

第八章是附则。本章共2个条款（第68~69条），规定适用本法的其他内容，本法的实施日期。

三、对我国职业教育高质量发展具有重要意义

新修订的《职业教育法》以更全面的内容、更具体的规定、更有力的措施、更强的针对性和可操作性推动我国职业教育健康、持续和科学发展。

（一）建立健全服务全民终身学习的现代职业教育体系

新修订的《职业教育法》着力建立健全服务全民终身学习的现代职业教育体系。纵向贯通，形成技术技能人才培养的完整通道，规定高等职业学校教育由专科、本科及以上教育层次的高等职业学校和普通高等学校实施；支持在普通中小学开展职业启蒙、职业认知、职业体验等。横向融通，构建职业教育与普通教育的"立交桥"，规定国家建立健全各级各类学校教育与职业培训学分、资历及其他学习成果的认证、积累和转换机制，促进职业教育与普通教育的学习成果融通、互认；规定职业学校教育与职业培训并重，职业培训机构、职业学校和其他学校等都可以开展职业培训。

（二）因地制宜实施普职分流，以高中后为重点的教育分流成为趋势

原《中华人民共和国职业教育法》第十二条规定"实施以初中后为重点的不同阶段的教育分流"，长期以来，这一规定成为我国各地中考分数线划分的重要依据。法律和政策的强力推行，促使我国中等职业教育学生规模与普通高中大体相当。美国教育家埃尔伍德·帕特森·克伯莱（Ellwood P. Cubberley）认为，教育的作用在于为更多人争取机会并且能够让个体更好地为国家服务。随着我国社会经济的快速发展，人民群众对接受更高水平、更优质教育的需求有了更高期待。为此，新修订的《职业教育法》没有再沿用原来的一些提法，而是从实际出发，更加关注民生，积极回应社会关切，提出因地制宜协调普职发展，让更多孩子有机会进入普通高中学习。通过扎实的初中、高中基础学科知识的学习后再分流进入普通高等学校或高职院校，有利于保障学生在更成熟的年龄阶段选择更适合自己的类型教育。

（三）持续加强师资队伍建设，高素质、结构化"双师型"教师队伍成为职业教育发展关键

新修订的《职业教育法》以较大篇幅对职业教育教师培养、培训、来源、结构等方面作了具体规定，鼓励企业接纳职业学校教师实践；鼓励设置专门职业技术师范院校；鼓励企事业单位的专业技术人员到职业学校担任专职或兼职专业课教师等。新修订的《职业教育法》一经颁布，教育部即于5月17日印发了《关于开展职业教育教师队伍能力提升行动的通知》，提出将研制新时代职业院校"双师型"教师标准等一系列标准和办法，多维度提升职业学校教师专业能力，多渠道加强"双师型"教师队伍建设。教育部已于2019年、2022年先后两次共遴选了360个国家级教师教学创新团队，在促进校企合作建设结构化的"双师型"教师队伍方面取得了明显成效。截至2020年，我国中、高职学校专任教师分别有69.5万人和57万人，

其中"双师型"教师占比分别为56%和59%。教师队伍结构更加优化，专业化素质更加凸显。"双师型"教师队伍是高素质劳动者和技术技能人才培养的关键，为我国职业教育高质量发展发挥了保障性作用。

（四）稳步开展本科层次职业教育，本科层次职业院校试点成为热点

建设现代职业教育体系，开展本科层次职业教育成为备受社会特别是职业教育界关注的重点和焦点。发展本科层次职业教育是国际共识，如德国于2009年建立的巴登－符腾堡州双元制大学、日本于2019年开始招生的专门职业大学等都是现代意义上的本科层次职业学校。以更高水平更高层次的职业教育培养高素质技术技能人才，新修订的《职业教育法》确定了方向，设计了路径，提出了措施。新修订的《职业教育法》的实施，让公办高职院校独立升格或合并升格建设本科层次职业学校成为可能。全国有56所"双高计划"高职院校和141所"双高计划"专业群院校，从这197所"双高计划"学校中遴选一批建设成为本科层次职业院校，是对长期以来我国职业教育办学成果的肯定，是巩固职业教育类型的法律地位最有力的举措。本科层次职业教育肩负着提升职业教育办学层次、服务中高端产业发展的使命。以法律的形式予以明确，保障了体系建设的科学性，同时也巩固了职业教育的类型地位。

（五）坚持产教融合校企合作，办学主体多元化成为职业教育科学发展新常态

新修订的《职业教育法》明确提出要坚持产教融合、校企合作；支持企业和其他社会力量依法举办职业教育；鼓励企业参与职业教育办学尤其是产教融合型企业举办职业教育等。只有坚持产教融合、校企合作，中国特色学徒制才会更有成效，职业教育集团化发展才会更有功效，结构化双师团队建设才会更有实效，相应的政策才会更快落地，通过法律引导将多元主体办学的教育理想变为教育现实。在新修订的《职业教育法》的指引下，多元化主体办学正在成为职业教育发展的新常态，这也是我国著名职教先驱黄炎培先生所倡导的大职业教育主义在新时代背景下应有的样态。

四、多项举措推动新法落实

（一）教育部：举办职业教育法专场宣讲活动

2022年5月9日，教育部召开职业教育活动周期间的专场宣讲活动，宣传解读新修订的《职业教育法》。全国人大常委会法工委行政法室副主任宋芳分析了职业

教育法修订的背景，认为对于修法工作，党中央有决策、现实有需求、群众有期盼、工作有基础，并介绍了修法的三个阶段和重要意义。教育部政策法规司副司长王大泉从新修订的《职业教育法》的总则、职业教育体系、职业教育的实施、职业学校和培训机构、职业教育的教师与受教育者、职业教育的保障、法律责任等七个方面，系统解读了其章节结构、主要条文及内涵。教育部职业教育与成人教育司司长陈子季指出，新修订的职业教育法是加快建设技能型社会的根本之法；是巩固职业教育改革成果把成熟改革举措上升为法律制度的战略之举；是清除体制机制障碍，凝聚职业教育发展合力的有力保证；其实施标志着我国现代职业教育体系建设进入法治化阶段。关于如何贯彻落实职业教育法，陈子季提出把体系立起来、质量提起来、产教融起来、机制建起来、环境优起来等五大重点任务和15条具体举措，以时不我待的紧迫感、舍我其谁的使命感，真抓实干、奋勇向前，在贯彻落实职业教育法中加快推进职业教育现代化、建设教育强国、办好人民满意的教育。此次宣讲活动采取线上和线下相结合的方式，各省、自治区、直辖市、新疆生产建设兵团和计划单列市教育行政部门负责同志、相关处室负责同志、职业院校和相关单位代表600余人参加会议。

（二）中华职业教育社：学习贯彻落实职业教育法，积极参与支持职业教育工作

新修订的《职业教育法》在修订过程中赋予了工会、中华职业教育社等群团组织法律义务和职责，作为我国群团组织中的职业教育团体，中华职业教育社前期在修法过程中与全国人大、全国政协、司法部、教育部等密切配合，提出了大量意见建议，并在新法修订后提出将坚决把增强群团组织的"政治性、先进性、群众性"要求与参与支持职业教育工作有效结合，做好职业教育法的学习宣传与贯彻落实。中华职业教育社将从以下几个方面认真学习宣传和贯彻落实新版职业教育法，积极参与支持职业教育工作。一是统一思想、凝聚共识，做好职业教育法的学习宣传，具体通过社理事长撰文发表、在公共平台设立专题专栏、开展融媒体平台之间的系列访谈活动、组织专题学习座谈会等方式，加强新职业教育法的宣传工作。二是发挥群众团体的作用，做好团结引领工作，通过加强与广大职业教育工作者的联系，旗帜鲜明传达党和国家的职业教育大政方针、反映社员合理诉求；同时做好职业教育界代表人士特别是党外代表人士的政治引领与服务，引导他们切实遵守和维护职业教育法。三是发挥职教团体的专业优势，做好各项业务工作，通过加强与政府、行业企业和职业教育一线的工作协同，在职业教育有关标准制定、职业生涯发展研究与咨询、办学与指导办学、"三教"改革等方面发挥更大作用；同时发挥多平台多渠道优势，做好调查研究与高质量建言献策；此外还将在职业教育的评估、先进典型评选和有关专业比赛方面拓宽局面，努力传承职教社积极服务社会的优良

传统和丰富经验。四是发挥民间组织的灵活机制，做好对外交流工作，在联合国有关平台和活动中讲好中国职教故事、传播中国发展声音；加强与世界各国职业教育交流，在"走出去""引进来"中取得更好的成果，特别是提高中非民间论坛职业教育分论坛的吸引力和实效性；认真履行职能，在两岸职业教育交流合作和与港澳地区职业教育交流中迈出更大步伐，取得更大成果。

（三）南昌职业大学：积极宣传新修订的《职业教育法》

南昌职业大学深入学习贯彻习近平总书记关于职业教育的重要指示精神和全国职业教育大会精神，坚持目标导向、线上线下结合、注重全员参与，扎实推进新修订的《职业教育法》宣传解读和贯彻实施工作落地落实。首先，坚持目标导向，细化宣传方案，积极落实教育部、江西省教育厅的部署要求，成立学校宣传工作领导小组，编制专项宣传活动实施方案，着重宣传新法的主要内容和突出亮点。撰写专题文章，帮助广大师生充分认识职业教育法修订的重大意义。充分运用广播、网络、微信、微博等，多渠道、全方位宣传新修订的《职业教育法》，积极宣传学校办学以来取得的重要成果和典型人物事迹，帮助师生了解职业教育"是什么""怎么办"，以及"办成什么样"。利用LED屏、宣传栏、板报、横幅等载体，营造良好的宣传氛围。聚焦职业教育治理，进一步树立依法治校、依法治教理念，提升师生法治意识，为推动学校职业教育高质量发展营造良好法治环境。其次，通过线上线下相结合，创新宣讲方式，举行"职业教育活动周及新修订的职业教育法专项宣传启动仪式"，进行专题宣讲，进一步提升学校中层干部的法治思维能力，坚定推进职业教育改革决心，聚焦职业教育改革发展中的热点难点问题，凝聚广大师生促进职业教育发展合力。遴选10位优秀博士生担任宣讲员赴各学院，采用"线上＋线下"方式连续开展10场宣讲活动。把新修订的《职业教育法》的学习宣传与贯彻习近平法治思想和习近平总书记关于教育的重要论述相结合，与落实习近平总书记重要指示精神和党中央、国务院关于职业教育的决策部署相结合，深刻领悟修法精神，准确把握修法内容。强化集体备课机制，采取专题讲座、座谈研讨等多种方式开展学习宣传，注重宣讲知识的"输入—输出"和宣讲效果的"分享—反馈"，形成"传播者—受众者"有效互动的"双向式"学习模式，不断巩固深化学习成果。最后注重全员参与，突出宣传实效，开展"学习贯彻新职教法，促进学校新发展"为主题的知识竞赛。组织相关单位负责人开展新修订的《职业教育法》学习研讨活动，围绕职业教育办学成果经验和问题充分交流，聚焦"提高质量、提升形象"，提出意见建议，推动学法、知法、守法的自觉性，进一步规范依法依规办学行为。举办征文活动，充分激发广大师生参与积极性，累计收到作品3 000多篇。组织全校1.4万余名学生参加"弘扬法治精神，服务职教发展"主题班会，覆盖所有班级，引导学生进一步理解新修订的《职业教育法》与职业教育发展、学校事业发展和学生个人发展之间的内在关系。积极扩大宣传覆盖面，制作宣传海报，强化在校内及校外附近的行政村、社区、商场等场所开展宣传，广泛宣传职业教育的重要地位和作用，大力弘扬劳模精神、劳动精神、工匠精神，努力营造职业教育发展的良好社会氛围。

从"职普分流"到"职普融通"

　　我国自20世纪80年代调整中等教育结构以来，一直实行的是"职普分流"——职业教育和普通教育并行发展的双轨制模式。高等教育扩招后，中等职业教育由于经费投入低、基础薄弱、培养质量差，被认为"低人一等"，陷入了备受质疑的被动局面。2022年5月1日施行新修订的《职业教育法》对我国在"双轨"教育的基础上义务教育后普职分类发展，做出的与时俱进的、更加科学和规范的表述。

❋ 一、消解教育的界限与障碍 ❋

　　高中阶段的普职比成为牵动中等教育全局、监控和调整高中阶段教育的风向标。它直接影响着人才培养的数量与规格，进而影响着劳动就业、经济发展甚至社会安定。对此，国家主张以"普职比例大体相当"的原则来指导"职普分流"。但职业教育社会认可度不高，职普强制分流存在争议，许多地方推出弱化中等职业教育的做法，造成了职普发展相对失衡的客观事实。

　　2022年5月1日开始施行新修订的《职业教育法》，没有再保留之前"实施以初中后为重点的不同阶段的教育分流"的表述，而改为"职业教育与普通教育相互融通""在义务教育后的不同阶段因地制宜、统筹推进职业教育与普通教育协调发展"。新表述引起了社会的广泛关注，有人认为这意味着"职普分流"彻底取消，也有人认为"职普融通、协调发展"完全替代了"职普分流"。随后，教育部强调表述的变化并不意味着取消初中后的普职分流、取消中等职业教育，是对我国在"双轨"教育的基础上义务教育后普职分类发展，做出的与时俱进的、更加科学和规范的表述，它体现了我们各级各类教育优质均衡发展的理念，立法的重要作用是统筹、表达、平衡、调整社会利益，也为我国高质量的教育多样化发展提供了法律依据。

二、与时俱进的创新与发展

（一）充分发掘现有中等专业学校和技工学校的潜力

1980 年，国务院批转教育部、原国家劳动总局《关于中等教育结构改革的报告》，明确规定"普通高中要逐步增设职业（技术）教育课，学习科目可由学生自己选择"。

1985 年《中共中央关于教育体制改革的决定》提出，"我国广大青少年一般应从中学阶段开始分流：初中毕业生一部分升入普通高中，一部分接受高中阶段的职业技术教育；高中毕业生一部分升入普通大学，一部分接受高等职业技术教育""要充分发掘现有中等专业学校和技工学校的潜力，扩大招生，并且有计划地将一批普通高中改为职业高中，或者增设职业班，加上新办的这类学校，力争在 5 年左右，使大多数地区的各类高中阶段的职业技术学校招生数相当于普通高中的招生数，扭转目前中等教育结构不合理的状况""逐步建立起一个从初级到高级、行业配套、结构合理又能与普通教育相互沟通的职业技术教育体系"。文件体现了后来愈发明确的"职普分流""普职比例大体相当""普职融合"等职业教育理念。

1996 年 5 月 15 日，第八届全国人民代表大会常务委员会第十九次会议通过《中华人民共和国职业教育法》，自 1996 年 9 月 1 日起施行。该法规定"国家根据不同地区的经济发展水平和教育普及程度，实施以初中后为重点的不同阶段的教育分流，建立、健全职业学校教育与职业培训并举，并与其他教育相互沟通、协调发展的职业教育体系"，正式以法律的形式规定了"实施以初中后为重点的不同阶段的教育分流"。

1999 年《面向 21 世纪教育振兴行动计划》提出要"逐步研究建立普通高等教育与职业技术教育之间的立交桥"。2003 年《国务院关于大力推进职业教育改革与发展的决定》明确提出要"加强中等职业教育与高等职业教育，职业教育与普通教育、成人教育的衔接与沟通，建立人才成长'立交桥'"。2005 年《国务院关于大力发展职业教育的决定》明确提出要"建立职业教育与其他教育相互沟通和衔接的'立交桥'"。

2010 年《国家中长期教育改革和发展规划纲要（2010—2020 年）》提出"构建体系完备的终身教育。学历教育和非学历教育协调发展，职业教育和普通教育相互沟通，职前教育和职后教育有效衔接"。

（二）促进不同类型教育横向融通

2014 年，《国务院关于加快发展现代职业教育的决定》将职普沟通作为现代职业教育体系建设的重要内容。

2017年教育部等四部门印发的《高中阶段教育普及攻坚计划（2017—2020年）》提出"实行普职融通，为学生提供更多选择机会"，明确出现了"普职融通"的表述。

2019年国务院办公厅《关于新时代推进普通高中育人方式改革的指导意见》提出以"课程互选、学分互认、资源互通"来促进职普融通。

2019年《国家职业教育改革实施方案》指出，"县级以上人民政府教育行政部门应当鼓励和支持普通中小学、普通高等学校，根据实际需要增加职业教育相关教学内容，进行职业启蒙、职业认知、职业体验，开展职业规划指导、劳动教育，并组织、引导职业学校、职业培训机构、企业和行业组织等提供条件和支持"，将职普融通扩展至中小学。

2019年6月，国务院办公厅印发《关于新时代推进普通高中育人方式改革的指导意见》提出，鼓励普通高中与中等职业学校课程互选、学分互认、资源互通，促进普职融通。

2021年10月，中共中央办公厅、国务院办公厅印发的《关于推动现代职业教育高质量发展的意见》提出，"促进不同类型教育横向融通。加强各学段普通教育与职业教育渗透融通，在普通中小学实施职业启蒙教育，培养掌握技能的兴趣爱好和职业生涯规划的意识能力。探索发展以专项技能培养为主的特色综合高中。推动中等职业学校与普通高中、高等职业学校与应用型大学课程互选、学分互认。鼓励职业学校开展补贴性培训和市场化社会培训。制定国家资历框架，建设职业教育国家学分银行，实现各类学习成果的认证、积累和转换，加快构建服务全民终身学习的教育体系"，政策视域拓展到包含基础教育和高等教育在内的全学段、各层次。

（三）构建服务全民终身学习的现代职业教育体系

2022年，新修订的《职业教育法》以法律形式明确了"国家建立健全适应经济社会发展需要，产教深度融合，职业学校教育和职业培训并重，职业教育与普通教育相互融通，不同层次职业教育有效贯通，服务全民终身学习的现代职业教育体系""国家建立健全各级各类学校教育与职业培训学分、资历以及其他学习成果的认证、积累和转换机制，推进职业教育国家学分银行建设，促进职业教育与普通教育的学习成果融通、互认"。各级各类学校教育与职业培训学分互认、建立学习成果积累和转换机制有了法律依据，这样可以更加拉近职业院校与行业企业的关系，同时也是促进职业教育与普通教育走向融通的重要一步。

新修订的《职业教育法》明确了职普融通对于服务现代职业教育体系的重要性，并明确了其实施途径。职普融通从一直以来的政策倡导变成政策要求，最后上升到国家法律层面，体现了国家对职普融通的高度重视，推动职普协调发展、相互融通，让不同禀赋和需要的学生能够多次选择、多样化成才，职普融通成为构建现代职业教育体系、促进学生全面而有个性成长的抓手。

2022 年 12 月，中共中央办公厅、国务院办公厅印发《关于深化现代职业教育体系建设改革的意见》提出，推进职普融通、协调发展，坚持服务学生全面发展和经济社会发展，以提升职业学校关键能力为基础，以深化产教融合为重点，以推动职普融通为关键，以科教融汇为新方向，充分调动各方面积极性，统筹职业教育、高等教育、继续教育协同创新，有序有效推进现代职业教育体系建设改革，切实提高职业教育的质量、适应性和吸引力。

《关于深化现代职业教育体系建设改革的意见》将职业教育功能定位由"谋业"转向"人本"，更加注重服务人的全面发展。职业教育是促进就业的重要途径，但绝不是单纯的就业教育。重申了职业教育的定位，就是要服务人的全面发展，建立健全多形式衔接、多通道成长、可持续发展的梯度职业教育和培训体系，推动职普协调发展、相互融通，让不同禀赋和需要的学生能够多次选择、多样化成才，这对扭转社会对职业教育的歧视，消除职普分流带来的教育焦虑有重大作用。

三、推动高质量现代教育体系建设，提供更加公平、更高质量教育

所谓职普融通，就是职业教育与普通教育相互渗透、贯通，包括共同设计课程、互派师资，实行学分互认、学籍互转等，是人才培养的一种模式创新。

党的二十大报告提出，"统筹职业教育、高等教育、继续教育协同创新，推进职普融通、产教融合、科教融汇，优化职业教育类型定位"，明确了职业教育改革发展的目标、路径和方法。党的十九大报告指出，中国特色社会主义进入新时代，我国社会主要矛盾已经转化为人民日益增长的美好生活需要和不平衡不充分的发展之间的矛盾。对应到教育上，教育的主要矛盾表现为人民群众对更好更公平教育的需要与不平衡、不充分的教育发展之间的矛盾，人民满意和服务国家战略需求成为衡量教育的主要标准。

矛盾是事物发展的源泉和动力。随着经济社会的发展和人民群众生活水平的不断提高，人民群众对高质量、多样化的教育的需求也在不断提升。传统"一刀切"式的"职普分流"做法已经不适应社会的发展，允许各地普职比例在一定范围内存在差异，中职教育"就业与升学并重"，各地可以根据区域社会发展的程度、本地产业发展的需要和现代职教体系建设的情况合理规划职业学校和普通学校的招生规模，促进教育结构规模和质量的有机统一。

所以，坚持立足服务学生的全面发展和区域经济社会发展实际需求，树立开放包容融合的大教育观，不断推动职业教育与普通教育相互融通、协调发展；以人为本，

办好人民满意的教育，为学生不同成长阶段提供多样化的选择、畅通学生多样化成长的路径，让学生有更多教育选择和人生出彩的机会，满足人民对高质量、多样化的教育需求；推动职业教育和其他教育类型有机衔接、协调发展，推进职普融通渗透是推动高质量现代教育体系的基本要求，也是提供更加公平、更高质量教育的客观要求。

四、"职普融通"的成效与经验

在国家政策推动下，多地、多校开展了"职普融通"试点，四川省广安市教育改革发展试验区早在2012年就开启了试点探索。北京、天津、山东、江苏、浙江、四川、辽宁等地陆续出台相关政策，推动"职普融通"育人模式改革。据统计，全国4 500余所职业学校支持中小学校开展劳动教育实践和职业启蒙教育，辐射中小学近11万所，参与人数超过1 500万人次。此外，加快建立"职教高考"制度，完善"文化素质+职业技能"考试招生办法，为中职学生和普通高中学生提供更多样化发展机会。

（一）山东：多措并举推进"职普融通"

《山东省"十四五"教育事业发展规划》（鲁政发〔2021〕16号）中明确提出，完善纵向贯通横向融通的现代职业教育体系，每个县（市、区）至少建成一所高水平中职学校，保持职普比例大体相当。进一步扩大普职融通试点范围，稳步推进普通高中和中等职业学校课程互选、学分互认、资源互通、学籍互转。

近几年，山东省围绕"职普融通"做了大量工作。例如，将职业学校招生纳入全省统一招生平台、建立普职学分互认学籍互转机制、开设职普融通实验班、建立职教高考制度等，在一定程度上加快了"职普融通"的进程。每年安排近2万个本科计划名额用于招收中职学校毕业生，打通中职学生进入应用型本科高校和职教本科就读的渠道；促进普通高中和中等职业教育相互融通，2022年，全省中考有2.95万名超过当地普高线的学生主动选择中职教育，1.9万名普通高中生转入中职学校；以应用型人才长学制培养为取向，实施职业学校与本科高校对口贯通分段培养试点，高职本科"3+2"试点91个专业点，录取4 730人；中职本科"3+4"对口贯通分段培养42个专业点，录取2 020人。

（二）天津：推进普职融通，搭建学生成才"立交桥"

作为国家唯一的现代职业教育改革创新示范区，天津市加快构建现代职业教育体系，积极探索职业教育与普通教育多元立交的培养机制。2018年3月，天津市教委出台《天津市教育委员会关于进一步推进普职融通的指导意见》（以下简称《指导意见》），旨在建立市普通高中与中职学校相互融通通道，搭建学生成才"立交桥",鼓励普通高中与中职学校建立普职融通实验联合体,支持有条件的学校开展普职融通实验探索。总结推广普通高中与中职学校教育互补融通的成功经验,更好地促进普通高中与中职学校沟通衔接,支持高中阶段教育多样化发展,推进普通高中特色建设,巩固提升中等职业教育,建立普通高中教育与中等职业教育相互沟通、协调发展的教育体系。

根据《指导意见》,天津市鼓励有意愿的普通中学学生到中职学校参加职业体验,学生职业体验情况以写实的方式记入学生综合素质评价内容。普通中学可根据学生的身心、兴趣、知识与能力特点选择适宜的职业体验内容,逐步探索在有关职业学校、社会各行各业等建成稳定的职业体验基地,利用节假日、双休日组织学生开展职业体验活动。鼓励中职学校建设适合普通中学学生开展职业技能训练的职业体验中心,对全市普通中学开放,并提供相应的职业体验课程。此外,鼓励中小学校和中职学校共享实验室、实训场地、图书馆(室)、运动场馆。

(三)四川成都:多措并举,推动普职融通育人模式改革

2017年10月,成都市教育局印发《成都市教育局关于推动普职融通育人模式改革的意见(试行)》,全面贯彻党的教育方针,坚持以学生发展为本,建立普通教育与职业教育融合衔接、互相贯通、多元立交的人才培养机制。

成都市以"资源共享、课程共建、教师互动、学分互认、学籍互转"为重点,为学生提供多次选择机会,促进学生多元成才。探索普职融通育人模式:完善课程实施、学籍管理、考试招生等方面的政策支持,建立普通高中和中等职业学校合作机制,构建普职融通的育人模式和人才培养机制,为学生提供更多选择机会。探索综合高中发展模式:学习借鉴国内外综合高中办学理念和经验,探索融合升学预备教育和职业技能教育,融通学术性课程与技术技能课程的综合高中发展模式,培养既有扎实的文化基础知识,又具有一定专业技能水平的综合性、实用型人才。

成都市普职融通育人模式改革主要措施有推动普职教育资源共享、鼓励普职学校课程共建、倡导普职学校教师互动、开展普职融通实验(支持普通高中开展普职融通教育实验、支持中职学校与普通高中对口举办职普融通实验班)、开展普职学生学籍互转(支持普通高中学生自愿转入中职学校就读、支持职业学校学生选择接受普通高中教育)、支持普职学校学分互认。目前,成都已经有十几所中职学校和普通高中合作开办了普职融通班。

(四)辽宁营口:推进职普融通育人模式改革,为学生全面发展提供更加适合的教育模式

为深化高中阶段教育领域综合改革,推动职普融通改革实现新进展,创新职业

教育办学体制机制，大力培养技术技能人才，为学生全面发展提供更加适合的教育模式，2021年5月营口市教育局印发《营口市高中阶段职普融通实施方案（试行）》，以"学分互认、资源共享、课程共建、教师互动"为重点，建立起普通教育与职业教育融合衔接、相互贯通、多元立交、合作共赢的人才培养机制，全面深化高中阶段教育改革创新，推进教育特色、优质、多元发展，为学生提供多次选择机会，为经济社会发展培养更多"基础宽厚、技能综合、素质全面、发展多元"的创新型、实用型、复合型人才。

职普融通工作实施以来，推动普通高中与中等职业学校课程互选、学分互认，深入推进6所职业学校和6所普通高中开展职普融通，共招生1 836人。通过职业教育技术技能实践课程与基础教育通用课程的融合，更加直观地将劳动技能课、职业生涯规划课等职业启蒙教育纳入普通高中课程。凭借多元开放的课程体系和灵活务实的管理机制，满足了学生对文化课程、技术技能、升学和就业的多重学习的需求。

建立"职教高考"制度

"职教高考"是选拔职业技术技能类人才的重要途径，发挥着为高等职业教育"入口"把关的关键作用。2013年教育部印发了《关于积极推进高等职业教育考试招生制度改革的指导意见》。2019年1月，国务院印发《国家职业教育改革实施方案》（简称"职教20条"）首次提出职教高考这一概念，明确提出建立"职教高考"制度，完善"文化素质+职业技能"的考试招生办法。

一、打通技术技能人才升学通道

（一）职教高考制度探索阶段

2002年之前，职业教育与普通教育一样采用统一的招录模式。2002年之后，职教高考制度在职业教育发展进程中逐步完善。2005年，《国务院关于大力发展职业教育的决定》要求2010年中职与普通高中招生规模大致相当，高职教育招生规模超过普通高等教育。2006年，"十一五"教育发展规划明确提出建设100所示范性高职院校，这些学校可以实施单独招生、跨省招生。这是国家首次将自主招生权下放至高职院校，对探索"职教高考"制度具有重要意义。政策出台后，江苏省、福建省等地实行学校直接招考入学，避开普通高考招生；河南省探索注册入学制度。这些举措的录取顺序依然是先本后专，未能从根本上突破普通高考招录方式的限制。

为着力构建现代职业教育体系和技术技能人才培养"立交桥"，2013年教育部印发了《关于积极推进高等职业教育考试招生制度改革的指导意见》。此后，山东、江苏等有关省份重点探索了"知识+技能"的高等职业教育考试招生制度改革，对"职教高考"进行试点，取得了良好的经验和效果。2014年5月，《国务院关于加快发展现代职业教育的决定》提出4种职教招考办法：文化素质+职业技能、单独招生、综合评价招生和技能拔尖人才免试。同年9月，《关于深化考试招生制度改革的实施意见》提出单独进行"文化素质+职业技能"的考试模式，并且鼓励开展录取批次改革。政策出台后，上海市和浙江省结合实际，出台相应的高考综合改革方案；山东省探索春季高考制度；福建省出台分类招考实施办法等。这是国家首次正式提出探索职教高考与普通高考分开招录，对建立独立的职教高考制度具有里程碑意义。

（二）完善"文化素质＋职业技能"的考试招生办法

随着我国产业升级和经济结构调整不断加快，各行各业对技术技能人才的需求越来越紧迫，职业教育重要地位和作用越来越凸显。与发达国家相比，与建设教育强国的要求相比，我国职业教育还存在着体系建设不够完善、制度标准不够健全、办学和人才培养质量水平参差不齐等问题，为进一步办好新时代职业教育，2019年1月，国务院印发《国家职业教育改革实施方案》（简称"职教20条"）首次提出"职教高考"这一概念，明确提出建立"职教高考"制度，完善"文化素质＋职业技能"的考试招生办法，提高生源质量，为学生接受高等职业教育提供多种入学方式和学习方式。2019年4月，江苏省出台《江苏省高等职业院校考试招生制度改革实施方案》，这是"职教20条"颁布实施后省级层面首次提出建立职教高考制度。江苏版方案以"分类考试、综合评价、多元录取"为主旨，提出省内高等职业院校和部分应用型本科院校建立多样化考试招生办法，考核内容由"文化素质"和"职业技能"两部分组成，凸显职业技能考核的重要性，旨在进一步拓展各类人群接受高等职业教育的入学途径。2020年1月，教育部和山东省联合发布《教育部 山东省人民政府关于整省推进提质培优建设职业教育创新发展高地的意见》（以下简称《高地意见》），在山东省先行先试，率先探索建立"职教高考"制度，全面构建从中职、高职、职业教育本科、应用型本科到专业学位研究生的应用型人才培养体系，打破夏季高考的独木桥格局，形成职教、普教并行的高考双车道。2021年10月，中共中央办公厅、国务院办公厅印发《关于推动现代职业教育高质量发展的意见》（简称"职教22条"），明确提出加快建立"职教高考"制度，完善"文化素质＋职业技能"考试招生办法；探索总结中国特色职业教育模式，输出职业教育中国特色样板，推动职业教育持续稳步发展。从2013年启动高等职业教育考试招生制度改革，到2022年完善"职教高考"顶层设计，"职教高考"制度可谓"十年磨一剑"。

❋ 二、推动职业教育高质量发展 ❋

（一）发挥制度效用

职教高考，与普通高考具有同等功能。教育部深入贯彻党的十九大提出的"完善职业教育和培训体系"要求，按照考试招生制度改革总体部署，统筹各级各类职业教育发展。畅通职业教育体系内部升学通道，调整高职招生计划分配和考试招生政策，适度提高专科职业学校招收中职学校毕业生的比例、本科职业学校招收专科职业学校毕业生的比例，逐步建立"职教高考"制度，使之成为高职考试招生主渠道。与普通高考相比，"职教高考"的招生对象主要是职业高中、中专技校等中等职业技术学校的应往届毕业生。学生需要提供教育部考试中心颁发的计算机证、英语证书、省教育考试院颁发的专业技能考试合格证书三者中的一个，才可以报考。"职教高考"主要为高校培养选拔高素质应用型和技术技能型人才，因此考核采用考试方式是"文化素质+专业技能（包括专业知识+技能测试）"，文化素质主要考核数学、语文、英语的基础知识，难度较低，每门科目占100分，技能测试是指技能考核占200分，满分是500分。目前，采用"职教高考"招生的高校不仅仅是高职院校，还有职业教育本科院校、应用型本科院校。高职院校既可通过普通高考招生，又可通过技能型高考招生，招生层次有专科和本科。当前，职业教育已经贯通了中职、高职、本科、硕士的升学通道。

近年来，党中央高度重视职业教育工作，出台了一系列的政策促进了职业教育高质量发展，"职教高考"就是其中一项重要的组成部分。"职教高考"制度的出台使职业院校在以往满足学生的就业需求的情况下，兼顾了部分学生继续升学的需求。同时兼顾了经济社会发展对技能型人才的需要，以及人民群众对高质量、高层次教育的需求。中共中央办公厅、国务院办公厅先后下发了《关于推动现代职业教育高质量发展的意见》《关于深化现代职业教育体系建设改革的意见》，这两个意见不仅勾画了现代职业教育体系的前景，更是明确了现代职业教育体系建设的路径和方法。2022年，习近平总书记在向世界职业技术教育发展大会致贺信中指出"职业教育与经济社会发展紧密相连，对促进就业创业、助力经济社会发展、增进人民福祉具有重要意义"。党的二十大报告一体部署和统筹推进教育、科技、人才三大强国建设，将教育的战略地位和战略任务提升到前所未有的高度，同时提出"统筹职业教育、高等教育、继续教育协同创新，推进职普融通、产教融合、科教融汇，优化职业教育类型定位"，明确了职业教育改革发展的目标、路径和方法。

2023年3月23日，在教育部召开的新闻发布会上，林宇副司长从四个方面介绍了2022年全国职业教育事业发展的基本情况。从结构质量上来看，高职院校招生规模连续4年超本科。这标志着我国的职业教育已进入职普协调发展的新阶段。会上披露的数据显示，全国现有中等职业学校9 752所（含技工学校）。2022年共招生650.69万人，占高中阶段招生的40.71%；在校生1 784.61万人，占高中阶段教育的39.67%。高等教育阶段，目前全国共有高等职业院校（含职业本科）1 521所，2022年招生546.61万人（不含五年制高职转入专科招生54.29万人）。从学生发展看，拓宽了职业学校学生发展通道。根据产业升级调整需要和社会新增劳动力受教育年限提升的规律，逐步引导中等职业教育在坚持职业教育人才培养要求的基础上，通过中高职贯通、中高本衔接、完善"职教高考"等，为有意愿够条件的学生提供多种就业、升学的路径。2022年，全国已有超过一半的中职毕业生升入高职（专科）和本科继续学习。同样，高职毕业生在保持高就业率的同时，每年也有接近1/5的学生实现升学深造。

（二）推进职普融通

从职普融通看，职业教育与各学段普通教育渗透融合，两类教育在各成体系的基础上实现沟通衔接、融通发展。各地结合自己的实际情况探索出许多成功的做法。比如，有的地方发挥职业学校专业优势，面向中小学开展职业启蒙教育、劳动实践教育，引导青少年树立技能报国、技能成才的理念；有的地方在高中阶段教育职普融通方面，推动职业学校和普通高中课程互选、学分互认、资源互通、学籍互转，鼓励学生在规则的基础上自主选择职业教育和普通教育；有的地方在高等教育阶段职普融通方面，支持高职专科和普通本科联合办学、贯通培养，努力为每一位学生创造人生出彩的机会。职普协调发展是构建高质量教育体系的基本要求，也是提供公平且有质量的教育、拓宽学生成才路径的迫切需要。

2023年启动实施了"现代职业教育体系建设改革推进工程"。具体来说，就是要围绕职业教育服务学生的全面发展和服务区域经济社会发展的功能定位，充分发挥我国的制度优势和组织优势，以职普融通、产教融合为抓手，依托"一体两翼"改革载体，全面推进五大任务。"一体"是指选择有迫切需要、条件基础好、改革意愿强的省（自治区、直辖市），探索省域现代职业教育体系建设新模式，形成一批可复制、可推广的新经验、新范式，省部共同推进这个新模式的探索。"两翼"是以产教园区为基础，打造兼具人才培养、创新创业、促进产业经济高质量发展功能的市域产教联合体，推动形成同市场需求相适应、同产业结构相匹配的现代职业教育结构和区域布局；支持重点行业领域龙头企业与高水平高校、职业学校共同牵头，打造全国性行业产教融合共同体，促进教育与产业互融共长。"五重点"一是打造核心课程、优质教材、教师团队、实践项目，提升职业学校关键办学能力，"打铁还需自身硬"。二是建设"双师型"教师队伍。三是建设集实践教学、社会培训、真实生产和技术服务功能于一体的开放型区域产教融合实践中心。四是完善"职教高考"和接续培养相关制度，进一步拓展学生成长成才通道。五是建设国际化标杆学校，推出一批具有国际影响力的专业标准、课程标准和优质教学资源，推动职业院校"随企出海"，打造更多职业教育"走出去"品牌，创新职业教育国际交流与合作机制。

三、为高等职业教育"选才"

改革开放以来，职业教育培养了大批技术技能型人才，为国家发展和社会进步作出卓越贡献。高质量发展的经济社会急需大量高素质、高学历、高技能的人才，社会对高等教育的需求急剧增加。"职教高考"是选拔职业技术类人才的重要途径，发挥着为高等职业教育"选才"的关键作用。

（一）完善现代职业教育体系的必然选择

随着国家发展的转型，我国产业结构正从劳动密集型向技术密集型发展。职业教育作为技能人才培养的主要来源，其人才培养也应满足产业发展对于高素质职业技能人才的需求。因此，"职教高考"得到了越来越多的关注和支持。一方面"职教高考"可以推动职业教育的质量提升。在传统的职业教育中，培训的内容和方法难以满足现代产业对于职业人才的要求。"职教高考"则可以通过选拔优秀的职业教育学生，培养更多拥有先进职业技能的人才，进一步提高职业教育水平。另一方面"职教高考"可以很好地满足现代产业对高素质职业技能人才的需求。目前，我国的产业结构正在快速升级，对于各类产业的职业技能人才的需求也在不断增加。然而，当前学生的学业过程并不一定能够满足产业的需求，所以需要一种标准来准确地反映学生的职业技能水平。而"职教高考"就是通过严格的考试机制，为产业提供了一支高素质的职业技能人才队伍。

（二）促进职业教育过程与评价优化的客观需要

随着社会的快速发展和职业教育的不断深入，传统的学历教育已经不能满足人才市场的需求，"职教高考"通过对考试大纲的科学设计，规范职业教育的定位，促进中等和高等职业教育有效衔接，发挥高等职业教育对中职教育的拉动效应，推动中职教育提升人才培养质量，推动职业教育教学改革与创新，从而提高了职业教育教学过程及评价的科学性、有效性。其意义包括以下几个方面：一是公平公正的评价方式。传统的职业教育评价方式往往只重视学生的理论知识，而忽略了学生的实践能力和职业素养。而"职教高考"则是一种公平公正的评价方式，能够综合考评学生的各项能力和素质，因此更加符合实际需要，能够促进学生的职业成长和发展。二是职业素质的提升。"职教高考"能够鼓励学生发挥自己的主动性和创造力，增强自信心和自我管理能力，培养一批具备职业素质的人才。通过"职教高考"的评价，学生不仅能够掌握理论知识，更能够将其转化为实践能力和职业素养，满足职场对于人才的实际需求。三是提高企业的满意度。随着"职教高考"渐渐成为企业聘用人才的重要标准，企业吸纳了更多能够胜任岗位的人才，从而提高了企业的满意度。通过"职教高考"的评价，企业可以更好地了解到学生的能力和素质，甄选出符合企业需求的优秀人才，从而提高企业的生产效益和竞争力。

（三）改善高等职业教育生源结构的基本保障

随着我国经济的发展，职业教育越来越受到重视，成为国家教育重点发展方向之一。然而，由于历史遗留问题和社会需求变化，职业教育生源和质量存在一定问题，职业教育生源的不足是当前职教发展的瓶颈。尽管近年来我国对职业教育的投入不断增加，但相对于普通高中教育，职业教育成本较高，学生群体相对较小，导致职业教育学校资源相对不足。此外，学生家长普遍认为，职业教育与本科教育相比，职业教育的就业前景相对较差，从而影响了学生报考职业院校的积极性。为此，"职教高考"的实施成为改善职业教育生源结构的基本保障。一是职教高考的主要任务是选拔符合职业教育要求的人才。与普通高考相比，职教高考更加注重专业能力，具有职业特征和实际应用性的考试内容，涉及学生所报考的专业技能和实际操作能力的测试。同时，职教高考还强调对学生职业规划能力的考核，要求学生在考前制定职业规划，考后提交职业规划成果，以期达到更好地适应市场需求的目的。二是"职教高考"为职业教育学生提供了更多的选择。在过去，学生选择职业教育的主要原因是因为未能通过普通高中的高考，而"职教高考"的实施改变了这一情况。通过"职教高考"的选拔，学生根据自身职业规划和兴趣爱好，有机会选择适合自己的专业，进入符合实际需求的职业领域进行学习和培训。这样有效应对了我国职业教育生源层次低、专业结构不合理的问题。

未来的"职教高考"制度将以中高职学生、高中生、社会人员为主要生源，以"文化素质＋职业技能"为考试内容，采用"文化素质＋职业技能"比例灵活调整的考试方式和分批次、分类别的录取方式，将有力促进职业教育高质量发展。

四、各地抢抓机遇，大力培育技术技能人才

（一）江苏：破壁垒，搭建人才成长立交桥

为打通职业教育学历"天花板"，江苏率先在全国实施现代职教体系试点，探索中高职衔接培养的人才培养模式，构建应用型人才学历上升"立交桥"，形成了分段培养、五年一贯制、对口单招等多样化、可选择的现代职业教育体系。2019年，江苏出台了《江苏省高等职业院校考试招生制度改革实施方案》，实施高职院校分类考试综合评价、多元录取的"职教高考"制度。目前全省中职应届毕业生升入高等教育阶段的比例达60%以上，成为江苏省普及高等教育的一支重要力量。

2020年7月，江苏出台《江苏省职业教育质量提升行动计划（2020—2022年）》，力争通过3年时间，推进各层次职业教育协调发展，全力打造职业教育"江苏高地"，让每一个职教学子都能根据实际情况选择自己未来的道路。江苏选择了10所左右学校开展职业型本科和应用型本科试点，探索本科层次职业教育人才培养体系。南京工业职业技术学院是全国首个公办本科职业大学，成功升格并更名为"南京工业职业技术大学"。

（二）山东：提质培优，探索建立"职教高考"制度

制订职业教育考试招生改革实施方案，完善"文化素质＋职业技能"考试招生办法，为学生依照兴趣和禀赋多样化选择、多路径成才搭建成长渠道，不断拓宽职校学生学业晋升、技术技能提升渠道，在继续推进高职扩招基础上，重点增加"职教高考"本科招生计划，指导和支持山东在适合的专业领域，健全中高职与本科衔接培养的考试招生办法。聚焦山东省重点产业需求，按照专业大致对口原则，指导和支持山东应用型本科院校、职业教育本科院校和专业更多招收中、高职院校毕业生，并按照有别于普通高考、能满足培养需求的原则调整文化素质考试内容，进一步提高职业技能考试成绩在录取中所占权重，原则上不低于50%。研究单独招收全国职业院校技能大赛、中国技能大赛、世界技能大赛等优秀选手和有突出贡献的技术技能人才接受本科层次职业教育的具体办法，为技术技能人才持续学习和发展提供机会。

（三）江西：坚持体系为重，畅通技术技能人才成长路径

长期以来，职业教育作为一种层次教育被社会普遍认同，但接受中职教育和高职教育的学生，他们娴熟的操作技能、优秀的实战能力没有得到社会的充分关注和肯定，这与尊重学生天赋异禀、支持个性发展的教育原则相背离。为突出职业教育的"类型"特征，必须建立完善的现代职业教育体系，打通技术技能人才升学通道，"职教高考"是实现途径。江西省"职教高考"将以"文化考试分档合格、技能成绩排序录取"为原则，更加关注学生的专业知识与操作技能，学生中职毕业后不仅能升入适合的高职院校学习，同时能通过单列职教本科招生计划拥有更多的机会进入本科层次院校学习。中职生在校期间取得的技术技能代表性成果也能在升学中作为重要的参考依据，以此完善技术技能人才成长评价路径。江西将同时启动"3+2""3+4"中职、高职、本科贯通培养工作，建成技术技能人才培养"立交桥"。

建立职业教育工作部际联席会议制度

随着我国经济的发展，社会对政府的各项职能履行会有新的需求。为了优化政府内部组织结构，提高立法质量，促进决策的科学化民主化，同时提升对复杂问题、重大问题和新兴问题的回应效率，部际联席会议制度应运而生。

一、加强职业教育政府统筹

自2003年以来，经国务院批复同意建立的部际联席会议制度共有101个。部际联席会议是为了协商办理涉及多个部门职责的事项而建立的一种工作机制，各成员单位按照共同商定的工作制度，及时沟通情况，协调各方意见，以推动各项工作任务的落实。

随着传统产业不断调整升级，新兴产业持续涌现，我国人才需求结构也在不断变化。在这种情况下，职业教育需要更好地适应市场需求，培养更多符合市场需求的高质量人才。职业教育是与经济联系最为直接和最为紧密的教育，涉及方方面面的关系。职业教育的管理涉及多个部门，我国职业教育存在多头管理的情况，业务指导与管理分属教育部、人社部等部门，造成管理理念、管理目标、管理方式、管理方法、管理模式等方面的差异，增加了职业教育统筹发展的难度。职业教育的核心目标是提高学生的就业能力和创业能力，促进人的全面发展，推动社会发展。从职业教育的核心目标来看，职业教育的发展是全社会的工作，而不能仅限于职业院校、教育系统之内。正是基于这样的考量，国家决定建立职业教育工作部际联席会议制度，以加强各部门之间的协作和指导，提高职业教育质量和水平，促进经济社会持续发展。

二、完善职业教育工作制度

（一）强化政府对职业教育的统筹领导

为调动各方面开展和参与职业教育的积极性，国务院在2002年8月印发了《国务院关于大力推进职业教育改革与发展的决定》。文件指出，要推进职业教育管理体制改革，建立并逐步完善在国务院领导下的分级管理、地方为主、政府统筹、社会参与的职业教育管理体制。同时，要在国务院领导下建立职业教育工作部际联席会议制度，研究解决职业教育中的重大问题。国务院教育行政部门负责职业教育工作的统筹规划、综合协调、宏观管理，劳动保障部门和其他有关部门在各自职责范围内，负责职业教育的有关工作。

2004年6月，国务院批复教育部提出的《关于建立职业教育工作部际联席会议制度的请示》，同意建立由教育部牵头的职业教育工作部际联席会议制度。联席会议由教育部、国家发展改革委、财政部、原人事部、原劳动保障部、原农业部、国务院扶贫办等七部门和单位组成，教育部为牵头单位。这一制度的建立，强化了政府对职业教育的统筹领导，促进了政府有关部门对职业教育工作的沟通与协调，是我国职业教育发展史上的一个重要的体制创新，对我国职业教育的改革和发展具有重要意义。在具体的执行中，职业教育工作部际联席会议按照加强业务指导、协调各方力量、交流情况经验、研究发展措施、督促政策落实的要求，由各成员单位负责督促、检查、指导本部门职责范围内的有关职业教育工作政策措施的落实。教育部部长任联席会议召集人，各成员单位有关负责人任联席会议成员。联席会议在教育部设立办公室，负责日常工作。从运行效果看，联席会议切实调动了相关部门和单位的力量来统筹协调全国职业教育工作，及时研究和解决了职业教育发展中面临的重大问题。

2005年10月，国务院印发了《国务院关于大力发展职业教育的决定》。同年11月，在北京召开全国职业教育工作会议。无论是《国务院关于大力发展职业教育的决定》，还是全国职业教育工作会议，都进一步强调了职业教育工作部际联席会议制度在职业教育改革与发展过程中的地位和作用。同时要求县级以上地方政府也要建立职业教育工作部门联席会议制度。按照全国职业教育工作会议的要求，一些还没有建立省级职业教育工作部门联席会议制度的地方相继作出决定，建立联席会议制度，以加强对职业教育工作的领导和支持。目前，全国各省、自治区、直辖市在省级层面都建立起了职业教育工作部门联席会议制度，许多市、县级政府也已建立了职业教育工作部门联席会议制度，进一步加强了对职业教育的统筹和领导，为职业教育的健康发展，提供了有力的制度保证。

（二）形成多部门协同工作合力

2014年5月，国务院印发了《国务院关于加快发展现代职业教育的决定》。文件明确指出，要加强组织领导，落实政府职责。完善分级管理、地方为主、政府统筹、社会参与的管理体制，充分发挥职业教育工作部门联席会议制度的作用，形成工作合力。2018年11月，国务院批复教育部提出的《关于提请调整完善职业教育工作部际联席会议制度的请示》，联席会议由教育部、国家发展改革委、财政部、原人事部、原劳动保障部、原农业部、国务院扶贫办7个部门和单位发展为由教育部、发展改革委、工业和信息化部、财政部、人力资源和社会保障部、农业农村部、国资委、税务总局、扶贫办9个部门和单位组成。

与2004年相比，2018年部际联席会议制度有以下三点明显变化。

一是部际联席会议牵头部门发生改变。2004年的职业教育部际联席会议制度是由教育部牵头，2018年的职业教育部际联席会议制度是由国务院领导同志牵头负责。我国职业教育发展在对标现代化、职业化推进目标建设进程中，迫切需要解决多头管理、突破跨部门施策阻碍等现实问题。引入最高级别行政机构的部际联席会议制度，意在凸显在国务院领导下，畅通和落实各成员单位按照共同商定的工作制度，及时沟通情况，协调各方意见，以推动职业教育改革工作切实落地。

二是部际联席会议成员名单发生改变。2004年的部际联席会议设召集人1人，由教育部部长担任。2018年的部际联席会议设召集人1人，由国务院分管教育工作的领导同志担任；设副召集人2人，由教育部主要负责同志和协助分管教育工作的国务院副秘书长担任；其他成员单位有关负责同志为联席会议成员。

三是部际联席会议职能发生改变。2004年的部际联席会议主要是统筹协调全国职业教育工作，及时研究解决职业教育工作中的有关问题。2018年的部际联席会议的职能更加广泛，主要是贯彻落实党中央、国务院关于职业教育工作的重大决策部署；统筹协调全国职业教育工作，研究解决职业教育重大问题；研究审议拟出台的职业教育法律法规和重大政策，部署实施职业教育改革创新重大事项；听取国家职业教育指导咨询委员会等方面的意见建议；督促检查职业教育有关政策措施的落实情况；完成党中央、国务院交办的其他事项。

（三）实施职业教育改革创新重大事项

2019年1月，国务院印发的《国家职业教育改革实施方案》要求，继续完善国务院职业教育工作部际联席会议制度。联席会议统筹协调全国职业教育工作，研究协调解决工作中重大问题，听取国家职业教育指导咨询委员会等方面的意见建议，部署实施职业教育改革创新重大事项，每年召开两次会议，各成员单位就有关工作情况向联席会议报告。国务院教育行政部门负责职业教育工作的统筹规划、综合协调、宏观管理，国务院教育行政部门、人力资源和社会保障行政部门及其他有关部门在职责范围内，分别负责有关的职业教育工作。各成员单位要加强沟通协调，做好相关政策配套衔接，在国家和区域战略规划、重大项目安排、经费投入、企业办学、人力资源开发等方面形成政策合力。

2019年5月，教育部在《教育部关于深入学习贯彻〈国家职业教育改革实施方案〉的通知》中强调，教育部要牵头落实好国务院职业教育工作部际联席会议制度各项职责，做好职业教育工作的统筹规划、综合协调、宏观管理，各级教育行政部门要切实负起统筹规划、综合协调和宏观管理职业教育的责任，推动区域职业教育发展。同时，还要继续完善地方职业教育工作联席会议制度，加强与发展改革、工业和信息化、财政、人力资源和社会保障、农业农村、国资、扶贫、税务等有关单位联系，形成工作合力。

2022年4月，《中华人民共和国职业教育法》修订通过。新版《职业教育法》指出，国务院建立职业教育工作协调机制，统筹协调全国职业教育工作。国务院教育行政部门负责职业教育工作的统筹规划、综合协调、宏观管理。国务院教育行政部门、人力资源社会保障行政部门和其他有关部门在国务院规定的职责范围内，分别负责相关的职业教育工作。各省、自治区、直辖市人民政府应当加强对本行政区域内职业教育工作的领导，明确设区的市、县级人民政府职业教育具体工作职责，统筹协调职业教育发展，组织开展督导评估。县级以上地方人民政府有关部门应当加强沟通配合，共同推进职业教育工作。

三、推进职业教育高质量发展

职业教育工作部际联席会议制度是由国务院领导的教育部等多个部门联合组成的一种协作机制，旨在加强各部门之间的沟通合作，推进职业教育发展，提升人才培养质量。其作用主要体现在以下几个方面。

（一）加强部门间协调和合作

职业教育工作部际联席会议制度的首要任务是协调各部门之间的关系，为职业教育改革发展政策的制定提供指导性意见。各部门在制定相关政策时，需要考虑到其他部门的政策要求，避免政策之间的冲突和重复，确保政策的协调性和一致性，促进各部门之间的沟通和协调。

（二）加强职业教育质量监管

作为多个部门的联合机制，联席会议可以通过协调各部门的监管力量，形成合力，进而对职业教育机构的运行、教育质量的提升开展全方位、立体化监管。

（三）推进职业教育改革

教育部积极发挥其在职业教育工作部际联席会议制度中统筹规划、综合协调、宏观管理的职能，会同中宣部、国家发展改革委、财政部、人力资源和社会保障部等部门，就高考扩招百万、双高建设、大规模职业技能提升行动、产教融合型企业建设等出台了20余个政策文件，集中释放了一批含金量高的政策红利。

四、联席会议制度的成效与经验

（一）山西省职业教育工作部门联席会议制度

2005年5月，为进一步加强山西省职业教育工作，根据国务院有关要求，经省人民政府同意，建立山西省职业教育工作部门联席会议制度。成员由省委政研室、省教育厅、省发展改革委、省财政厅、省人事厅、省劳动保障厅、省农业厅、省扶贫办、省国资委9部门组成。联席会议统筹协调山西省职业教育工作，及时研究解决职业教育工作中的有关问题，进一步加强对职业教育工作的统筹领导，大力推进职业教育的改革与发展。联席会议按照加强业务指导、协调各方力量、交流情况经验、研究发展措施、督促政策落实的要求，由各成员单位负责督促、检查、指导本部门职责范围内的有关职业教育工作政策措施的落实。联席会议原则上每半年召开一次全体会议，联席会议的议题主要包括传达贯彻党中央、国务院，以及省委、省政府领导同志关于职业教育工作的指示和有关会议精神；研究、协调解决职业教育工作中的有关问题；提出政策措施和建议；督促、检查、指导职业教育工作；通报工作进展。各成员单位互相配合，相互支持，形成合力，充分发挥联席会议的作用。

（二）北京市职业教育工作联席会议制度

2022年6月，北京市为深入贯彻落实全国职业教育大会精神，贯彻实施新修订的《中华人民共和国职业教育法》，进一步加强对职业教育工作的领导，建立北京市职业教育工作联席会议制度。联席会议由市教委、市发展改革委、市人力资源和社会保障局、市财政局、市国资委、市经济和信息化局、市交通委、市农业农村局、市文化和旅游局、市卫生健康委、市退役军人事务局、市政府外办、市体育局、市支援合作办、北京市税务局15个部门和单位组成，市教委为牵头单位。联席会议设召集人1人，由分管教育工作的副市长担任。设副召集人2人，由协助分管教育工作的市政府副秘书长和市教委主要负责同志担任。其他成员单位的有关负责同志为联席会议成员。联席会议办公室设在市教委，市教委有关职能处室承担联席会议组织联络和协调等日常工作。联席会议原则上每年召开一次全体会议，全体会议由召集人主持，专题会议由召集人或召集人委托的副召集人主持。联席会议可根据工作需要，组织成员单位开展联合督导调研，对北京市职业教育工作进行监督检查。

（三）呼伦贝尔市职业教育工作联席会议制度

2022年4月，呼伦贝尔市为贯彻落实《国务院关于加快发展现代职业教育的决定》和《国务院关于印发国家职业教育改革实施方案的通知》精神，加强对职业教育工作领导，强化统筹协调，形成工作合力，加快推动呼伦贝尔市职业教育发展，建立呼伦贝尔市职业教育工作联席会议制度。具体工作职责为：贯彻落实党中央和国务院、自治区党委和政府及市委和市政府关于职业教育工作的决策部署。研究全市职业教育发展重要政策措施，督促地方政府将职业教育纳入区域经济社会发展总体规划，协调推进职业教育体制机制重大创新，审定职业院校布局结构调整方案。研究全市职业教育重点领域改革和项目建设，制定年度工作计划，落实工作任务。统筹推进职业教育与产业转型升级深度融合，将职业教育纳入产业发展规划，协调解决重点产业发展需要的技术技能人才培养培训、产业龙头企业人力资源建设等关键问题，引导推动行业企业和社会资源支持职业教育发展。协调市直有关单位研究制定和落实支持政策，加强沟通和信息共享，推动职业院校与技工院校的融合互通，推进行业指导、校企合作、企业办学、创新创业、人才交流、民办教育、经费投入、资源配置等重要环节工作。督促、指导、检查全市职业教育政策措施的落实，通报工作进展情况。

（四）荆州市职业教育工作联席会议制度

2021年6月，荆州市为贯彻落实《国务院关于印发国家职业教育改革实施方案的通知》精神，进一步加强对全市职业教育工作的领导，强化统筹协调、形成工作合力，建立荆州市职业教育工作联席会议制度。联席会议贯彻落实党中央和国务院、省委和省政府及市委和市政府关于职业教育工作的决策部署，统筹协调全市职业教育工作，研究解决职业教育重大问题。联席会议由市政府分管副市长作为召集人，市政府分管副秘书长和市教育局主要负责同志作为副召集人，市委宣传部、市发展改革委、市教育局、市经信局、市财政局、市人社局、市农业农村局、市退役军人局、市政府国资委、市税务局、市政府扶贫办、市总工会、市城发集团等13个部门作为成员单位，市教育局为牵头单位。联席会议办公室设在市教育局，主要承担联席会议组织联络和协调等日常工作。联席会议原则上每年召开两次会议，各成员单位要按照职责分工，积极研究新时代职业教育发展有关问题，制定相关配套政策措施或提出政策建议，认真落实联席会议确定的工作任务和议定事项，互通信息、相互支持、密切配合、形成合力，充分发挥联席会议作用。

开展部省共建职教高地试点

一、引领职业教育创新发展

职业教育和普通教育是不同类型、同等重要的两类教育，是以就业为导向、培养技术技能人才、服务社会经济高质量发展的类型教育。改革开放以来，职业教育为我国经济社会发展提供了有力的人才和智力支撑。当前，我国进入新发展阶段，产业结构升级不断加快，对高素质、高技能人才的需求不断提升，职业教育作为技能人才的供给侧，其重要地位和作用日益凸显。

党的十八大以来，以习近平同志为核心的党中央高度重视职业教育改革发展。习近平总书记深刻指出，"在全面建设社会主义现代化国家新征程中，职业教育前途广阔、大有可为"。与党中央的要求和经济发展的需求相比，我国职业教育存在着现代职业教育体系建设不够完善、职业教育社会认可度较低、多元办学企业不积极、人才培养质量水平参差不齐等问题。为贯彻全国教育大会精神，深化职业教育改革，进一步办好新时代职业教育，落实《中华人民共和国职业教育法》，2019年1月24日，国务院正式印发了《国家职业教育改革实施方案》，进一步强调了职业教育的重要性，鼓励各地积极探索职业教育发展路径，着力培养高素质劳动者和技术技能人才，为促进经济社会发展和提高国家竞争力提供优质人才资源支撑。为贯彻落实《国家职业教育改革实施方案》，2020年1月10日，教育部与山东省共同签署了《教育部 山东省人民政府关于整省推进提质培优建设职业教育创新发展高地的意见》，成为全国第一个部省共建职业教育创新发展高地。继山东省之后，甘肃省、江西省、贵州省先后以整省推进部省共建职业教育创新发展高地，江苏省、浙江省、广东省、福建省先后以城市（群）推进部省共建职业教育创新发展高地，我国部省共建职教高地已经全面起势。

2020年7月27日，教育部与甘肃省人民政府签署了《教育部 甘肃省人民政府关于整省推进职业教育发展打造"技能甘肃"的意见》，从完善职业教育体系，构建多元评价体系，全面推进"三教"改革，开创产教融合发展新局面，助力甘肃乡村振兴，打造高水平职教园区，打造国际产业人才供给高地，完善工作机制，调适发展生态九个方面对甘肃省融入"一带一路"、打造"五个制高点"、建立西部职业教育样板明确了要求，规划了发展路径。教育部给予7项政策支持，甘肃省承担33项工作任务。

2020年8月4日，部省合作整省推进职业教育发展打造"技能甘肃"启动大会在甘肃兰州召开。甘肃省省长和教育部副部长出席了启动大会。教育部副部长指出，教育部和甘肃省联合举行整省推进职业教育发展、打造"技能甘肃"启动大会，标志着继山东之后的第二个部省共建国家职业教育创新发展高地落地。

2020年7月30日，教育部与江西省人民政府签署了《教育部 江西省人民政府关于整省推进职业教育综合改革提质创优的意见》，提出了建设五大"高地"的目标，即建成中西部地区技术技能人才的培养高地、就业创业能力提升的培训高地、职业院校培根铸魂的育人高地、职业教育体制机制的创新高地、服务经济社会发展的支撑高地。该意见支持江西以体制机制改革为重点，以红色文化传承为特色，以服务经济社会发展为导向，通过整省推进职业教育和培训综合改革，探索适应新时代中部地区和革命老区需求的职业教育发展新路，为建设江西内陆开放型经济试验区提供技术技能人才支撑，为中西部地区探索可复制的经验与模式，为建立新时代中国特色职业教育制度提供"江西方案"。教育部给予9项支持政策，江西省承担50项工作任务。

2020年9月16日，《教育部 江苏省人民政府关于整体推进苏锡常都市圈职业教育改革创新打造高质量发展样板的实施意见》印发，教育部与江苏省人民政府决定整体推进苏锡常都市圈职业教育改革创新，服务先进制造业发展，探索形成以城市群为载体、具有中国特色、国际影响力和对外输出实力的职教模式，打造具有国际竞争力的职教新高地和样板。

2020年9月28日，教育部、江苏省在南京召开部省共建启动大会，整体推进苏锡常都市圈职业教育改革创新，打造高质量发展样板。教育部部长和江苏省委书记出席会议。教育部部长指出，苏锡常都市圈试点要围绕国家重大区域发展战略，立足"一体化""高质量""大贡献""练内功""树新风"五个关键词，形成可复制可推广的经验，为今后国家职业教育改革发展探索路子。

2020年12月1日，教育部、广东省人民政府联合印发了《关于推进深圳职业教育高端发展 争创世界一流的实施意见》，吹响了部省共建深圳职业教育创新发展高地的号角。它提到，对接国家所向、湾区所需、深圳所能，先行先试、改革创新，率先形成职业教育高质量发展格局，勇当建设中国特色世界一流职业教育的开路先锋。

2021年4月19日，教育部、广东省人民政府推进深圳职业教育高端发展、争创世界一流新闻发布会在深圳市政府新闻发布厅召开。教育部职业教育与成人教育司司长、广东省教育厅厅长、深圳市副市长出席新闻发布会。教育部职成司司长在发布会上指出，要依托好部省共建领导小组，用好部省共推机制，加强上下沟通、左右协调、重点突破，按照任务分工倒排工期，以高度的政治责任感落实好各项工作任务，力促深圳职业教育争创世界一流，打造高端发展示范城市。

2020年12月11日，教育部、浙江省政府在杭州签署了《协同推进温台职业教育高地建设框架协议》，温台地区获批国家职业教育高地建设试点。2021年1月29日，教育部、浙江省人民政府联合发布《关于推进职业教育与民营经济融合发展助力"活力温台"建设的意见》，以部省共建的形式，通过国家、省、市三级推动，建设温台职教创新高地。它明确提出进一步彰显职业教育类型特征，加快形成政府统筹管理、社会多元办学的格局，以制度创新推进温台职业教育与民营经济融合发展，助力打造"活力温台"，服务长三角一体化发展和浙江"重要窗口"建设。

2021年4月6日，《教育部 福建省人民政府关于支持厦门职业教育高质量发展助力两岸融合的意见》印发。同日，教育部、福建省支持厦门职业教育高质量发展助力两岸融合启动大会在厦门举行。教育部部长、福建省委书记和福建省省长出席会议。会议确定厦门为全国职教高地试点城市之一，厦门市应立足"高质量发展"和"促两岸融合"两个主题，深入推进职教改革，深化产教融合、校企合作，在提升职业教育质量上下功夫、出实招，在助力两岸融合上探新路、促融合，立足厦门特色和区位优势，努力探索具有推广意义的厦门职教范式，全方位推进厦门职业教育创新发展高地建设。

2021年12月4日，教育部与贵州省联合印发了《教育部 贵州省人民政府关于建设技能贵州推动职业教育高质量发展的实施意见》，把新型工业化、新型城镇化、农业现代化、旅游产业化作为主攻方向，加快建设"社会重视技能、人人想学技能、处处可教技能"的技能型社会。全力支持贵州在新时代西部大开发上闯新路、在乡村振兴上开新局、在实施数字经济战略上抢新机、在生态文明建设上出新绩，让贵州高质量发展的列车驶入快车道、跑出加速度。通过部、省共同努力，大幅度提升贵州职业教育现代化水平，更好服务高水平发展、促进高质量就业。

2021年12月13日，教育部与贵州省共建"技能贵州"推动职业教育高质量发展启动仪式在贵阳举行。教育部与贵州省将多措并举健全学校和社会技能教育体系，扩大职业教育覆盖面，计划到2025年，支持贵州建设30所国家优质中等职业学校等，为西部地区技能型社会建设提供"贵州经验"。

❋ 二、对深化现代职业教育体系建设改革具有重大意义 ❋

在国家职业教育改革总体框架下，从东、中、西部选择有基础、有意愿的若干省份，教育部和当地党委政府共同行动，形成合力，建设国家职业教育创新发展高地，探索职业教育未来发展走向，总结出一批可复制、可推广的经验。部省共建国家职业教育创新发展高地是我国职业教育治理的创新举措，是落实地方发展职业教育职责的重大制度设计，对深化现代职业教育体系建设改革具有重大意义。

（一）部省共建，加速职教发展

部省共建国家职业教育创新发展高地是教育部与省级政府协同推进职业教育事业发展的尝试，由教育部统筹指导，各省级政府承担主体责任，履行教育职责，制定工作方案，具体推进职业教育改革发展工作。部省共建，形成整体合力，充分发挥双方优势。一方面，优化资源配置，可以更好地整合资源，避免资源浪费和重复建设；另一方面，加强政府之间的协作和沟通，使项目各个环节更加协调和高效，提高工作效率。目前，从各高地建设成果来看，部省协同的良好工作格局，加速了重点任务的推进，以局部带动整体，形成了全国职业教育高速发展的新局面。

（二）因地制宜，打造区域样板

结合本省特色和优势，各地分别制定部省共建职教高地实施方案。山东提出打造新时代职业教育现代化样板和标杆；甘肃提出为西部职业教育改革发展提供甘肃经验；江西提出打造新时代中部地区和革命老区职业教育高质量发展的样板和标杆；贵州提出为西部地区技能型社会建设提供"贵州经验"；江苏提出探索形成以城市群为载体、具有中国特色、国际影响力和对外输出实力的职教模式，打造具有国际竞争力的职教新高地和样板；浙江提出助力打造"活力温台"，服务长三角一体化发展和浙江"重要窗口"建设；广东提出共同推进深圳职业教育高端发展，率先建立中国特色职业教育高质量发展模式；福建提出努力探索具有推广意义的厦门职教范式。

（三）积极探索，构建中国职业教育理论体系

建设中国特色现代职业教育体系，就要立足中国大地，挖掘中国素材，探索中国职业教育的发展规律，在实践中形成中国职业教育理论体系。虽然职教高地是以部分省份作为试点，但是其范围覆盖了东、中、西部，是一次面向全国的探索实践。同时，部省共建职教高地赋予了职业院校更多自主权，各地院校可以在管理体制、专业设置、教师待遇、职称评聘、校企合作、教师招聘等方面进行大胆探索，

为确立中国特色职业教育制度和模式蹚出路子。

三、部省共建职教高地的成效与经验

自2020年1月14日教育部和山东省率先共建国家职业教育创新发展高地以来，山东省、甘肃省、江西省、贵州省、江苏省、浙江省、福建省、广东省贯彻落实方案，探索区域经验，取得了一系列的成果。

（一）山东省：思想破冰，制度创新

山东作为第一个部省共建职教高地，积极为职业教育大改革大发展寻找突破口和着力点，以思想破冰，打破传统观念，推进五大制度创新。第一，创新推进机制，上下联动。在教育部指导下，山东全省逐市逐县逐校制定实施方案，迅速行动起来，从不同层面为改革蹚路子。第二，创新学制安排，畅通培养渠道。持续增加职教高考本科招生计划，2020年全省中职招生2.5万人超过普高线，专科高职招生2.4万人超过本科线。第三，创新治理模式，大幅简政放权。向学校下放研发机构设置权、人才招聘权、职称评审权、内部薪酬分配权、科技成果转化收益处置权，改革职业院校教师招聘制度，吸引更多人才走进学校，全省职业院校"双师型"教师比例超过60%。第四，创新标准建设，引领"三教"改革。山东省研发322个专业教学标准和147个中职、高职与应用型本科相衔接的课程体系。第五，创新资源配置，校企双向赋能。14部门联合印发全国首个混合所有制办学政策文件，引导社会力量参与办学，40余个混改项目拉动社会投资近百亿元，加快构建多元办学格局。

（二）甘肃省：深化改革，产教融合

一方面聚焦克难疏堵，坚持在深化改革上发力。一是纵深推进职业院校分类招考制度改革。对普通高中毕业生采取综合评价录取或统一高考录取方式，对中职生升学考试录取实行"文化素质＋职业技能"方式，配套实施五年一贯制"中高职贯通"招生和中高职5年制分段培养。二是深化职教领域"放管服"改革。建立陇原人才服务卡制度，吸引高层次技能人才扎根和服务甘肃。三是优化职称评定改革。打破技能人才职称评聘"天花板"，一批产业工人破格获正高级工程师职称。另一方面立足长远发展，坚持在产教融合上发力。一是提高"四链"融合度。面向市场、面向产业、面向企业，瞄准新能源、新材料、新技术等战略新兴产业，积极探索产业、行业、企业、职业、专业融合发展模式，不断提高职业教育专业链、产业链、教育链、人才链的"四链"融合度。二是发挥职教园区示范作用。高起点、高质量、高标准打造兰州新区职教园区，累计投入项目资金186亿元，将24所中职学

校整合为 4 所高职院校，来自 10 所高校及职业院校的 15 万左右师生入驻园区。

（三）江西省：全域推进，创新机制

江西省委省政府第一时间部署推动，印发《任务分工方案》抓落实，将政策任务清单分解成 60 项任务，推出 95 个具体举措。省内 42 个部门、11 个设区市联动发力，调整 8 个方面的原有政策，解决重大问题 16 个，新出台改革文件 63 个。江西省全部高职院校、半数以上中职学校参与国家职业教育提质培优行动计划，撬动职业教育投入 120.99 亿元，中职招生新增 27.75%。在工作推进上，强化地方主责，建立四大工作推进机制。在示范引领上，一是打造全国职业教育虚拟仿真（VR）示范实训基地，多渠道筹措一期建设资金 25 亿元，助推江西千亿 VR 产业腾飞。二是启动中国（南昌）现代职教城建设，投资 200 亿元，打造国内一流的现代职教城。三是加快构建覆盖全省的公共实训基地网络，立项建设 12 个区域性公共实训基地。四是强化高职院校示范引领作用，统筹 3.5 亿元重点打造 10 所区域高水平高职院校和 50 个特色优势专业（群），成立江西省高等职业院校 G10 联盟。

（四）江苏省：三地担当，齐抓共管

苏州市、常州市和无锡市均成立了由当地市委和市政府主要领导同志担任组长的市级领导小组，常州市和苏州市职业教育高质量发展样板实施方案及《无锡市职业教育质量提升攀登计划（2021—2025）》先后印发，三地市委市政府主要负责同志分别以座谈会、推进会和专题调研的形式，推进职教高质量样板建设；三市教育行政部门也不断增强行动自觉，树立"一盘棋"理念，加快项目布局，主动加强与另外两市的沟通协作，一道推动职业教育政策协同制定、资源协同共享、管理协同对接，谋划城市特色创新路径，打造职业教育改革创新"朋友圈"。

（五）浙江省：融合民营，温台一体

浙江省探索采用 PPP 融资模式推进职业院校建设，提升办学条件。占地 340 亩的永嘉县职教中心建成并投用。探索行业龙头民企举办职业院校或参与混合所有制办学。温州汽车零部件龙头企业瑞立集团独资举办瑞立职业技术学校，并将探索与高职院校二级学院试点混合所有制办学。探索民办教育机构托管公办职业院校形成"公私合营、共同管理、利益共享、风险同担"的办学新模式。引入上海翔宇教育集团托管永嘉县第二职业学校。当前，温州正逐渐形成民营企业参与职业教育的新局面。温州、台州是全国民营经济的重要发祥地，对技术技能人才需求旺盛。温州、台州联合推进职教改革体制机制创新，共同打造学校发展共同体、专业发展共同体、教师发展共同体、学生发展共同体、校企合作共同体、科技研发共同体等六

个共同体建设。目前，温台两市已成立"活力温台"高职大学生双创联盟、温台技工院校（产业）联盟，已举办首届"活力温台"高职院校学生技能竞赛、中职学校学生创新创业大赛，成立温台职业教育教材建设研究中心和举办职业院校教师教学能力大赛等系列活动。

（六）福建省：落实政策，厦台合作

福建省贯彻落实《教育部 福建省人民政府关于支持厦门职业教育高质量发展助力两岸融合的意见》，厦门市成立厦门火炬大学堂，按照产教融合理念和市场化办学模式，以产业需求为导向，汇聚多方力量，构建多元融合、层次分明的人才培训体系，打造集人才培养、行业咨询、产教融合功能于一体的高水平平台。围绕"金砖国家新工业革命伙伴关系创新基地"建设，指导厦门开放大学与厦门市知识产权协会共建"金砖知识产权创新基地"，构建知识产权职业教育体系，助力金砖国家技能人才培养。福建省把引进台湾师资、资格互认、台胞创办职业教育、台青就业创业等工作作为"对台工作新举措"。鼓励职业院校充分利用市政府引才政策，大力引进台湾职教专才。厦门城市职业学院率先推出《厦门城市职业学院引进台湾专才暂行办法》。

建立健全职业教育国家教学标准体系

改革开放以来，尤其是党的十八大以来，我国职业教育受到了前所未有的重视，实现了跨越式发展，基本建成了现代职业教育体系。国家职业教育标准体系建设是我国教育改革发展的一个重要方向，旨在提高职业教育人才培养质量，满足经济社会发展对技能型人才的需求。

一、完善职业教育的国家标准

为了适应经济社会发展的需要，职业教育的规模和水平不断提高，但也面临一些挑战和问题。例如，职业教育的教学内容、方法、质量等方面与市场需求、企业要求和国际标准存在差距，职业教育与普通教育的协同发展有待进一步加强等。当前社会对技能型人才培养提出了更高的要求，职业学校需要注重建立健全教育质量标准保障体系，以培养符合企业需求的高素质人才。职业教育的目标在于围绕国家和党的教育方针，结合社会现代化建设需求，为管理、建设、服务、生产等一线行业提供综合素质高、具备较高职业能力的技术型人才。这不仅是职业院校的教育目标，更是教育质量的标准。

党的十八大以来，国家连续出台了一系列重要文件，强调了标准化工作的重要性，包括《深化标准化工作改革方案》《国家标准化体系建设发展规划（2016—2020年）》和《中华人民共和国标准化法》等。在国家标准化战略的引领下，教育标准化改革也逐渐深入，2018年发布的《教育部关于完善教育标准化工作的指导意见》，要求强化标准的教育支撑和引领作用。与此同时，完善职业技术教育国家标准被列入国家"十四五"规划。

二、不断完善职业教育标准体系建设

（一）专业目录发展脉络

1963年，教育部发布了《中等专业学校专业目录》，这是我国第一个中等专业学校专业目录。该目录主要参照了苏联专业设置模式，以计划经济体系下产业部门分工和职业岗位为专业划分依据，并且按照学科进行专业分类，共分为8科348个专业，其中，工科专业242个、农科25个、林科11个、医科12个、师范2个、财经35个、体育1个、艺术20个，呈现出"宽窄并存"的专业设置原则。1963年发布的专业目录对于我国中等专业学校的专业进行了一定的规范。

随着改革开放，我国经济迅速发展，大量新专业出现，1963年发布的专业目录已经失去指导作用。1993年3月，国家教委发布了《普通中等专业学校专业目录》，包括9科、49类、515个专业，包含专业名称目录、专业简介和新旧专业名称对照表三部分内容，呈现出"宽窄并存、以宽为主"的设置原则。

为使中等职业教育更好地适应21世纪初我国社会主义现代化建设和科技进步、产业结构调整的需要，2000年9月，教育部制定了《中等职业学校专业目录》，共设13个专业大类、270个专业、470个专门化方向，包括农林、资源与环境、能源、土木水利工程、加工制造、交通运输、信息技术、医药卫生、商贸旅游、财经、文化艺术与体育、社会公共事务和其他大类。这是我国第一个适用于高中阶段各类职业学校的专业目录。

为引导我国高职高专教育持续健康发展，扩大高等学校办学自主权，尽快形成高职高专教育专业管理的科学运行机制，2004年10月，教育部制定了《普通高等学校高职高专教育指导性专业目录（试行）》，共设19个专业大类、78个专业类、532个专业。这是高职高专专业目录指导性文件，是指导高等学校设置、调整高职高专教育专业，制定培养方案、组织教育教学，安排招生，组织毕业生就业，以及行政管理部门进行教育统计和人才预测等工作的主要依据，也是社会用人部门选用高等学校毕业生的重要参考。

为了推动中等职业教育改革创新，更好地支撑产业建设，服务经济社会发展，促进中等职业教育专业设置与职业岗位需求相吻合，指导中等职业学校科学合理地设置专业，教育部对2000年颁布的《中等职业学校专业目录》（以下简称原《目录》）进行了修订。2010年3月，教育部印发了《中等职业学校专业目录（2010年修订）》（以下简称新《目录》），专业类由原来的13个增加到19个，新增了"休闲保健"和"教育"2个专业类，对其他专业类进行了更名、合并或拆分等调整。专业数由原来的270个增加到321个，其中保留专业126个，通过更名、合并或拆分等衍生的专业110个，新增专业85个，从原《目录》删除专业22个。目录结构进行了创新，原《目录》结构为"专业类—专业名称—专门化举例—建议修业年限"，新《目录》修订为"专业类—专业名称—专业（技能）方向—对应职业（岗位）—职业资格证书举例—基本学制—继续学习专业举例"。新《目录》将原《目录》中的"专门化举例"修订为"专业（技能）方向"，新增了"对应职业（岗位）""职业资格证书举例""继续学习专业举例"三项内容，明确了专业与职业岗位、职业标准和继续学习方向的关系。

2010年9月，教育部印发《中等职业学校专业设置管理办法（试行）》，贯彻落实《国家中长期教育改革和发展规划纲要（2010—2020年）》，进一步扩大中等职业学校专业设置自主权，规范和完善中等职业学校专业设置管理，引导中等职业学校依法自主设置专业。

2015年，为贯彻落实全国职业教育工作会议精神和《国务院关于加快发展现代职业教育的决定》（国发〔2014〕19号），进一步扩大省级政府教育统筹权和学校办学自主权，引导高等职业学校科学合理设置专业，促进高等职业教育人才培养与经济社会发展实际需要更加吻合，教育部印发《普通高等学校高等职业教育（专科）专业目录（2015年）》。该目录设19个专业大类、99个类、748个专业。2016年增补13个专业，2017年增补6个专业，2019年增补9个专业，同时，增补46个中等职业学校专业。

2021年3月，教育部印发《职业教育专业目录（2021年）》。该目录按照"十四五"时期国家经济社会发展重点任务和2035年远景目标对职业教育的要求，在科学分析产业、职业、岗位、专业关系基础上，对接现代产业体系，服务产业基础高级化、产业链现代化，统一采用专业大类、专业类、专业三级分类，一体化设计中等职业教育、高等职业教育专科、高等职业教育本科不同层次专业，共设置19个专业大类、97个专业类、1349个专业，其中，中职专业358个、高职专科专业744个、高职本科专业247个。

2020年1月，教育部发布新版《职业教育专业简介》。新版《职业教育专业简介》全面贯彻新发展理念，服务产业转型升级需要，展现职业教育专业升级与数字化改造的最新成果，覆盖新版专业目录全部19个专业大类、97个专业类的1 349个专业。

（二）专业教学标准发展脉络

2012年11月，为加强高等职业学校教学基本建设和专业建设，提高教学质量，教育部职业教育与成人教育司印发了《高等职业学校专业教学标准（试行）》，这是首批高职专业教学标准，涉及18个大类的410个专业教学标准，在专业名称、专业代码、招生对象、学制与学历、就业面向、培养目标与规格、职业证书、课程体系与核心课程、专业办学基本条件和教学建议、继续专业学习深造建议十个方面提出了具体要求。

2014年4月，教育部印发《中等职业学校专业教学标准（试行）》，首批涉及14个专业类的95个专业教学标准。该标准有助于加强职业教育教学基本建设，促进职业教育专业教学科学化、标准化、规范化，建立健全职业教育质量标准体系，是社会用人单位选用中等职业学校毕业生的重要参考。2014年12月，教育部组织制定了第二批涉及16个专业类的135个专业教学标准。

2019年，教育部发布了首批347项高等职业学校专业教学标准，进一步完善了职业教育国家教学标准体系。

（三）课程标准发展脉络

2000年8月，教育部颁布《中等职业学校数学教学大纲（试行）》。2008年12月，教育部印发《中等职业学校德育课课程教学大纲》，包括职业生涯规划、职业道德与法律、经济政治与社会、哲学与人生4门德育课必修课程教学大纲和心理健康选修课程教学大纲，与《教育部关于中等职业学校德育课课程设置与教学安排的意见》一并执行。

2009年1月，教育部印发新修订的中等职业学校语文等7门公共基础课程教学大纲，根据《教育部关于进一步深化中等职业教育教学改革的若干意见》和《教育部关于制定中等职业学校教学计划的原则意见》，在认真总结上一轮课程教学改革经验的基础上，对现行中等职业学校语文、数学、英语、体育与健康、计算机应用基础、物理、化学7门公共基础课程教学大纲进行了修订。新修订的教学大纲原则上自2009年秋季学期开始实施。届时，2000年发布实施的大纲停止使用。

2009年5月，教育部印发中等职业学校9门大类专业基础课程教学大纲，修订课程包括机械制图、机械基础、金属加工与实训、机械常识与钳工实训、电工技术基础与技能、电子技术基础与技能、电工电子技术与技能、土木工程力学基础、土木工程识图。修订课程覆盖专业面广、规范要求高。新大纲自2010年春季学期开始实施，届时停止使用2000年发布的中等职业学校机械制图等16门专业技术基础课程教学大纲。

2013年3月，为加强中等职业学校艺术教育工作，提升学生的人文修养与艺术鉴赏水平，教育部印发《中等职业学校公共艺术课程教学大纲》。公共艺术课程是中等职业学校实施美育、培养高素质劳动者和技术技能人才的重要途径，是素质教育不可或缺的重要内容，是中等职业学校学生必修的1门公共基础课。

2020年1月，教育部印发中等职业学校思想政治、语文、历史课程标准，增设了历史课程，完善了课程设置，优化了结构体例，填补了我国中等职业教育长期以来有教学大纲无课程标准的空白，具有基础性和战略性意义。

2020年1月，教育部发布中等职业学校数学、信息技术、体育与健康、物理、化学5门公共基础课课程标准。新课标确定了中职公共基础课程核心素养和课程目标，明确了课程内容和学业质量要求，对中职学校深化教学改革、提高教学质量、提升学生综合能力具有重要的指导作用。

2020年3月，教育部印发中等职业学校艺术、英语2门课程标准。至此，中等职业学校10门公共基础课课程标准全部发布。

2021年3月，教育部印发《高等职业教育专科英语课程标准（2021年版）》和《高等职业教育专科信息技术课程标准（2021年版）》，进一步完善职业教育国家教学标准体系，指导高等职业教育专科公共基础课程改革和课程建设，提高人才培养质量。

（四）学校设置标准发展脉络

2000年3月，教育部颁布《高等职业学校设置标准（暂行）》，从校长设置、教师队伍、土地和校舍、课程设置、专业设置等方面对高等职业学校设置提出了要求。

2001年7月，教育部印发《中等职业学校设置标准（试行）》，从管理制度、校长设置、教育教学和管理等工作机构、办学规模、教师队伍、校园、校舍等方面对中等职业学校设置提出了要求。

（五）顶岗实习标准发展脉络

2016年7月，教育部公布首批《职业学校专业（类）顶岗实习标准》，涉及30个专业（类）的70个顶岗实习标准，包括适用范围、实习目标、时间安排、实习条件、实习内容、实习成果、考核评价、实习管理和附件（包括顶岗实习任务书及实习计划、顶岗实习总结报告、顶岗实习三方协议书）9个部分。2018年1月，教育部公布第二批《职业学校专业顶岗实习标准》，又增加了66个专业顶岗实习标准。顶岗实习标准强化顶岗实习规范化管理，对接职业标准和企业岗位规范，突出了实习的职业性和针对性，注重顶岗实习学生权益保障，积极构建校企协同育人模式，进一步规范和加强了职业学校顶岗实习教学、管理和服务，建立健全了职业教育质量保障体系。

（六）专业仪器设备装备规范脉络

自2012年以来，教育部陆续发布了护理、数控技术、光伏发电技术与应用等9个专业的专业仪器设备装备规范，对相关专业实训教学场所、实训仪器设备配备等提出了与行业企业装备技术对接的规范要求。

2018年7月，教育部印发《中等职业学校焊接技术应用专业实训教学条件建设标准》等11项职业教育教学标准。

2019年5月，教育部印发《高等职业学校物流管理专业实训教学条件建设标准》等21项职业教育教学标准。

（七）教师与校长标准

2013年9月，教育部印发《中等职业学校教师专业标准（试行）》，是国家对合格中等职业学校教师专业的基本要求，是中等职业学校教师开展教育教学活动的基本规范，是引领中等职业学校教师专业发展的基本准则，是中等职业学校教师培养、准入、培训、考核等工作的基本依据，由基本理念、基本内容、实施要求三大部分组成，在内容和结构上突出体现中等职业学校教师"双师型"特色

1. 基本理念。包括：师德为先——要求教师热爱职业教育事业，践行社会主义核心价值体系，做学生职业生涯发展的指导者和健康成长的引路人；学生为本——要求教师践行人人皆可成才的职业教育观，为每一个学生提供适合的教育；能力为重——要求教师具备专业理论与职业实践相结合的教育教学和育人能力；终身学习——对教师终身学习与持续发展的意识和能力提出明确要求。

2. 基本内容。包括专业理念与师德、专业知识、专业能力3个维度，分为15个领域，细化为60个条目，着重体现中等职业学校教师工作特点。专业理念与师德是对教师应具备的职业道德和个人修养的要求；专业知识是对教师必须掌握的教育教学知识和职业背景知识的要求；专业能力是对教师应具备的教育教学和职业指导能力的要求。

3. 实施要求。对各级教育行政部门、职教师资培养培训院校、中等职业学校、教师如何使用标准提出具体要求。

2015年1月，教育部印发《普通高中校长专业标准》，是对中等职业学校合格校长专业素质的基本要求，是制定中等职业学校校长任职资格标准、培训课程标准、考核评价标准等的重要依据。

2022年10月，教育部印发《职业教育"双师型"教师基本标准（试行）》，各省级教育行政部门应结合本地具体情况，以及不同教育层次、专业大类等，参照制定修订本级"双师型"教师认定标准、实施办法，明确支持举措，实行分类评价，并适时调整完善。

三、提供了基础规范和教学保障

职业教育在我国的地位日益重要，成为培养各类技能人才的重要途径。然而，由于职业教育教学内容繁杂，职业教师水平参差不齐，教学质量难以保证。为了解决这些问题，国家开始了职业教育标准体系的建设。

（一）提高职业教育质量

职业教育标准体系建设可以帮助职业院校建立科学、完备的教育教学标准，规

范教育教学行为，从而提高职业教育的质量。标准的制定，使职业教育教学更加规范化、科学化，确保学生获得的知识和技能符合国家人力资源发展的需求。

（二）促进职业教育与企业需求的对接

职业教育标准体系的建设可以促进职业教育与企业需求的对接。职业教育标准体系可以更加清晰地反映出市场需求，使职业教育更具针对性和实用性。同时，企业可以参与职业教育标准体系的制定，使教育与企业更加紧密相连，更好地满足企业人才需求。

（三）促进职业教育与经济社会的协调发展

职业教育标准体系建设可以促进职业教育与经济社会的协调发展。制定适合国家经济发展需要的职业教育标准，能够更好地为国家的经济发展服务，满足市场对人才的需求。同时，也可以帮助学生更好地适应社会发展的需求，提高其就业竞争力。

（四）推动职业教育改革

职业教育标准体系建设可以推动职业教育改革。通过制定标准，教育行政部门可以发现职业教育的问题和不足，为职业教育改革提供参考和依据，推动职业教育的不断发展。

（五）提高职业教育的国际竞争力

职业教育标准体系建设可以提高职业教育的国际竞争力。制定符合国际标准的职业教育标准，可以提高职业教育在国际上的认可度和影响力，吸引更多的国际学生来到中国学习，推动中国职业教育走向世界。

四、国家职业教育标准体系框架的成效与经验

（一）具有中国特色的国家职业教育标准体系框架基本形成

在中国职业教育改革和发展的推动下，国家职业教育标准体系框架逐步形成，并不断得到完善和优化。职业教育标准的建设不仅关系到职业教育质量的提升，也关系到人才培养的质量和效益，是实现中国制造向中国创造转型升级的关键一环。

党的十八大以来，教育部积极推进职业教育标准体系建设，发布了包括专业目录、专业教学标准、公共基础课程标准、顶岗实习标准、专业仪器设备装备规范等

在内的国家教学标准，这些标准与中等职业学校设置标准、教师专业标准、校长专业标准、高等职业学校设置标准等共同组成了较为完善的国家职业教育标准体系，涵盖了学校设置、专业教学、教师队伍、学生实习等多个方面。高职专业教学标准、顶岗实习标准、仪器设备装备规范从无到有，填补了空白，中职专业目录、中职专业教学标准经历了一轮甚至几轮的修订，逐步建立起能够适应产业发展动态调整的机制。具有中国特色、较为系统的职业教育国家教学标准体系框架基本形成。

（二）江苏省：以教学标准为引领，不断提升职业学校教学质量

江苏省依据国家教学标准体系要求，结合区域特点，初步形成了"内容完整、门类齐全、上下衔接"的教学标准体系。2013年起，江苏省完成了中等职业教育62个主要专业、五年制高等职业教育44个主要专业指导性人才培养方案制定，开发了中职243门、五年制高职520门专业课程标准，启动了38个专业类别中等职业教育技能教学标准编制工作，同步开展全省中等职业学校学生学业水平考试技能统考。

在标准体系的引领下，职业学校专业技能教学水平显著提高，行业企业认可度不断提升，教师教学行为更加标准。近年来，江苏省中职毕业生（中级工）"双证率"达90%以上、五年制高职毕业生（高级工）达80%以上，就业率均在98%以上，专业对口率和企业满意度不断提高。江苏省在全国职业院校技能大赛上成绩持续领先。

（三）全国石油和化工职业教育教学指导委员会：紧跟行业走向，全面参与标准制定

全国石油和化工职业教育教学指导委员会（以下简称"石化行指委"）是由教育部批准成立，由中国石油和化学工业联合会牵头，对石油和化工行业职业教育教学工作进行研究、咨询、指导和服务的专家组织。近年来，石化行指委承担了教育部高等职业专业目录修订、高等职业专业教学标准修（制）订，职业院校化工类专业顶岗实习标准制定和中职专业目录修订等工作，积极指导推进职业教育教学，已成为石油和化工领域"政府信得过、院校离不开、行业有影响"的权威专家组织。2014年起，石化行指委承担或参与修改高职专业目录28个，制定化工生产技术和工业分析与检验两个石化行业骨干专业顶岗实习标准，修订高职专业教学标准23个，修订中职专业目录18个，以多种形式全面参与到石化职业教育教学的各个环节中，发挥好行业指导作用，推动不断提高人才培养质量。

（四）中国物流与采购联合会：发挥行业指导作用，积极参与标准建设

中国物流与采购联合会作为行业组织，同时也是物流职业教育教学指导委员会

的牵头单位，近年来，在教育部的指导下，结合物流行业发展和人才培养需求，积极推动物流职业教育教学标准体系建设。从2012年开始，中国物流与采购联合会借鉴发达国家的经验，专注于构建物流行业的职业标准。该体系采用了国际通用的标准体系框架结构，并建立了符合中国产业需求的物流职业标准框架体系。目前，该体系已经发布了《物流从业人员职业能力要求》《冷链物流从业人员职业资质》等行业职业标准，并开展了物流和采购从业人员职业能力等级认证。这些基础性工作为教学标准与行业职业标准和岗位需求之间的对接打下了良好的基础。中国物流与采购联合会的行业职业标准已经得到联合国国际贸易中心、国际采购与供应管理联盟等国际机构的互认，为后续标准国际化、学分互认等国际合作打下基础。

全面加强职业学校学生实习管理

❈ 一、加强实习规范 ❈

实习是职业学校实践教学的重要环节，不仅能巩固学生的专业知识、加强技术技能训练，还能帮助学生提前熟悉未来工作岗位，引导其适应和融入社会。职业学校实习工作的开展、实习过程相关行为准则的规范一直是国家统筹职业教育领域办学的重点。从2007年到2022年，国家先后印发或修订了有关职业学校学生实习的管理办法或规定，为进一步做好学生的实习工作、切实维护实习学生的合法权益提供了政策保障。

2016年4月，教育部、财政部、人力资源和社会保障部、国家安全监管总局、中国保监会五部门联合制定了《职业学校学生实习管理规定》，该规定对规范职业学校学生实习工作起到了重要作用。与此同时，有关职业学校学生实习的问题也面临着一些新形势、新情况和新要求。一是国家对进一步规范学生实习作出明确部署，全国职业教育大会提出要健全实习实训等职业教育教学标准体系，进一步实化学生实习实训环节，提高技能供给质量；中共中央办公厅、国务院办公厅印发的《关于推动现代职业教育高质量发展的意见》对鼓励企事业单位参与实习，规范实习管理提出明确要求。二是由于实习管理涉及主体多、工作链条长，加之疫情等影响，一段时间以来，一些单位和个人受利益驱动，以实习为名组织学生到企业生产流水线务工、安排加班和夜班、强制实习、收费实习、学生实习专业不对口等问题时有发生。教育部会同有关部门组织了实习问题专项治理，开通了教育部和各省实习监督咨询电话，根据有关问题线索建立工作台账，逐一核查整改，并通报了一批实习违规典型案例，有关案例反映出实习管理还存在责任链条有缺环、监管有漏洞、追责问责不到位等情况，需要进一步完善制度规定。三是近年来数字经济催生新业态、新模式，驱动岗位升级、职业场景变化，同时，随着生产性实训基地、虚拟仿真实训基地建设的推进，部分专业实现了在校内或职教园区就可以基本再现企业真实职业场景，加之中高职贯通培养等育人模式不断创新，实习管理也需要与时俱进，实现数字化升级。针对这些情况，2022年1月，教育部、工业和信息化部、财政部、人力资源和社会保障部、应急管理部、国资委、市场监管总局和中国银保监会八部门联合发布了新修订的《职业学校学生实习管理规定》。

二、制度保障学生合法权益

（一）强调全过程管理，突出实习的教育教学属性

2016年，教育部与财政部、人力资源和社会保障部、安全监管总局、中国保监会联合印发的《教育部等五部门关于印发〈职业学校学生实习管理规定〉的通知》（教职成〔2016〕3号）在2007年《中等职业学校学生实习管理办法》的基础上，针对职业学校学生实习中突出的重点难点问题，完善顶层设计，从制度上进一步规范和加强职业学校学生实习管理。规定分6章39条，包括总则、实习组织、实习管理、实习考核、安全职责和附则，强调全过程管理，突出实习的教育教学属性，对一些重点环节，如实习协议、实习报酬、禁止事项等作了强调和细化。规定对实习中的学生权益保护提出了明确要求：一是要求无协议不实习。学生参加跟岗实习、顶岗实习前，职业学校、实习单位、学生三方应签订实习协议，明确各方的责任、权利和义务，未按规定签订实习协议的，不得安排学生实习。二是首次提出顶岗实习学生报酬底线，避免"廉价劳动力"现象发生。要求实习单位参考本单位相同岗位的报酬标准和顶岗实习学生的工作量、工作强度、工作时间等因素，合理确定顶岗实习报酬，原则上不低于本单位相同岗位试用期工资标准的80%，并按照实习协议约定，以货币形式及时、足额支付给学生。三是提出明令禁止事项。对不适宜学生实习的情况，如安排一年级学生顶岗实习，安排学生到酒吧、夜总会、歌厅、洗浴中心等营业性娱乐场所实习等，规定均予以了明确禁止。四是指出职业院校和实习单位不得向学生收取实习押金、顶岗实习报酬提成、管理费或者其他形式的实习费用。五是对顶岗实习学生占实习单位在岗人数比例作出约定。规定明确顶岗实习学生的人数不超过实习单位在岗职工总数的10%，在具体岗位顶岗实习的学生人数不高于同类岗位在岗职工总人数的20%。

规定对目前职业学校学生实习中的重点难点问题作出了回应：一是针对部分单位不重视学生实习，校热企冷等问题，规定从制订实习计划到实习组织实施和管理的角度，进一步强调了实习单位的责任；二是针对职业学校学生实习中可能出现的安全隐患问题，从安全要求、安全制度、岗前培训、实习保险、事故赔偿等角度，强调了安全管理，规范了安全防患、责任保险以及事故处理，解决学生实习中的安全保障问题；三是针对管理过程中存在的松散问题，规定明确了教育行政部门、职业学校主管部门、职业学校、实习单位等各方的管理职责，要求职业学校和

实习单位建立实习管理教师制度，避免"放羊式"管理；四是针对个别地区出现的通过代理组织安排学生实习问题，规定明确不得通过中介机构或有偿代理组织、安排和管理学生实习工作。对违规组织学生实习的职业学校，由职业学校主管部门责令改正。拒不改正的，对直接负责的主管人员和其他直接责任人依照有关规定给予处分。

（二）发布新修订的《职业学校学生实习管理规定》

为确保规定有效落实，教育部还将分批颁布各专业的顶岗实习标准，并结合《职业院校管理水平提升行动计划（2015—2018年）》开展实习管理规范活动专项治理行动。为推动现代职业教育高质量发展，进一步做好职业学校学生实习工作，2022年1月，教育部、工业和信息化部、财政部、人力资源和社会保障部、应急管理部、国资委、市场监管总局和中国银保监会八部门联合发布了新修订的《职业学校学生实习管理规定》。该文件包括实习组织、实习管理、实习考核、安全职责、保障措施、监督与处理等8章共计50条。该文件着眼实习全流程，聚焦关键环节，进一步为学生实习划定红线，明确提出1个"严禁"、27个"不得"。以学生实习回归育人本质、保障学生等各方权益为主线，系统梳理并进一步明确各有关主体责任。

一是结合实际重新整合实习管理范围、内涵和边界。在范围上，将高职本科学校实习纳入本规定适用对象，统一标准、规范管理。在内涵上，适应数字时代职业场景、岗位形态的变化，重新界定实习分类，将跟岗实习和顶岗实习统一为岗位实习，进一步扩大和优化实习岗位供给。在边界上，对于建在校内或园区的生产性实训基地、厂中校、校中厂、虚拟仿真实训基地等，已经可以基本再现真实职业场景的，也可按本规定作为实习单位，并明确了相应要求。二是进一步将实习融入校企协同育人范畴。规定职业学校应当优先选择与学校有稳定合作关系的企（事）业单位，同时鼓励和引导企（事）业单位等按岗位总量的一定比例，设立实习岗位并对外发布岗位信息，加强实习前培训，使学生、实习指导教师和专门人员熟悉各实习阶段的任务和要求，强化实习单位主要负责人安全生产第一责任人职责。三是要求学校等各方进一步提高实习管理水平。系统梳理实习单位选择的具体条件，明确要求实习单位名单须经校级党组织会议研究确定后对外公开，明确学生实习工作校内管理体制与运行机制；支持结合学徒制培养、中高职贯通培养等合作探索多种形式的实践性教学改革；在遇有突发事件或重大风险时，按照属地管理要求做好分类管控工作，遇有重要情况不得迟报、瞒报、漏报。四是进一步明确了跨省实习的管理规定。明确职业学校组织学生跨省实习的，须事先经学校主管部门同意，按程序报省级主管部门备案。跨省实习数量较大的省份之间，要建立跨省实习常态化协同机制，实习派出地要将相关信息提供给实习单位所在地省级教育主管部门，由实习单位所在地一并纳入本地实习日常监管体系，及时通告监管发现的问题并积极协调有关部门做好事件处置。五是进一步完善实习保险政策。提出加快发展职业学校学生实习责任保险和适应职业学校学生实习需求的意外伤害保险产品。鼓励保险公司对学徒制保险专门确定费率，实现学生实习保险全覆盖。积极探索职业学校实习学生参加工伤保险办法。六是明确了对违规职业学校和实习单位的处理规定。对违反本规定组织学生实习的职业学校，由职业学校主管部门依法责令改正，拒不改正或者管理混乱，造成严重后果、恶劣影响的，应当对学校依法处理。实习单位违反本规定和法律法规规定了法律责任的，县级以上地方人民政府或地方有关职能部门应当依法依规追究责任。

三、保障学生人身安全与健康，深化职业教育工学结合人才培养模式

《职业学校学生实习管理规定》对解决当前职业学校学生实习存在的问题，推进依法管理、科学管理和规范管理，保障学生人身安全与健康，深化职业教育工学结合人才培养模式改革具有重要意义。

（一）推进学生实习依法管理

一直以来，与学生实习有关的法律依据虽然在各类法律法规中零星可见，但从整体上缺乏系统性和适用性，对学生实习利益相关方利用法律武器维护自身权益造成困难和障碍。规定构建了系统、完整的职业学校学生实习法律法规体系；对于在何种情况下适用何种法律法规进行了说明，便于职业学校依法开展学生实习管理工作，如对违反本规定安排、介绍或者接收未满16周岁学生跟岗实习、顶岗实习的，由人力资源和社会保障行政部门依照《禁止使用童工规定》进行查处。

（二）强化学生实习科学管理

规定为职业学校更加科学、规范地开展学生实习管理提供了系统指导。一是建立健全制度体系，职业学校要会同实习单位制定一系列制度性文件，使学生实习管理工作更加规范。二是明确实习单位资质要求，避免职业学校在实习单位选择上的盲目性与随意性。三是限定岗位人数要求，保证学生在合适岗位上真正参与到实际工作中，积累岗位工作经验。四是明确学生实习指导人员的要求，按照经验丰富、业务素质好、责任心强、安全防范意识高的标准由职业学校和实习单位分别选派实习指导教师和专门人员，全程指导、共同管理学生实习。

（三）强调学生实习安全管理

安全问题是实习管理的首要问题，规定对实习安全尤为重视，不仅各章均涉及安全问题，还专设安全职责章节。明确安全管理职责，职业学校和实习单位是实习安全的责任主体，职业学校主管部门负有监督管理的责任；健全安全管理制度，制度的有无和执行情况将作为评估企业能否承接学生实习的重要内容；强化安全教育培训，对于实习中不遵守制度的学生要给予批评与处分；全面加强安全保障，要为实习学生投保实习责任保险，不属于保险责任赔付范围的，在实习协议中进行约定，最大限度地保证学生实习安全。

四、学生实习管理的成效与经验

近年来，顶岗实习过程中的管理责任缺位、学生权利得不到保障等问题频发，影响这一工作的开展。为此，一些地方结合区域实际情况在建设职业教育实习管理制度方面进行了有益探索。在全国职业教育实习管理工作视频会议上，重庆、广东代表地方政府，深圳职业技术学院、辽宁轻工职业学院代表院校介绍了在实习管理方面的经验做法，值得关注和借鉴。

（一）重庆：健全机制，创新模式

近年来，重庆市切实加强职业院校学生实习管理，全市所有职业院校（其中参与中职学历教育的学校195所，高职院校31所）均开展此项工作，3年里，有近60万名学生参加实习并顺利实现就业。重庆市具体做法是：教育行政部门、行业主管部门、职业院校、企业都建立了学生实习管理机构，既各负其责又相互协作的一个体系；完善了规范管理制度、风险控制制度和实习协议制度三项制度；构建了校企共管机制、行业协调机制、园校互动机制、考核奖惩机制四大机制；建立了"233"模式、"0.5+0.5"模式、"三段式"模式、"四环节"模式、"虚拟员工"模式五个模式，全面健全并规范了职业院校学生实习管理工作。

（二）广东：政策引导，立法保障

近年来，广东省大力推进职业教育人才培养模式改革，做实抓好实习管理工作，不断提升技能型人才培养质量，毕业生受到社会和企业的青睐。该地具体做法是：从政策层面进行引导，修订中职专业导向性标准，出台工学结合实施方案、专业教学指导方案、实训中心建设方案等管理方案，设立专项教改课题等方式，鼓励教育改革创新，使技能核心的思想深入人心；学生实习坚持学校组织、政府扶持、社会参与的原则，学校设立专项经费，政府预算安排资金，共同支持学生实习培训等内容；加强机构建设、制度建设，学生管理责任到人，落实四级网格化管理，用制度保障实习工作有序推进，校企沟通形成实习管理合力；通过加强监督检查，引导学校规范实习管理，不断提高管理实效。

（三）深圳职业技术学院：搭建平台，强化机制

深圳职业技术学院高度重视实习管理工作，积极贯彻上级文件精神，以提高人才培养质量、服务地方经济发展为根本目标，坚持产教融合、校企合作、依据专业和行业特点，以立德树人为根本，以高质量发展为核心，以校企共赢为动力的"九个共同"，构建形成了具有深职院特色的多样化实习管理体系：数量充足的多级实习基地、有章可循的实习管理制度、形式多样的实习模式、客观全面的考核评价机制、使用便捷的信息化管理平台。在规范实习管理上，不断完善实习管理工作机制，优化实习管理流程，落实实习管理责任制，推行实习管理信息化，不断提高人才培养质量，提升服务行业企业的精准度，实习工作成效显著。

（四）辽宁轻工职业学院：多方推进，路径创新

辽宁轻工职业学院以资源共享、合作育人为主要目标，通过政府统筹、主管部门协同，提供决策咨询、协同管理等服务，共同加强学生实习管理。该地具体做法是：建立政校行企四方联动的开放式办学平台，按照"五进五融"原则，以育人为核心，将产学研用立体推进落实到学生培养全过程，全方位开展校企合作；成立实习领导小组全面负责学生实习工作；实习过程中坚持做到"三联系、三结合"；构建信息平台实现实习管理现代化；加强实习管理制度建设，确保实习过程规范化安全化，全面提升实习管理质量。

加强"双师型"教师队伍建设

随着经济发展方式的转变、产业结构的转型，职业院校的专业动态在不断地调整和优化，需要继续提高教师队伍的专业发展水平。2022年，教育部办公厅发布《教育部办公厅关于做好职业教育"双师型"教师认定工作的通知》，出台了《职业教育"双师型"教师基本标准（试行）》，要求各省级教育行政部门应结合本地具体情况，参照制定修订本级"双师型"教师认定标准、实施办法，明确支持举措，实行分类评价，并适时调整完善。

一、职业教育立德树人的关键

教育部、财政部于2006年首次联合发布《教育部 财政部关于实施中等职业学校教师素质提高计划的意见》，提出到2010年，培训15万名中等职业学校（含办学特色鲜明、成绩突出的技工类学校）专业骨干教师，其中中央财政重点支持培训3万名，省级培训12万名，优化教师队伍的素质结构，提高职业教育教学水平。为推动和加强职业院校教师队伍建设，贯彻落实全国教育工作会议精神和《国家中长期教育改革和发展规划纲要（2010—2020年）》，教育部和财政部从2011年起再次共同实施了职业院校教师素质提高计划，随后持续实施了"十三五""十四五"职业院校教师素质提高计划。2014年6月，习近平总书记就加快职业教育发展作出重要批示，为职业院校教师队伍建设指明了方向。进一步加强职业院校"双师型"教师队伍建设，推动职业教育发展实现新跨越，教育部出台了一系列关于"双师型"教师队伍建设的政策文件。

党的十九大报告明确指出，要完善职业教育和培训体系，深化产教融合、校企合作。为深入贯彻落实党的十九大精神，建设一支高水平专业化创新型教师队伍，中共中央、国务院在2018年1月发布了《中共中央 国务院关于全面深化新时代教师队伍建设改革的意见》，对职业院校教师队伍的质量提升和管理制度建设提出了新要求。与新时代国家职业教育改革的新要求相比，职业教育教师队伍还存在着数量不足、来源单一、校企双向流动不畅、结构性矛盾突出、管理体制机制不灵活、专业化水平偏低的问题，尤其是同时具备理论教学和实践教学能力的"双师型"教师和教学团队短缺，已成为制约职业教育改革发展的瓶颈。为深化职业院校教师队伍建设改革，培养造就高素质"双师型"教师队伍，教育部、发改委、财政部、人力资源和社会保障部四部门在 2019 年 9 月发布了《深化新时代职业教育"双师型"教师队伍建设改革实施方案》，详细制定了"双师型"教师建设的 12 个具体要求。同年 10 月，教育部教师工作司印发了《职业技术师范教育专业认证标准》。2021 年 10 月，中共中央办公厅 国务院办公厅印发了《关于推动现代职业教育高质量发展的意见》，为培养更多高素质技术技能人才、能工巧匠、大国工匠提供有力的师资保障。

为了贯彻党的二十大精神，落实新修订的《中华人民共和国职业教育法》《中共中央 国务院关于全面深化新时代教师队伍建设改革的意见》和中共中央办公厅、国务院办公厅印发的《关于推动现代职业教育高质量发展的意见》等要求，2022 年教育部办公厅发布《教育部办公厅关于做好职业教育"双师型"教师认定工作的通知》，出台了《职业教育"双师型"教师基本标准（试行）》，要求各省级教育行政部门应结合本地具体情况，参照制定修订本级"双师型"教师认定标准、实施办法，明确支持举措，实行分类评价，并适时调整完善。

二、职业教育高质量发展的关键

（一）实施职业院校教师素质提高计划

2011 年 11 月 8 日，教育部、财政部颁发了《教育部 财政部关于实施职业院校教师素质提高计划的意见》（以下简称计划（2011—2015 年））。计划（2011—2015 年）以建设高素质专业化"双师型"教师队伍为总目标，具体目标任务包括四个方面：一是组织 45 万名职业院校专业骨干教师参加培训，其中中央财政重点支持培训 10 万名，省级培训 35 万名，提高教师的教育教学水平特别是实践教学和课程设计开发能力；二是支持 2 万名中等职业学校青年教师到企业实践，提高教师的产业文化素养和专业技能水平；三是支持职业院校设立兼职教师岗位，优化职业院校教师队伍的人员结构；四是支持国家职业教育师资基地重点建设 300 个职教师资专业点，开发 100 个职教师资本科专业的培养标准、培养方案、核心课程和特色教材，加强基地的实训条件和内涵建设，完善适应教师专业化要求的培养培训体系。2016 年 11 月，教育部、财政部联合印发了《教育部 财政部关于实施职业院校教师素质提高计划（2017—2020 年）的意见》（以下简称《计划（2017—2020 年）》）。《计划（2017—2020 年）》明确指出，要加快建成一支师德高尚、素质优良、技艺精湛、结构合理、专兼结合的高素质专业化的"双师型"教师队伍。具体措施主要包括如下三个方面：一是培训人员由具体的人数变为教师全员培训，培训计划包括专业带头人领军能力研修、"双师型"教师专业技能培训、优秀青年教师跟岗访学和卓越校长专题研修；二是提出教师素质协同提升手段，包括中高职衔接专业教师协同研修、紧缺领域教师技术技能传承创新和骨干培训专家团队建设；三是着重提出要促进产教融合，完善校企人才双向交流机制，包括选派教师到企业实践，设立兼职教师特聘岗。

为深入贯彻落实党的十九大精神，加快教育现代化，建设教育强国，2018年1月20日发布的《中共中央 国务院关于全面深化新时代教师队伍建设改革的意见》指出，要全面提高职业院校教师质量，建设一支高素质"双师型"的教师队伍。继续实施职业院校教师素质提高计划，引领带动各地建立一支技艺精湛、专兼结合的"双师型"教师队伍。国务院在2019年1月24日印发的《国家职业教育改革实施方案》明确要求，要多措并举打造"双师型"教师队伍。从职业院校的教师招聘，职业技术师范院校的建设，职业院校教师素质提升计划，组建高水平、结构化教师教学创新团队，建立健全职业院校自主聘任兼职教师的办法，教师的绩效工资等方面进行"双师型"教师队伍的打造。同年9月23日，教育部等四部联合印发《深化新时代职业教育"双师型"教师队伍建设改革实施方案》（以下简称《实施方案》）。《实施方案》分为两大部分，分别是建设目标和12条具体建设举措。其中，建设目标主要是，经过5~10年时间，基本建成一支师德高尚、技艺精湛、专兼结合、充满活力的高素质"双师型"教师队伍。12条具体建设举措可以概括为建设一项标准体系、改革创新两项基本制度、完善三项管理保障机制、实施六大举措提升教师双师素质四个层面。其中，建设一项标准体系指的是建立中等和高等职业教育层次分明，覆盖公共课、专业课、实践课等各类课程的教师专业标准体系，完善职业教育教师评价标准体系。改革创新两项基本制度主要包括如下两个方面：一是以双师素质为导向改革新教师准入制度，完善职业教育教师资格考试制度，建立高层次、高技能人才以直接考察方式公开招聘机制，探索建立新教师为期1年的教育见习和为期3年的企业实践制度；二是以双师素质为核心深化教师考核评价改革，建立职业院校、行业企业、培训评价组织多元参与的"双师型"教师评价考核体系，深化教师职称制度改革，破除唯文凭、唯论文、唯帽子、唯身份、唯奖项的顽瘴痼疾，将师德师风、工匠精神、技术技能和教育教学实绩作为职称评聘的主要依据。完善三项管理保障机制主要包括如下三个方面：一是加强党对教师队伍建设的全面领导，充分发挥各级党组织的领导和把关定向作用；二是落实权益保障和激励机制提升社会地位，职业院校、应用型本科高校校企合作、技术服务、社会培训、自办企业等所得收入，可按一定比例作为绩效工资来源，制定职业教育教师减负政策；三是强化教师队伍建设改革的保障措施，将教师队伍建设作为中国特色高水平高职院校和专业建设计划投入的支持重点。实施六大举措提升双师素质主要包括如下几个方面：一是构建以职业技术师范院校为主体、产教融合的多元办学格局，加强职业技术师范院校和高校职业技术教育（师范）学院建设；二是完善"固定岗＋流动岗"的教师资源配置新机制，实施现代产业导师特聘岗位计划，建设标准统一、序列完整、专兼结合的实践导师队伍，推动形成"固定岗＋流动岗"、双师结构与双师素质兼顾的专业教学团队；三是建立校企人员双向交流协作共同体；四是聚焦1+X证书制度开展教师全员培训，对接1+X证书制度试点和职业教育教学改革需求，探索适应职业技能培训要求的教师分级培训模式，培育一批具备职业技能等级证书培训能力的教师；五是创建高水平结构化教师教学创新团队；六是以"国家工匠之师"为引领加强高层次人才队伍建设，打造一批覆盖重点专业领域的"国家工匠之师"，建设1000个国家级"双师型"名师工作室和1 000个国家级教师技艺技能传承创新平台。

为了提高双师型职业技术师范生的培养质量，2019年10月，教育部教师工作司印发的《职业技术师范教育专业认证标准》中健全了职业教育三级专业认证标准，这也标志着职业技术师范类专业认证标准体系正式建成。

（二）强化"双师型"教师队伍建设

2020年9月，教育部等九部门印发了《职业教育提质培优行动计划（2020—2023年）》，就师资、教材和课程建设等事关教育质量提升的关键要素，提出要系统推进职业教育"三教"改革：一是提升教师"双师"素质，二是加强职业教育教材建设，三是提升职业教育专业和课程教学质量。2021年8月，《教育部 财政部关于实施职业院校教师素质提高计划（2021—2025年）的通知》正式启动新一轮职业院校教师素质提高计划，提出要从强化监督管理、健全考核评价机制方面强化日常管理和考核。同年10月，中共中央办公厅、国务院办公厅印发的《关于推动现代职业教育高质量发展的意见》指出要"强化双师型教师队伍建设"。

为贯彻党的二十大精神，落实新修订的《中华人民共和国职业教育法》《中共中央 国务院关于全面深化新时代教师队伍建设改革的意见》和中共中央办公厅、国务院办公厅《关于推动现代职业教育高质量发展的意见》要求，教育部办公厅在2022年10月印发了《教育部办公厅关于做好职业教育"双师型"教师认定工作的通知》，同时出台了《职业教育"双师型"教师基本标准（试行）》，首次提出对中等职业学校和高等职业学校做出了分类要求，并相应地做出分级标准，对中等职业学校和高等职业学校分别设置了初级、中级、高级"双师型"教师评定标准。从内容上看，在满足思想政治素养和师德素养、专业性、职业性标准的基础上分别对不同分类不同分级标准的"双师型"教师从专业知识和技能、教育教学研究能力、企业实践经验、职称等级或职业资格证书等方面做出要求。

三、职业教育育人育才的根本

百年大计，教育为本；教育大计，教师为本。建设新时代职业教育"双师型"教师队伍对于促进职业教育高质量发展、构建现代职业教育体系、促进教师素质能力提升、培养高水平技术技能人才具有重要意义。

（一）夯实现代职教体系发展的基础

"双师型"教师在现代职业教育体系发展中具有两个方面的价值。一是能帮助职业教育适应产业升级需求。随着科技的发展和产业的持续升级，人才需求也在不断变化，需要培养更多具备实践经验和创新能力的"双师型"教师，以培养适应产业升级需求的人才。二是推进职业教育改革。以"双师型"教师为基础的职业教育模式更能贴近行业需求，培养符合市场需求和行业标准的人才，推进职业教育改革。

（二）教师发展的内在要求

"双师型"教师是职业教育领域专任教师的发展目标，需要从如下几个方面引导。一是培养教师的职业素质。"双师型"教师必须拥有相应的职业素质，如良好的职业道德、职业态度、职业经验等。二是提升教师的实践技能。"双师型"教师必须拥有丰富的实践经验和实际操作能力，能够帮助学生实现从理论到实践的知识转化，以更好地服务于行业的发展和学生的成长。

（三）学生培养的重要保障

"双师型"教师是培养高水平技术技能人才的重要保障，主要体现在如下几个方面。一是帮助学生掌握职业技能。"双师型"教师不仅可以教授理论知识，还可以带领学生参与实践操作，帮助学生更好地掌握职业技能。二是提高学生学习动力。"双师型"教师具有丰富的行业经验，可以与学生分享实际工作经验和职业成长历程，启发学生对未来职业的规划和选择，让学生在学习中更有动力和方向感。三是增强学生就业竞争力。"双师型"教师通过模拟实际工作环境，让学生更深入地了解行业需求和标准，使学生在学术知识和职业技能上都更为全面和专业，从而在将来更有竞争力。在"双师型"教师的指导下，学生不仅能够掌握职业技能，还能够全面发展自身综合素质，更好地适应未来职业发展的需求。

四、"双师型"教师队伍建设的成效与经验

近些年来，随着一系列关于"双师型"教师队伍建设政策的颁布，各省各地区职业院校也因地制宜地做出了积极探索。在"落实全教会，奋进迎华诞"为主题的"1+1"发布采访活动会上，山东省教育厅、天津市教委、深圳信息职业技术学院分享了"双师型"教师队伍建设的经验。

（一）山东：制度创新，体系优化

近年来，山东省积极完善教师队伍建设改革政策，坚持党建引领，构建师德建设长效机制。在优化"双师型"师资配置方面，一是核定职业院校教职工编制，允许职业院校教职工编制总额的 20% 由学校自主聘用专业兼职教师；二是落实学校的招聘主体地位，可采取考察的方式招聘行业企业技术能手、能工巧匠等高水平技能人才；三是建立技能教师特聘岗位，先后聘请产业教授 195 人、能工巧匠与技能大师 1 260 人走进职业院校担任兼职教师，聘任行业企业技术人员担任专兼职教师达 5.5 万人次。在优化培训体系方面，一是设置了 9 大类 66 个项目的师资培训体系；二是建立覆盖各类岗位人员的培训体系，近 3 年共有 2.5 万人参加省级以上培训；三是建立优质培训基地体系，建设省级职教师资培养培训机构 62 个；四是强化名师引领，建设 150 个职业教育名师工作室、200 个技艺技能传承创新平台。在激励措施方面，实施职业院校人员总量管理，中职学校按 5% 的比例设立正高级教师职务，将高职院校职称评审权下放到学校。

（二）天津市：高质量开展职业院校教师素质提高计划

为了进一步提高职业院校教师"双师"素质，天津市持续开展职业院校教师素质提高计划工作，为职业院校培养培训了一大批"双师型"教师和管理干部，主要在以下方面提升教师的专业能力和水平。

1. 课程实施能力提升。内容主要包括职业教育国家教学标准体系、课程思政实施、人才培养方案和教案编写与实施、新型活页式与工作手册式教材编写与使用、模块化教学模式研究与实施、实训实习教学组织与实施、教学诊断与改进的实施、教学质量评价等。

2. 信息技术应用能力提升。内容主要包括职业教育信息化制度标准、数字化教学资源开发制作应用、在线教学组织实施和平台使用、混合式教学组织实施、VR（虚拟现实）、AR（增强现实）、MR（混合现实）、AI（人工智能）等新一代信息技术应用、教学管理信息化应用。

3. 公共基础课教学能力提升。内容主要包括中职思想政治、语文和数学三科统

编教材编写思路、课程内容和教学方法；新时代思想政治理论课教学改革与质量评价等。

4. 鲁班工坊建设能力提升。内容主要包括"中文＋职业技能"学习中心建设与管理，EPIP工程实践创新项目教学模式，国际化专业教学标准、教材、课程教学方案等开发等。

5. 培训者团队建设。内容主要包括培训基地建设、需求分析方法、模块化培训课程设计、绩效考核评估等。

6. 海河名校长（书记）培育。内容主要包括党中央、国务院关于职业教育和教师工作的重要政策、国际职业教育先进理念和实践、区域职业教育现代化、职业院校治理、职业院校人才培养模式改革、1+X证书制度、"三教"改革组织领导与实施、校企合作深化、教育教学成果培育、信息化建设管理和应用等。

7. 1+X证书制度实施能力提升。内容主要包括职业（专业）技能，职业技能等级标准、专业教学标准与人才培养方案改革，职业技能等级证书与专业课程融合，模块化教学方式方法，职业技能等级考核与培养课程考核评价等。

8. 教师企业实践。内容主要包括了解企业的生产组织方式、工艺流程、产业发展趋势等基本情况，熟悉企业相关岗位职责、操作规范、技能要求、用人标准、管理制度、企业文化等，学习所教专业在生产实践中应用的新知识、新技术、新工艺、新材料、新设备、新标准等。

9. 海河名师（名匠）团队培育。内容主要包括模块化课程建设与组织实施、教学资源研发、教学能力和教科研能力提升等；技艺技能传承创新平台研修内容主要包括技术技能传承、积累与开发应用、传统（民族）技艺传承、实习实训资源开发、创新创业教育经验交流等。

10. 海河名师访学。内容主要包括人才培养方案研制、专业升级与数字化改造、课程开发与建设、名师工作室建设、教学能力大赛、技能大赛、教科研方法等。

11. 产业导师特聘。支持职业院校设立一批产业导师特聘岗，聘请企业工程技术人员、高技能人才、管理人员、能工巧匠等到学校工作。采取兼职任教、合作研究、参与项目等方式，进行不少于半年的服务。

（三）深圳信息职业技术学院：体系创新，技能提升

深圳信息职业技术学院在"双师型"教师队伍建设方面做出较多积极的探索。这主要体现在如下几个方面：新晋的专任教师实行预聘－长聘制，考核坚持三年达标、六年晋升原则；教师发展实现分类机制，按照科研、教学、技能三个方向，鼓励教师发挥术业特长；以专业群为依托，形成师资培养集群；教师培训坚持全员、全程原则。值得一提的是该校在提升教师实践教学技能方面特色鲜明，一是新入

职、无企业经历专任教师在入职 3 年内，安排累计不少于 1 年时间，全职或兼职到相关合作企业顶岗实践；二是在岗或有企业经历教师，每 5 年必须累计不少于 6 个月参与企业或生产服务一线实践；三是学校鼓励在岗或有企业经历教师，围绕校企开发课程、横向课题或科技成果转化开展校企合作；四是按照人均 4 000 元标准，支持学校教师参加职业技能等级证书培训；五是优化专兼教师结构，吸引行业企业选派高技能人才和能工巧匠，担任学校专业带头人和兼职教师，专兼结对，优化双师结构。

（四）天津职业技术师范大学：师资培养，模式创新

天津职业技术师范大学是我国最早建立的以培养职业教育师资为主要任务的普通本科师范院校，在培养"双师型"师范生上有着丰富的经验：首创实行"双证书"制，培养"一体化"职教师资和"本科+技师"——一种应用型人才培养新模式。天津职业技术师范大学获批服务国家特殊需求职教"双师型"博士培养项目，项目从 2013 年开始招生，招收具有工科硕士学位的在职教师，构建"四三"育人模式，形成了工科+教师教育跨学科培养体系。"四三"育人模式，第一个"三"是三导师，培养院校导师、职业院校导师、企业导师；第二个"三"是三基地，校内基地、企业基地、职业院校基地；第三个"三"是三实践，工程实践、教学实践、创新实践；第四个"三"是三结合，教师教育与专业教育结合、技术创新教育与工程教育结合、职业教育与学术教育结合。在 2017—2021 年全国师范类本科院校大学生竞赛榜单中排名第 5 名。2020 年，学生参加全国第一届职业技能大赛，获得一项金牌、四项优胜奖。

全面开展提质培优行动

2019年1月，国务院印发了《国家职业教育改革实施方案》（简称"职教20条"）。《国家职业教育改革实施方案》再一次强调了职业教育的重要性，明确了办好新时代职业教育的施工图，宣告职业教育大改革大发展的格局基本形成，职业教育由此进入爬坡过坎、提质培优的历史关键期。

一、推动职业教育高质量发展

为贯彻落实《国家职业教育改革实施方案》，办好公平有质量、类型特色突出的职业教育，加快推进职业教育现代化，更好地支撑我国经济社会持续健康发展，教育部、国家发展改革委、工业和信息化部、财政部、人力资源和社会保障部、农业农村部、国务院国资委、国家税务总局、国务院扶贫办九部门在2020年9月印发了《职业教育提质培优行动计划（2020—2023年）》（以下简称《行动计划》）。《行动计划》着眼于职业教育体系和制度建设，聚焦重点、疏通堵点、破解难点，以纵向贯通、横向融通为核心，对职业教育学校体系和招考制度进行改革部署，将"职教20条"部署的改革任务转化为举措和行动，推动中央、地方和学校同向同行，形成因地制宜、比学赶超的工作格局，整体推进职业教育提质培优。特别是加快治理能力建设，成了提质培优行动计划推动职业教育改革发展的关键突破口。2021年1月，教育部印发《关于公布〈职业教育提质培优行动计划（2020—2023年）〉任务（项目）承接情况的通知》，公布了32个省份（含兵团）（以下统称各地）任务（项目）承接情况。近年来各地以实施行动计划为契机，准确把握新发展阶段职业教育的历史方位，加强统筹、注重创新，以重点任务（项目）为抓手，引导职业院校积极承接这些重点任务（项目），聚焦内涵提升，注重改革系统性、整体性与协同性有机统一，落实新部署、领航新征程、擘画新蓝图，全力推动职业教育高质量发展。

二、描绘职业教育发展新蓝图

《行动计划》围绕落实"职教20条"规划设计了10个方面，同时提出27条举措，聚焦体系构建、体制机制改革、内涵建设等关键领域，设计一批质量工程项目，各项改革任务（项目）内容、目标清晰，不仅利于改革操作和成果检验，也利于以点带面、整体提升。文件附表细化的56个重点项目，国务院职业教育工作部际联席会议各成员单位分头推进，各地自愿承接，建立绩效管理平台，建设期满国家根据建设成效进行认定。

第一，落实立德树人根本任务。《行动计划》提出进一步创新思想政治教育模式，将社会主义核心价值观融入人才培养全过程。一是推动习近平新时代中国特色社会主义思想进教材进课堂进头脑。二是构建职业教育"三全育人"新格局。三是创新职业学校思想政治教育模式。各地在《行动计划》指导下，注重将价值塑造、知识传授和能力培养三者融为一体，创新职业院校思想政治教育模式。2021年的数据显示，"三全育人"典型学校总布点1 791个，名班主任工作室总布点2 318个，德育特色案例总布点2 860个，德育骨干管理人员、思政课专任教师总布点28 085个，思政课教师研究基地总布点951个，思想政治课教学创新团队总布点2 093个，思想政治课示范课堂总布点7 648个，课程思政教育案例总布点12 695个。

第二，推进职业教育协调发展。《行动计划》提出推动构建纵向贯通的学校职业教育体系，逐步实现职业教育协调发展。一是强化中职教育的基础性作用。二是巩固专科高职教育的主体地位。三是稳步发展高层次职业教育。32个省份（含兵团）均承接了中职学校办学条件基本达标、优质中职学校、省域高水平高职学校等任务，同时通过学校试点、独立学院转设等方式，教育部批准设置本科层次职业学校，截至2023年6月，已设置33所职业本科大学。

第三，完善服务全民终身学习的制度体系。《行动计划》提出充分发挥职业教育服务全民终身学习的重要作用，推进国家资历框架建设，建立各级各类教育培训学习成果认定、积累和转换机制。一是健全服务全民终身学习的职业教育制度。二是推动学历教育与职业培训并举并重。三是强化职业学校的继续教育功能。政府加大资金投入支持职业教育学分银行建设。2020年3月，教育部发布《关于做好职业教育国家学分银行建设相关工作的通知》，明确了职业教育学分银行建设的实施流程及实施要求，《职业教育国家学分银行建设工作规程（试行）》《关于开展职业教育国家学分银行学习成果转换工作的公告》等系列文件为有序开展学历证书和职业技能等级证书所体现的学习成果认定、积累和转换提供了路径方法和运行保障。同时，各省加大对推进1+X证书制度试点任务建设的资金支持，引导职业学校和龙头企业联合建设一批示范性职工培训基地。此外，实施职业教育服务终身学习质量提升行动，遴选认定一批示范性继续教育基地、优质继续教育网络课程、社区教育示范基地和老年大学示范校。

第四，深化职业教育产教融合、校企合作。《行动计划》提出巩固职业教育产教融合、校企合作的办学模式。一是深化职业教育供给侧结构性改革。二是深化校企合作协同育人模式改革。三是完善校企合作激励约束机制。各地积极出台政策，部署推进产教融合。2021年，26个省份投入589万元支持建立产业人才数据平台、研制职业教育产教融合对接谱系图，31个省份投入3 900万元支持实施国家级农村职业教育和成人教育示范县助力乡村振兴人才培养计划。32个省份（含兵团）承接示范性教师企业实践流动站建设，布点3 102个。2019年9月，教育部等四部门联合公布了首批102家全国职业教育教师企业实践基地名单，发挥企业在职教师资队伍建设中的重要作用，加快建设一支新时代高素质"双师型"教师队伍。2020年4月，教育部召开2020年全国职业教育教师企业实践基地工作推进视频会，要求推动教师定期到企业实践常态化、制度化、标准化、规范化，打通政企校三方沟通联系和协同工作通道，出台相关政策和项目，搭建教师企业实践信息服务平台，建立政企校协同工作的有效机制。

第五，健全职业教育考试招生制度。《行动计划》提出深化职业教育考试招生改革，引导不同阶段教育协调发展、合理分流，为学生接受高等职业教育提供多种入学方式。一是健全高职分类考试招生制度。二是规范职业教育考试招生形式。三是完善"文化素质＋职业技能"评价方式。数据显示，32个省份（含兵团）承接健全省级统筹的职业教育考试招生制度建设，仅吉林、河南、海南、陕西、宁夏有省级财政经费投入，总投入17 780万元。江苏省苏锡常都市圈在统一教学标准的基础上，实施中等职业学校统考统招，建立中职学校统一招生平台，实行统一考试标准、统一考试方式、统一招生录取。山东统筹建立"文化素质＋职业技能"职教高考制度，职教高考本科录取比例由6∶1提升至4∶1，中职学生升学深造比例超过70%。

第六，实施职业教育治理能力提升行动。《行动计划》提出加快推进职业教育治理体系和治理能力现代化。一是健全职业教育标准体系。二是完善办学质量监管评价机制。三是打造高素质专业化管理队伍。据统计，"十三五"期间，国家层面构建了专业目录、专业教学标准、课程标准、顶岗实习标准、专业实训教学条件建设标准五位一体的职业教育国家教学标准体系，修（制）订并发布347个高职和230个中职专业教学标准、51个职业院校专业实训教学条件建设标准、136个专业类顶岗实习标准。同时，巩固国家、省、学校三级质量年报发布机制，首次发布通知要求本科层次职业教育试点学校编制和发布年度质量报告，统筹推进中职、高职专科、本科层次职业学校年报编制发布。制定职业学校办学质量考核办法，构建国家、省、校三级职业教育监督体系。至2021年，国家层面已经遴选5个教育部首批职业院校校长培训基地和24个培育基地，已面向国家"双高计划"院校书记校长、各省级教育行政部门有关负责同志举办三期治理能力提升专题研讨班。

第七，实施职业教育"三教"改革攻坚行动。《行动计划》提出系统推进职业教育"三教"改革。一是提升教师"双师"素质。二是加强职业教育教材建设。三是提升职业教育专业和课程教学质量。各地政府加大资金投入，支持实施新一周期全国职业院校教师素质提高计划、校企共建"双师型"教师培养培训基地和教师企业实践基地建设、实施现代产业导师特聘岗位计划、国家级教师教学创新团队建设。31个省份承接校企双元合作开发的职业教育规划教材建设，并开展省级教材比例抽查。各地以教学能力比赛为引领，推动各职业院校改革创新教学模式，国家、省、校三级教学能力比赛机制更加完善。2020年职业院校教学能力大赛，带动了5 290所中高职院校的21.9万名教师参与校级比赛；创新疫情防控常态化背景下教学模式，扎实推动职业教育改革政策落地实施，深入推进教师、教材、教法"三教"改革。

第八，实施职业教育信息化2.0建设行动。《行动计划》系统构建"互联网＋职业教育"支撑服务体系，推动信息技术在教学、管理、学习、评价等方面的应用。一是提升职业教育信息化建设水平。二是推动信息技术与教育教学深度融合。各地积极推动落实《职业院校数字校园规范》，统筹建设集智能教学、管理与服务一体化的平台，着手研制各院校数据建设指南，系统设计开发信息化整体解决方案。2015—2020年，共有346所职业院校通过职业院校数字校园建设实验校项目建设成为全国职业院校数字校园示范校。各地纷纷制定推进信息化2.0行动的实施方案。

第九，实施职业教育服务国际产能合作行动。《行动计划》聚焦扩大职业教育对外开放，坚持"引进来""走出去"并举，为服务"一带一路"建设、国际产能合作提供支持。一是加快培养国际产能合作急需人才。二是提升职业教育国际影响力。天津市充分发挥区位、港口、产业、科教特别是职业教育方面的优势，在19个国家建设了25个鲁班工坊，加强鲁班工坊建设标准规范、运行模式、教学质量评价等的系统研究，为职业院校助力"一带一路"沿线国家技术技能人才培养和经济发展积累实践经验。山东省推进多元化国际合作办学平台、专业（群）国际化、境外鲁班工坊和培训机构建设，各院校积极与"一带一路"沿线国家的院校和教育机构建立合作关系，推动专业评估认证和专升本、专升硕人才贯通培养合作项目。

第十，实施职业教育创新发展高地建设行动。《行动计划》强调，在国家职业教育改革总体框架下，部省共建职业教育创新发展高地。一是整省推进职业教育提质培优。二是合力打造职业教育样板城市。整体推进职业教育提质培优，聚焦重点、破解难点、疏通堵点问题，夯实地方主体责任，倒逼职业教育改革，是职业教育创新发展高地建设的出发点和落脚点。整省试点侧重区域现代职业教育体系建设和体制机制改革；城市试点侧重产教融合和校企合作，服务区域经济社会发展，均以教育部与省级人民政府名义推进。目前，苏州、无锡、常州三市构成的苏锡常都市圈已启动试点建设。

三、对新时代中国特色教育体系建设提出新要求

（一）落实党中央国务院决策部署的重要抓手

职业教育是人力资源开发的重要组成部分，与经济社会联系最紧密，既是教育、也是经济、更是民生。党的十八大以来，党中央、国务院高度重视职业教育，把职业教育摆在前所未有的突出位置。习近平总书记始终对职业教育高度重视，关心技能型人才的培养，对职业教育提出了一系列新论断、新要求。2018年召开的全国教育大会，习近平总书记从战略高度和长远眼光对新时代中国特色教育体系建设提出新要求。2019年，国务院颁布实施《国家职业教育改革实施方案》，进一步明确了现代职业教育体系构建的总体要求。2020年启动了本科职业教育、独立学院转设、应用型本科、专业研究生教育等本科及以上职业教育体系布局。一系列的举措都为职业教育改革发展指明了方向，提供了根本遵循。加快推进职业教育提质培优，构建与经济社会相适应的中国特色现代职业教育体系，对振兴实体经济、提高全要素生产率有着重大的意义。

（二）落细落小"职教20条"的重要载体

"职教20条"中明确提出职业教育与普通教育是两种不同教育类型，两者具有同等重要地位。这是中国职业教育的制度创新，也是中国特色现代职业教育体系建设的逻辑起点。而《行动计划》则是落实"职教20条"的精准施工实操手册，是从内容到形式沿用创新发展行动计划的好做法，构成各级政府机构、社会组织、职业院校落实《行动计划》目标任务的责任清单，其中必选项体现各责任主体的履职尽责，任选项体现各责任主体的使命担当。《行动计划》围绕"职教20条"的要求，紧扣培养什么人、怎样培养人、为谁培养人这个根本问题，抓住立德树人、教师队伍改革和国际交流合作育人等重点领域，对中央一系列重大战略部署有落实、有安排、有创新。

（三）应对职业教育高质量发展现实挑战的重要举措

当前，国际社会不断产出的新技术、新产业、新业态、新模式对技术技能人才提出了新要求。职业教育高质量发展面临着生源多样化、教育信息化、办学国际化等诸多现实挑战。2019年高职扩招实施以来，职业学校生源类型进一步呈现出多样

化态势，如何为不同层次、不同类型、不同诉求的学生提供个性化、定制化、多样化教育服务，成为当前阶段职业教育高质量发展面临的难题。《行动计划》准确把握职业教育提质培优的实践方略，应对职业教育高质量发展现实挑战，梳理中国经验，帮助中国方案融入世界职教话语体系。

四、提质培优的成效与经验

（一）宁夏：注重平台建设，服务全民终身学习

宁夏回族自治区深入学习贯彻习近平总书记关于职业教育的重要指示精神和全国职业教育大会精神，聚焦提质培优、增值赋能，深入推动职业教育办学模式、育人方式、管理体制和保障机制改革，持续增强职业教育适应性，努力为区域经济社会高质量发展提供人才和智力支持。积极推进学分银行试点工作，成立宁夏终身教育学分银行管理中心，接入35个专业645门网络课程资源，建立20余万个个人终身教育学习账户，不断完善学习成果认证、积累与转换机制，加快推进不同类型教育横向融通，构建终身教育体系，努力满足人民群众不断增长的多样化的学习需求。紧密对接自治区特色产业发展需求，坚持以服务发展为宗旨，以促进就业为导向，充分利用学校教学资源，全面推行1+X证书制度试点。2022年，37所院校参与1+X证书制度试点工作。强化职业技能培训，依托自治区示范性职工培训基地，积极开展相关培训。遴选认定10个区级示范性继续教育基地项目、40个优质继续教育网络课程项目、5个区级社区教育示范基地项目、4个区级老年大学示范校项目，2022年累计完成各级各类职业技能培训9.6万人次。

（二）山东：坚持整省推进，加快建设发展高地

山东省以建立职业教育和普通教育并重、纵向贯通和横向融通并行的中国特色现代职业教育体系为重点，不断创新体制机制、探索路径模式，加快推进国家职业教育创新发展高地建设。坚持高位推动，凝聚合力建高地。强化顶层设计，建立教育部、山东省主要负责同志担任领导小组组长的部省协调推进机制，出台支持山东职业教育发展相关政策，为职教高地建设开好局、起好步奠定坚实基础。将职教高地建设列入山东省政府工作报告和经济社会发展规划，纳入改革攻坚行动，作为科教强省、创建高水平创新型省份的重要支撑；全省16个市均把高地建设作为"一把手"工程，党政主要领导带头研究职业教育，坚持每季度一调度、每半年一督查，逐市逐校制定实施方案，从不同层面和领域为职业教育改革发展"蹚路子"，形成整省推进的良好局面。探索构建中国特色职业教育制度和模式，建立12项制度机

制，出台20项改革政策。截至2021年，累计投资659.7亿元，启动495个建设项目，设立4个省级试验区，建设省级规范化示范性中职学校208所，省级优质高职院校37所。

（三）浙江：深化产教融合，提升服务社会质量

浙江省始终把建设现代职业教育体系摆在更加突出的位置，以创新体制机制为突破口，以深化产教融合为主线，着力破解制约职业教育发展的瓶颈性问题，推动职业教育高质量发展。对接全省产业发展，优化专业设置，紧贴产业办学。聚焦数字经济"一号工程"、三大科创高地和产业链提升工程，在专业设置上优先向数字经济等战略性新兴产业倾斜，2022年，全省中职学校专业布点2 553个，高职专业布点1 631个，现代农业、先进制造业、现代服务业等领域比重持续优化。深化产教融合，强化部门和行业指导，成立由省级行业主管行政部门牵头的10个省级职业教育行业指导委员会，汇聚行业企业资源，指导行业企业深度参与职业教育。拓展校企合作渠道，深化复合型技术技能人才培养培训模式和评价模式改革，持续推进学历教育与职业培训相结合，累计170余所职业院校15.3万余人参与1+X证书制度试点。大力推行职业教育集团化办学，组建217个职教集团，与9 600余家企业结成紧密合作关系。遴选建设20个省级示范性职教集团，114个省级校企合作共同体。培育建设省级产教融合联盟13个、示范基地20个、试点企业106家、工程项目63个、协同育人项目204个。11个职业教育集团（联盟）入选全国示范性职业教育集团（联盟）培育单位。

（四）江西：强化创新实践，形成特色江西模式

江西省以习近平总书记关于职业教育的重要指示和重要论述为根本遵循，主动适应国家区域战略发展规划，把深化职业教育综合改革作为加快推进教育现代化、建设教育强省的重要切入点，扎实推进职教高地各项建设任务。经过一段时间的努力，基本形成整省系统推进职教综合改革的良好格局，职教高地建设成效初步显现。一是1+X证书考核费用标准核定工作方案得到教育部认可。出台《江西省在职业院校实施的职业技能等级证书考核费用标准核定工作方案》，全省试点院校数共计196家，试点涉及近14万人。二是逐步筑牢技术技能人才梯队建设的根基。实施中职培基固本行动计划、"双高"建设计划、职业技能提升行动创业培训计划等，创新开展工业园区（开发区）现代学徒制、基层医护人员能力提升等专项计划。三是创新发展职教高地特色文化。全省开展"四个一"（一套教材、一批基地、一台演出、一系列红色之旅）为主要内容的红色文化教育。探索集培训、参与、体验于一体的红色教育培训模式，创建江西省红色教育培训地方标准。联合国内26所职业

院校开展职业院校红色文化教育资源整合联合行动。

（五）广东：聚焦人才培养，推动供给侧结构性改革

在广东省委、省政府的坚强领导下，广东职业教育进入提质培优、增值赋能的新阶段——聚焦资源供给，建设省职业教育城，实施省属公办高校提高高等教育毛入学率工程，新建若干所高职院校，新增优质高等职业教育学位12.8万个；应势而动，实施高水平职业院校建设计划，促进职业教育高质量发展，满足人民对优质职业教育需求，2019—2021年连续三年高职扩招42万人，帮助26万技术技能人才在岗提升学历；因势利导，健全人才培养体系，实施"三教"改革，开展课堂革命，推动"岗课赛证"综合育人，在全国率先以地方标准发布《广东终身教育资历框架等级标准》，为青年学子成长成才搭建立交桥；顺势而为，服务国家重大战略需求，适应产业发展，优化职业院校布局，培养能工巧匠，打造大国工匠，为"双区"和横琴、前海两个合作区建设、"一带一路"倡议、乡村振兴、构建"一核一带一区"区域发展格局等重大战略提供了强有力的人才支撑。

设立职业教育国家级教学成果奖

国家级教学成果奖是与国家自然科学奖、国家技术发明奖、国家科学技术进步奖齐名的国家级奖励，是教育部为了奖励取得教学成果的先进集体和个人，鼓励教育工作者从事教育教学研究，提高教学水平和教育质量而设立的最高级别的奖励。

一、引领职业教育教学改革

《教学成果奖励条例》明确指出，教学成果是指反映教育教学规律，具有独创性、新颖性、实用性，对提高教学水平和教育质量、实现培养目标产生明显效果的教育教学方案。国家级教学成果奖分为特等奖、一等奖、二等奖三个等级，授予相应的证书、奖章和奖金。特等奖由国务院批准，一等奖、二等奖由教育部批准。

国家级教学成果奖每4年评审一次。高等教育第一届国家级教学成果奖于1989年评审。从第七届（2014年）开始，国家级教学成果奖设基础教育、职业教育、高等教育三大类。职业教育教学成果是教学改革和人才培养的综合结晶，代表着一定时期职业教育人才培养的最高水平，是回应新时期职业教育人才培养需求的解决方案。国家级教学成果奖遵循如下评选原则：① 坚持正确政治方向，全面贯彻党的教育方针，落实立德树人根本任务；② 坚持以提高人才培养质量为核心，深化教育教学改革，突出实践性和创新性；③ 坚持引导优秀人才终身从教，向长期从事一线教育教学的教师倾斜；④ 坚持示范引领，重在应用推广，带动提高相关领域人才培养能力。2014年职业教育国家级教学成果奖共评出451项。其中，特等奖1项（高职），一等奖50项，二等奖400项。2018年职业教育国家级教学成果奖共评出451项。其中，特等奖2项（中、高职各1项），一等奖50项，二等奖399项。2022年职业教育国家级教学成果奖共评出572项。其中，特等奖2项、一等奖70项、二等奖500项。

二、国家级教学成果奖

（一）发展概况

国家级教学成果奖是我国教育领域意义最重大、影响最深远的国家级奖项，作为一项重大制度安排，是国家实施科教兴国战略的重要举措，体现了国家对教育教学工作的高度重视。1994年，国务院颁布《教学成果奖励条例》，对国家级和省（部）级教学成果奖励工作做出全面部署，明确了各项要求。2014年，首次在职业教育和基础教育领域开展评选工作，实现覆盖各级各类教育的国家级教学成果奖评审。

申报职业教育国家级教学成果奖的教学成果应符合《教学成果奖励条例》规定的有关条件，一般应获得省级或部级教学成果一等奖及以上奖励（2014年除外）；成果的主要完成人应直接参加成果的方案设计、论证、研究和实施全过程，并做出主要贡献；成果的主要完成单位应为成果主要完成人所在单位，并在成果的方案设计、论证、研究和实践的全过程中做出主要贡献。职业教育国家级教学成果奖奖项设为特等奖、一等奖和二等奖三个级别。特等奖教学成果奖应在职业教育教学理论上有重大创新且在实践改革中取得重大突破，对提高教学水平和教育质量、实现培养目标有突出贡献，在国内外处于领先水平，在全国产生重大影响，并经过不少于4年的教育教学实践检验。一等奖教学成果应在教学理论上有创新，对教学改革实践有重大示范作用，对提高教学水平和教育质量、实现培养目标产生重大成效，在全国或者省（区、市）内产生较大影响，一般经过不少于4年的教育教学实践检验。二等奖教学成果应在教学理论或者实践的某一方面有重大突破，在提高教学水平和教育质量、实现培养目标等方面取得显著成效，并经过不少于2年的教育教学实践检验。

（二）职业教育国家级教学成果奖

2014年，职业教育首次参加国家级教学成果奖的评选。在评选成果内容上规定，各单位组织推荐的成果应针对目前职业教育教学改革与实践中存在的问题，提出有效解决办法，实施效果显著，具有创新性和应用推广效果。具体来看，主要包括如下几个方面：① 在转变教育思想、更新教育观念，落实立德树人根本任务，全面推进素质教育，加强和改进公共基础课教学，推进专业建设和课程改革，改进教学方法、推进信息化教学等方面具有创新性和推广价值的成果。② 在组织教学工作、推动教学改革及教学科学管理，加强教学基本建设，改革教学质量评价模式等方面具有创新性和推广价值的成果。③ 在改革人才培养模式，推进产教融合、校企合作，增强学生就业和创业能力，促进教育教学与行业企业实际需求相吻合等方面具有创新性和推广价值的成果。在奖励名额设置上特等奖不超过2项，一等奖不超过50项，二等奖不超过400项。评选工作实行限额推荐，受理申请职业教育国家级教学成果奖的教育行政部门或教育管理机构在教育部下达的限额范围内择优推荐。在推荐中要统筹兼顾不同层次、不同类型的成果。职业教育国家级教学成果的主要形式为有关教育教学研究成果的实施方案、研究报告、教材、课件（软件）、论文、著作等。评选方法上分为网络评审与会议答辩评审两个阶段。网络评审采取打分排序的方式，确定进入会议答辩评审的成果。会议答辩评审采取无记名投票方式确定获奖成果。投票须有五分之四以上评审专家参加方有效。二等奖须有1/2以上的投票专家同意；一等奖须有2/3以上的投票专家同意；特等奖须有3/4以上的投票专家同意。2014年9月，教育部发布了《教育部关于批准2014年国家级教学成果奖获奖项目的决定》。天津中德应用技术大学（原天津中德职业技术学院）吕景泉等申报的《开发技能赛项与教学资源 推进高职机电类专业综合实训教学的改革与实践》获特等奖，占奖项总数的0.22%；一等奖项目50项，占奖项总数的11.09%；二等奖400项，占奖项总数的88.69%。

2018年2月，教育部发布《教育部关于开展2018年国家级教学成果奖评审工作的通知》（教师函〔2018〕3号）文件，规定职业教育国家级教学成果应全面贯彻党的教育方针，坚持为社会主义现代化建设服务、为人民服务，落实立德树人根本任务，反映党的十八大以来我国职业教育教学改革的新成就，代表职业教育教学改革理论创新和实践探索的新成果，针对职业教育教学中存在的问题，提出有效解决办法，实施效果显著，能够在教育教学领域贯彻落实党的十九大精神，健全职业教育与培训体系，深化产教融合，在校企合作中发挥引领作用。评选方式与2014年职业教育国家教学成果奖一致，但对拟授予职业教育国家级教学成果特等奖的，通过记名投票方式进行审议决定。平度市职业中等专业学校许占山等申报的《助推县域三农转型升级的中等职业学校教学改革研究与实践》与深圳职业技术学院马晓明等申报的《深职院－华为培养信息通信技术技能人才"课证共生共长"模式研制与实践》获得2018年职业教育国家级教学成果奖特等奖，占奖项总数的0.44%；一等奖项目50项，占奖项总数的11.09%；二等奖399项，占奖项总数的88.47%。

2022年9月，教育部发布《教育部关于开展2022年国家级教学成果奖评审工作的通知》（教师函〔2022〕9号）文件。在奖励名额上设置职业教育国家级教学成果奖特等奖2项、一等奖70项、二等奖500项。在评选成果上规定，成果坚持正确的政治方向，落实立德树人、德技并修，深化"三全育人"改革，对接前沿技术和产业变革，深化产教融合、校企合作、工学结合、知行合一，聚焦现代农业、先进制造业、战略性新兴产业和现代服务业等重点领域，推动专业升级和数字化改造，创新人才培养模式，推进教师教材教法改革，加强教师培养培训，强化实践教学，实行育训并举，深化教育评价改革，促进信息技术与教育教学深度融合，有效破解教学中的难点问题，实施效果显著，具有较高推广价值。评选方式变化不大，但提出必要时安排候选者答辩或进行实地考察。江苏联合职业技术学院等单位申报的《五年贯通"一体化"人才培养体系构建的江苏实践》与天津职业技术师范大学等单位申报的《模式创立、标准研制、资源开发、师资培养——鲁班工坊的创新实践》获得 2022 年职业教育国家级教学成果奖特等奖，占奖项总数的 0.35%；一等奖项目 70 项，占奖项总数的 12.24%；二等奖 500 项，占奖项总数的 87.41%。

三、推动职业教育改革发展

2014 年、2018 年、2022 年获奖成果直接反映了新时代现代职业教育改革发展的新形势和新要求，全面展示了现代职业教育教学改革的新成就。从这些成果的分布来源、产教互动、内涵建设、实践探索等方面可以透视出近年来职业教育教学改革的发展态势。

（一）持续深化产教融合

2014 年、2018 年和 2022 年的职业教育教学成果奖评选成果中都围绕着产教融合、校企合作、工学结合、知行合一等主题词展开。从获奖成果来看，有 60% 以上是校企联合申报的。这意味着，行业企业逐渐地参与到职业院校人才的培养中，比如校企共建课程、共享资源、共担实训实习、共创新技术研发，在很大程度上促进了人才培养供给侧和产业需求侧结构要素的全方位融合。从总体上看，校企深度融合在很大程度上推动了职业教育的发展，增强了职业教育的适应性，为职业教育更好地服务经济社会的发展奠定了基础。

（二）人才培养模式不断创新

人才培养是职业教育教学最为重要的任务和使命。职业教育服务经济社会发展，主要体现在为社会提供高素质技术技能人才。通过 2014 年、2018 年、2022 年获奖成果的主题词可以看出，关于人才培养模式教学改革的成果要多于单一关注课程与教材的改革、教师专业的发展、专业建设、实习实训的成果。随着职业教育国家教学体系的完善，职业院校人才培养的改革更加深入，职业院校对接产业需求遵循技术技能人才成长规律，系统性调整专业人才培养方案，从合理布局专业群，到系统构建课程体系，再到工学结合实施教学，创新出多种校企协同育人模式，有效提升了教学改革的成效和质量。

（三）推进教学改革成果的应用

职业院校教学改革成果必须具有推广应用价值，能够在区域或全国范围内起到示范作用。教学成果的推广应体现在育人、学生就业、技能大赛、职业发展等领域。比如，2014年职业教育国家级教学成果奖特等奖《开发技能赛项与教学资源　推进高职机电类专业综合实训教学的改革与实践》的教学团队设计出一套机电类技能大赛标准，被业内推崇，并被东盟十国全盘引进，充分展现了教学改革成果的推广示范作用。

（四）促进教师专业发展

职业教育国家级教学成果奖的评选标准较高，要求教师在教学过程中要有独特的教学方法和教学成果。这将促使教师在教学中不断创新，提高自己的教学水平。以2018年职业教育国家级教学成果奖特等奖《助推县域三农转型升级的中等职业学校教学改革研究与实践》为例，平度市职业中等专业学校长期稳定地选送教学能力强、德才兼备的优秀专业教师到全国职教师资培训基地和相应高等院校参加国家级、省级进修学习，持续不断地提高教师的教育教学能力。

四、教学成果奖的成效与经验

职业教育国家级教学成果奖的设立，意味着职业教育教学质量得到了国家的高度认可和肯定。职业教育国家级教学成果奖获奖项目代表现代职业教育教学改革理论创新和实践探索的新成就，对职业教育改革具有引导作用。

（一）天津中德应用技术大学：以赛促教，勇当高职教学改革"领头羊"

天津中德应用技术大学（原天津中德职业技术学院）吕景泉等申报的《开发技能赛项与教学资源　推进高职机电类专业综合实训教学的改革与实践》获首个职业教育国家级教学成果奖特等奖。自2008年开始，教育部、天津市政府联合国家相关部委共同主办了七届全国职业院校技能大赛。接到首届全国职业院校技能大赛高职组四个赛项之一的自动线安装与调试赛项设计、技术策划和资源开发的任务时，来自中德职业技术学院的吕景泉教授和他的团队认为，技能大赛必须对接产业需求、必须引领教学发展。此后，吕景泉和团队成员下企业、钻技术、挖案例，直到把企业最核心的技术提取出来，最后抽象成生产线上的核心技能用于比赛。首届大赛中，自动化生产线安装与调试赛项一炮打响。2010年，自动化生产线安装与调试赛项被东盟技能大赛指定为正式比赛赛项。越南、菲律宾等东盟十国采纳了中国大赛的标准、装备和教材。

（二）深圳职业技术学院：课证共生长 携手育人才

在2018年职业教育国家级教学成果奖的评选中，深圳职业技术学院等单位申报的《深职院–华为培养信息通信技术技能人才"课证共生共长"模式研制与实践》获教学成果奖特等奖。自2006年起，深圳职业技术学院与华为技术有限公司开始合作，大力推进企业能力导向的人才培养模式改革，共建专业、共建课程、共训师资、共育人才。该校信息通信类专业课程体系和华为工程师认证体系共生共长，在教学过程中融入企业培训认证体系，学生在知行合一中习得真功夫，在学校所学知识、技能与企业岗位需求无缝对接。近年来，深圳职业技术学院1 000多名在校生通过华为认证，其中超过8%的2018届毕业生通过HCIE认证（Huawei Certified ICT Expert，华为认证ICT专家）。通过多年的探索和实践，深圳职业技术学院与华为认证体系互嵌融通，实现了人才链与产业链的无缝对接。华为与深职院的合作模式也被华为作为典范，推广到华为其他合作ICT学院。

（三）平度市职业中等专业学校：依托专业办产业 坚守为"三农"服务

在2018年职业教育国家教学成果奖的评选中，平度市职业中等专业学校等单位申报的《助推县域三农转型升级的中等职业学校教学改革研究与实践》获得全国中职系统和山东省首个国家级教学成果奖特等奖。

"三农"问题被称为全党工作的重中之重。进入21世纪，党中央连续15年以一号文件的形式部署"三农"工作。1988年，平度与德国汉斯·赛德尔基金会合作实施"双元制"农业职业教育项目，历经引进借鉴、迁移推广、拓展创新3个时期10个阶段30年研究实践，逐渐形成了德国"双元制"职教模式本土化的平度方案。平度方案的形成不仅推进学校积极探索职业教育教学改革，而且助推了县域"三农"的转型升级。在项目实施过程中，平度市职业中等专业学校学习借鉴德国双元制教育，坚持本土化创新，以校内高标准示范基地和现代农业企业为依托，围绕准新型职业农民和新型职业农民培养目标，创新形成了专业教学和社会培训两个质量循环，在很大程度上提升了教育教学质量。

（四）宁波市古林职业高级中学：基于地方特色的教育教学改革项目

在2018年职业教育国家级教学成果奖的评选中，宁波市古林职业高级中学申报的《"四课堂 三机制"培养地方菜肴创新型传承人的探索与实践》获得了一等奖。其中，"四课堂"指的是扎根民间课堂、接轨世赛课堂、共建企业课堂、打造"双创"课堂；"三机制"指的是实施灵动学期机制、开创轮岗包岗机制、创新评价激励机制。在实践中，校企共同研发培育地方菜肴新品牌，将创新系列菜肴（笋宴、寿宴、新面点等）推向市场，助推地方餐饮业发展，服务宁波市"名城名都"战略。师生改良创新出近20余种适合现代人口味和健康观念的新面点品种；通过老菜新做、新料老做等途径改良创新出50余道新品菜肴。师生作品惊艳亮相于杭州G20会议主宴会，连续5年市赛奖牌占半壁江山，国赛多年摘金，近百学生成功创业。通过多年"四课堂 三机制"的人才培养模式，宁波市古林职业高级中学的烹饪专业成长为省级优势特色专业，受益学生1 120人，社会培训9 000多人次。

设立黄炎培职业教育奖

黄炎培先生是我国近现代著名的爱国主义者、教育家、政治活动家、中华职业教育社的创始人和近代中国职业教育事业的奠基者。为了纪念黄炎培先生为中国职业教育做出的巨大贡献，中华职业教育社在成立90周年之际（2007年），创立了"黄炎培职业教育奖"，以表彰在职业教育领域积极弘扬和践行黄炎培职业教育思想，推动我国职业教育事业改革发展方面做出贡献的优秀单位和杰出个人。

一、激励职业教育传承与创新

黄炎培先生致力于我国职业教育事业发展，于1917年5月在上海发起成立中华职业教育社，倡导、推广职业教育；1917年10月28日，黄炎培先生创办了《教育与职业》刊物，宣扬职业教育；1918年8月20日，创办了中国近现代史上第一所职业学校——中华职业学校，开创了我国近现代职业教育的先河。黄炎培提出了"使无业者有业、使有业者乐业"和职业教育为"谋个性之发展，为个人谋生之准备，为个人服务社会之准备，为中国及世界增进生产力之准备"等职业教育思想，推崇"手脑并用、做学合一、理论与实际并行、知识与技能并重"的职业教育教学原则，这些思想和原则至今仍影响着中国职业教育的发展。

为了纪念黄炎培先生为中国职业教育做出的巨大贡献，引导各级各类职业院校积极继承、弘扬和践行黄炎培职业教育思想，贯彻落实国家关于大力发展职业教育的决定，不断推动中国职业教育事业的改革与健康发展，中华职业教育社在成立90周年之际（2007年），创立了"黄炎培职业教育奖"，以表彰在职业教育领域积极弘扬和践行黄炎培职业教育思想、推动我国职业教育事业改革发展方面做出贡献的优秀单位和杰出个人。

在首届"黄炎培职业教育奖"评选工作中，中华职业教育社就明确了评选的原则：通过系统推动和广泛宣传，动员全国各职业院校和职业院校校长、教师及支持资助职业教育发展并作出突出贡献的各界人士参选；坚持把"公开、公平、公正"的原则贯穿于评选工作的全过程；成立由教育部、人力资源和社会保障部、中华职业教育社、中国职业技术教育学会，以及国内著名专家学者组成的评审委员会，以保证评奖活动的权威性、代表性和广泛性，进一步提升了该奖的社会认可度。

米 二、历届奖项概况 米

2007年9月22日，由中华职业教育社举办的首届"黄炎培职业教育奖"颁奖大会在京举行。全国政协副主席、中华职业教育社副理事长张榕明，中共中央统战部、教育部、中国职教学会有关领导及部分省区教育行政部门职业教育主管领导、职教社地方组织负责人、"黄炎培职业教育奖"评审委员会的成员，以及来自全国各地职业教育院校的获奖代表等近200人出席了大会。全国政协副主席张榕明在颁奖大会上的讲话中指出，黄炎培职业教育思想对于指导我们全面贯彻落实科学发展观，大力构建社会主义和谐社会仍具有重要的现实意义，希望受表彰的各位同志以黄炎培职业教育思想引领今后的办学、教学实践，为新时期职业教育事业的改革与发展做出新的更大的贡献；教育部职业教育与成人教育司司长黄尧在会上讲话指出，在当前大力发展职业教育的新形势下，继承和弘扬黄炎培职业教育思想具有重要的现实意义。首届"黄炎培职业教育奖"评选出优秀学校奖15个，杰出校长奖31名，杰出教师奖45名，杰出贡献奖5名。

2010年10月11日，由中华职业教育社主办的第二届"黄炎培职业教育奖"颁奖大会在北京举行。全国政协副主席、中华职业教育社理事长张榕明，中央统战部副部长尤兰田，教育部职业教育与成人教育司司长葛道凯等出席颁奖大会，并为获奖单位和个人颁奖。张榕明对获得黄炎培职业教育奖各奖项的单位和个人表示热烈祝贺。她希望受表彰同志要珍惜荣誉，理解黄炎培职业教育思想的精神实质，不仅学习黄炎培的职业教育理论和实践经验，更要学习他爱国爱民的人生宗旨、高尚廉洁的人格品质、求真求是求实的思想作风及勇于实践的献身精神；葛道凯也对获奖者寄予希望，他鼓励大家发挥模范作用，再创佳绩。第二届"黄炎培职业教育奖"评选出优秀学校奖15个，杰出校长奖41名，杰出教师奖51名，杰出贡献奖2名。

2012年10月10日，中华职业教育社在重庆召开了第三届"黄炎培职业教育奖"颁奖大会。全国政协副主席、中华职教社理事长张榕明出席大会并为获奖者颁奖。张榕明勉励获奖者，要切实把黄炎培为国为民的理想追求、以人为本的价值取向、与时俱进的创新意识和知行合一的实践精神传承下去，并通过自身实践，将黄炎培职教思想的精神实质发扬光大。第三届"黄炎培职业教育奖"评选出优秀学校奖11个，杰出校长奖30名，杰出教师奖50名，优秀理论研究奖7名，杰出贡献奖2名。与上届"黄炎培职业教育奖"相比，本届新设立了优秀理论研究奖，使奖项设置更加合理。

2014年5月6日，由中华职业教育社和中国职业技术教育学会共同举办的第四届"黄炎培职业教育奖"颁奖大会在北京举行，十一届全国政协副主席、中华职教社理事长张榕明在大会上发表讲话，教育部党组成员、部长助理林蕙青代表教育部向此次表彰活动的成功举办和获奖个人及单位表示祝贺。第四届"黄炎培职业教育奖"评选出优秀学校奖59个，杰出校长奖80名，杰出教师奖110名，优秀理论研究奖8名，杰出贡献奖1名。

2017年5月5日，庆祝中华职业教育社成立100周年大会在北京隆重举行，第五届"黄炎培职业教育奖"颁奖活动被列为庆祝大会的重要议程之一。全国人大常委会副委员长、中华职业教育社理事长陈昌智出席，全国政协副主席、中华职业教育社副理事长马培华主持会议，来自全国31个省区市的500多名代表参加会议。马培华副理事长在主持会议时指出，黄炎培先生是我国著名的教育家、政治活动家、中华职业教育社的创始人和近代职业教育事业的奠基者。他毕生致力于职业教育事业，以中华职业教育社为依托，倡导、推广职业教育，在对中国传统教育思想的批判继承和对国外先进经验的学习借鉴基础上，逐渐形成了富于民族特色和时代感召力的职业教育思想，并以此奠定了我国现代职业教育理论体系的基石。第五届"黄炎培职业教育奖"评选出优秀学校奖30个，杰出校长奖40名，杰出教师奖60名，优秀理论研究奖6名。

2018年12月28日，由中华职业教育社举办的第六届"黄炎培职业教育奖"颁奖大会在北京举行。十二届全国人大常委会副委员长、中华职业教育社理事长陈昌智，全国政协常委、中华职业教育社副理事长傅惠民，全国政协委员、教育部原副部长、中国职业教育学会会长、中华职业教育社副理事长鲁昕等出席大会，并为获奖单位和个人颁奖。本届"黄炎培职业教育奖"评选制度进行了创新，按照公平公正、制度创新、严谨设计、程序严格的方针，本届黄炎培职业教育奖进一步规范评审流程，强化纪检监督职责，建立了职责明晰的三级评审制度，并设立独立评审员制度，由职教领域知名专家与来自一线管理和教学的院校长、教师共同参与评审，确保评选结果更加客观、公正。第六届"黄炎培职业教育奖"评选出优秀学校奖80个，杰出校长奖50名，杰出教师奖200名，卓越推动奖1名，产教融合优秀企业奖4个，优秀理论研究奖4名。与上届"黄炎培职业教育奖"相比，本届新设立了卓越推动奖、产教融合优秀企业奖，鼓励优秀社员和企业积极参与，使奖项设置更加合理。

2022年5月6日，中华职业教育社第七届"黄炎培职业教育奖"表彰大会在北京以"线上+线下"的形式举行。全国人大常委会副委员长、中华职业教育社理事长郝明金，教育部副部长、中华职业教育社副理事长孙尧，民革中央副主席、中华职业教育社副理事长张伯军，民进中央副主席、中华职业教育社副理事长王刚，中华职业教育社副理事长苏华，中央统战部一局副局长张衍前等领导出席表彰大会。会上，郝明金发表讲话指出，在2021年召开的全国职业教育大会上，习近平总书记对职业教育工作作出"在全面建设社会主义现代化国家新征程中，职业教育前途广阔、大有可为"重要指示，从党和国家工作全局的高度，深刻阐明了发展职业教育的重大意义；新修订的《职业教育法》已于2022年5月1日生效，为我国职业教育事业的高质量发展指明了方向，提供了坚实的支持保障；我国已建成世界上规模最大的职业教育体系，要精准把握职业教育类型特色定位，要厚植深耕黄炎培职业教育思想新时代价值，以职业教育高质量发展的优异成绩向中国共产党第二十次全国代表大会献礼。该届"黄炎培职业教育奖"在往届原有评审标准的基础上，分类别、分层次重新修订了各奖项评审标准和评分细则，建立了职责更为明晰的三级评审制度，首次面向全国公开申报。第七届"黄炎培职业教育奖"评选出优秀学校奖55个、杰出校长奖54名、杰出教师奖103名、杰出贡献奖5名。

综上，从2007年开始，"黄炎培职业教育奖"基本每两年评选一次，截至2022年，已举办七届，共评选出优秀学校奖265个、杰出校长奖326名、杰出教师奖619名、优秀理论研究奖25名、杰出贡献奖15名、产教融合优秀企业奖4个、卓越推动奖1名。

为庆祝党的二十大胜利召开，更好地挖掘黄炎培职业教育奖的社会效益，发挥奖项提升、引领职业教育高质量发展的作用，中华职业教育社总社组织宣传部和《教育与职业》杂志社拟共同组织编撰并出版发行《职教殊荣——黄炎培职业教育奖成果集》。该成果集将从历届黄炎培职业教育奖获奖人员中遴选典型性成果，延展奖项深层价值和引领作用，提炼优秀模式经验。同时总社将在入选材料中择优向新华网推荐，进行特约专访和后续深度宣传，扩大并提升黄炎培职业教育奖的社会影响力和知名度，以实际行动向党的二十大献礼。

三、提升职业教育工作者的自豪感和使命感

"黄炎培职业教育奖"于2007年创立，2009年经国务院组织的专项审核通过，是我国职业教育领域唯一保留的国家级奖项。该奖项获奖面涵盖比较广泛、均衡，兼顾东中西部，既包括中职和高职院校，也包括技工院校；既有公办职业院校，也有民办职业院校，是得到我国职业教育界广泛认可、具有极高荣誉的知名奖项。

截至2022年，以我国近现代职业教育先驱黄炎培先生命名的"黄炎培职业教育奖"已举办了七届。该奖项自创立以来，充分发挥导向作用，立德树人，表彰了一大批在弘扬黄炎培职业教育思想、推动我国职业教育事业发展方面做出贡献的优秀学校、企业和杰出个人，成为职业教育界广泛认可的知名奖项，为弘扬黄炎培职业

教育思想，构建现代职业教育体系做出了积极贡献。

与官方的评奖不同，"黄炎培职业教育奖"属于民间社会团体组织的奖项。这一奖项的重要价值在于其与社会的联系更紧密、更充分、更接地气，可以有效地动员基层一线职业教育工作者和相关企业充分参与评奖活动，有效地引导社会成员了解职业教育、参与职业教育活动和普及职业教育，已经有很多省级中华职业教育社开展了本省的"黄炎培职业教育奖"的评选，在树立职业教育领域内的先进典型方面发挥了重要作用，极大地促进了黄炎培职业教育思想的传播，有助于建设技能型社会和提升职业教育地位。

四、选树先进典型，发挥带头示范作用

近年来，受全国范围内的"黄炎培职业教育奖"评选的带动作用，已经有很多省级中华职业教育社开展了本省的"黄炎培职业教育奖"的评选，如云南省、浙江省、吉林省、湖南省和甘肃省，在职业教育领域树立了一大批先进典型，为当地的职业教育发展起到了很好的示范带头作用。

（一）云南：开展省"黄炎培职业教育奖"评选表彰活动，推动职教事业健康快速发展

为弘扬、践行黄炎培职业教育思想，推动职业教育事业健康快速发展，云南省自2008年开始，开展了三届云南省"黄炎培职业教育奖"评选活动。

2008年11月14日，云南省首届"黄炎培职业教育奖"在昆明颁奖，24所学校、单位和47名个人受到表彰。

2010年12月24日，云南省教育厅、云南中华职业教育社在昆明举行云南省第二届"黄炎培职业教育奖"颁奖大会，评选出了云南省第二届"黄炎培优秀学校奖"10所、"黄炎培杰出校长奖"15名、"黄炎培杰出教师奖"34名。

2012年，云南省教育厅、省人社厅、中华职教社共评选出优秀学校奖10个、杰出校长奖15名、杰出教师奖40名。

（二）浙江：开展省"黄炎培职业教育奖"评选表彰，促成职业教育发展合力

为进一步弘扬黄炎培职业教育思想，树立职业教育领域内的先进典型，形成促进职业教育发展的强大合力，浙江省中华职业教育社、浙江省成人教育与职业教育协会于2016年开展了首届浙江省黄炎培职业教育奖评选表彰活动，评选出优秀学校奖5个，杰出校长奖11名，杰出教师奖29名，优秀理论研究奖13个，杰出贡献奖2名。

2019年11月，浙江省第二届"黄炎培职业教育奖"颁奖典礼在杭州市委党校举行，省政协副主席、省职教社主任陈小平出席，省委统战部副部长、省职教社副主任王利月主持。本次评奖共有5所中高职院校获"优秀学校奖"，11名校长获"杰出校长奖"，23名教师获"杰出教师奖"。

2022年5月27日，在浙江省职教系统深入学习宣传、贯彻落实新职业教育法之际，第三届浙江省"黄炎培职业教育奖"经浙江省功勋荣誉表彰办批准，由省职教社、省教育厅、省人力资源和社会保障厅三家单位共同组织开展，颁奖典礼暨《浙江省职业教育蓝皮书（2020）》发布仪式在浙江省人民大会堂隆重举行，颁发优秀学校奖10个、杰出校长奖15名、杰出教师奖50名、杰出贡献奖3名。

（三）新疆农业职业技术学院柳旭伟：扎根边疆职业教育事业，托起农牧民孩子美好明天

第七届黄炎培职业教育杰出教师奖获得者——新疆农业职业技术学院教师柳旭伟，自2006年7月大学毕业后已经在学校工作了17年。从学生到老师，第一次走上讲台的柳旭伟，把原本应该要讲2小时的课程，仅用1小时就讲完了。第一次不成功的授课，也激起了柳旭伟的斗志，于是他每天查资料，泡图书馆，向老教师请教授课技巧，听其他教师的课，到基层进行实践锻炼，对着镜子练习。不到3年的时间，他就在全院上了公开课。

为了提升自己的实践能力，柳旭伟一有时间就下基层，进到养殖场，下到养殖圈里，向养殖场的技术员学习。很快，他就从一名实践的"小白"，成了"行家里手"。

柳旭伟充分发挥自己的专业所长，在下乡下村、进场进圈时，向当地的农牧民、养殖户开展技术培训，每年培训农牧民900余人。从柳旭伟的身上处处彰显着一名职业院校教师的高贵品质和高度的责任感。

（四）甘肃平凉理工中等专业学校赵博琼：敢拼才有出路，一腔热血擦亮泾职未来

第七届黄炎培职业教育杰出校长奖获得者——甘肃平凉理工中等专业学校党委书记、校长赵博琼，以他对党的教育事业"志在一流"的使命感和"夙夜在公"的责任感，在新时代的职业教育赶考路上踔厉奋发，书写了平凉理工中等专业学校守正创新、争创一流的奋进之笔。

平凉理工中等专业学校的原址是现在泾川二中的位置，那时校舍陈旧、规模太小、专业落后、招生困难、师资短缺……一系列问题严重制约了学校发展。赵博琼几乎每天都早出晚归，奔走在工地上，细心查看工程建设，避免任何质量纰漏，督

促按时完成交付，倾注了自己全部的心血和汗水。今天的平凉理工中等专业学校已今非昔比，干净整洁的校园、完善的基础设施、先进的实训设备……在这里，赵博琼画下了一个梦，朝气蓬勃的平凉理工中等专业学校学子们画下了一个梦，泾川的父老乡亲们画下了一个梦。

他带领班子成员多次前往职业教育强校考察调研，在尊重文脉传承、重视创新进取的基础上，将弘扬美德和强化技能相融合，探索形成了"立于德，精于能"的学校核心文化理念，确立了"修德、强能、健体、创业"的校训，"循性而教、按需育才"的教风，"做学并重、知行合一"的学风，形成了办学精神、办学理念、办学思路、办学策略，制定了培养目标、管理原则、服务理念，明确了领导、教师、学生行为形象，提炼了教师、学生誓词和泾川职教精神，学校先后被人力资源和社会保障部、教育部评为"全国中等职业学校德育示范校""全国教育系统先进集体"，被甘肃省委、省政府评为"甘肃省文明校园"等称号。

高职扩招稳就业

高职扩招百万，既是解决我国当前高技能人才短缺难题和稳就业的战略之举，也是高职教育现代化面临的机遇与挑战，同时可以让更多的青年凭借一技之长实现人生价值，达到"人人皆可成才"的目标。

一、我国稳就业的重要举措

2018年以来，党和政府多次提出要做好"稳就业、稳金融、稳外贸、稳外资、稳投资、稳预期"工作，并将稳就业列为"六稳"之首，且出台了一系列稳就业的政策，职业教育对稳就业做出了重大的不可替代的贡献，稳就业被摆在了更加突出的位置。如果说《国家职业教育改革实施方案》的宏图大略是中国职业教育继续前行的任务书的话，那么，2019年《政府工作报告》关于高职院校扩招100万学生则吹响了中国职业教育大步前行的进军号。2019年3月27日，国务院总理李克强在考察海南经贸职业技术学院时提出："希望学校不光招收应届高中毕业生，还要通过完善考试招生办法，多招收一些退役军人、下岗职工和农民工。"扩招数量，给高职院校提出了一个实实在在的生源量化指标；而扩招对象，又给高职院校提出了一个明明白白的生源结构频谱。与传统的只招收应届高中毕业生不同，扩招数量与扩招对象的"双增量"，可谓前所未有。这次扩招是国家应对世界百年未有之大变局，深入实施就业优先战略，不断加强和改善以就业为底线的宏观调控手段，并视稳就业为重中之重的一项前瞻性战略决策。另一方面，中国迈向现代化强国的进程中，经济的发展有赖于产业的转型升级，特别是近年来人工智能、数字经济的兴起，企业的一线岗位需要大量高素质的技术技能型人才。

二、统筹推进高职院校扩招 100 万

（一）中央统筹、地方主责

2019 年 3 月 5 日，时任国务院总理李克强在政府工作报告中提出高职院校要扩招 100 万学生的部署。按照国务院统一部署，发展改革委、财政部、人力资源和社会保障部、农业农村部、退役军人事务部等部门共同研制了专项工作实施方案，并于 4 月 30 日经国务院常务会议讨论通过。发布会上，教育部职业教育与成人教育司、发展规划司和高校学生司相关负责人介绍了《高职扩招专项工作实施方案》有关情况，并对高职扩招工作进行了部署。时任教育部职业教育与成人教育司司长王继平说，要加快培养国家发展急需的各类技术技能人才。他提出，贯穿其中的一条主线是中央统筹、地方主责、系统化推进、质量型扩招。该项工作由中央统筹，教育部牵头，多部门协同，从以下五个方面推进：一是分省份确定招生计划，重点布局在优质高职院校、发展急需和民生领域紧缺专业、贫困地区。二是改革考试招生办法，取消高职招收中职毕业生比例限制，允许符合高考报名条件的往届中职毕业生参加高职院校单独考试招生。三是向中西部倾斜，发挥"支援中西部地区招生协作计划"作用，将 2019 年高职协作计划扩大至 20 万人。四是落实同等待遇，推动职业院校毕业生在落户、就业、参加机关事业单位招聘、职称评审、职级晋升等方面与普通高校毕业生享受同等待遇。五是强化保障力度，中央财政加大对高职院校扩招的支持力度，今年中央财政安排现代职业教育质量提升计划专项资金 237 亿元，引导地方政府落实拨款制度、奖助学金提标扩面政策等。

地方主责，就是要发挥地方积极性、主动性和创造性。根据政府工作报告安排，各地主动作为，把高职扩招与地方经济社会发展统筹考虑。各地根据实施方案提出的高职扩招方向性、指导性意见，制定符合本地实际的实施方案，把国家政策落实落地。比如，如何吸引更多生源，如何有机组合教学资源，如何扩大学位供给等。高职招生计划审批管理权限下放到省级政府，根据各地高等职业教育发展规划、经济支撑、办学条件、生源和入学机会等因素综合测算，并通过年度常规申报、集中紧急部署、点对点定向商议等工作举措，2019 年当年已落实全国高职招生计划增量 115 万人。在招考方面，教育部高校学生司司长王辉表示："总体思路是进一步深化高职院校考试招生制度改革，针对高中毕业生、退役军人和下岗失业人员、农民工、新型职业农民等不同群体的特点和受教育状况，分列招生计划、分类考试评价、分别选拔录取，为各类群体提供多样化入学方式。"在推动落实方面，教育部将会同有关部门制定出台考试招生、教育教学等配套文件。同时，推动分省份落实，教育部与各省份签订《落实〈国家职业教育改革实施方

案〉备忘录》，将落实高职扩招任务作为重要内容。全国分省、分部门高职招生计划总数下达后，教育部组织力量敦促各地教育行政部门做好分校招生计划编制，将高职扩招计划重点布局在优质高职院校、发展急需和民生领域紧缺专业、贫困地区。同时，考虑到高职招生计划审批管理权限已经下放省级政府，教育部同时积极鼓励各地在国家下达的指导性计划基础上，根据办学条件、生源，以及高职扩招补报名情况，积极扩大高职招生，使更多城乡劳动力接受高等职业教育，为国家培养更多高技能人才。此外，国务院教育督导委员会办公室组织督查组，对各地扩招组织实施情况进行事中督查，并将各地落实情况作为省级人民政府履行教育职责督导评价的重要内容。

（二）系统化推进、质量型扩招

系统化推进，明确八项工作任务。一是合理安排扩招计划，综合考虑各地生源情况、办学条件、经济支撑等因素。二是扩大服务面向，面向高中毕业生、退役军人、下岗失业人员、农民工和新型职业农民等群体，开展高职扩招的补报名工作。三是实施灵活考试，适应不同生源群体特点和受教育状况的需要。四是严格考招纪律，严格执行高校考试招生政策规定，加强考试招生监督管理。五是分类教育教学，做到"标准不降、模式多元、学制灵活"。六是落实立德树人根本任务，坚持全员全过程全方位育人，推动教师教材教法改革。七是加强就业指导和服务，推动职业院校毕业生与普通高校毕业生享受同等待遇。八是加大财政投入，落实生均拨款、奖助学金提标扩面政策，对退役军人、下岗失业人员、农民工和新型职业农民群体予以倾斜。

质量型扩招，做好三个保证。一是用优质资源保证，用优质校拉动一般校，提高优质职业教育资源使用效率，加强办学条件薄弱公办高职院校改造，整体提升办学水平。二是用师资队伍保证，通过资源整合挖掘一批、专项培训培育一批、校企合作解决一批、"银龄讲学"补充一批、社会力量兼职一批，加快补充急需的专业教师。三是用教学改革保证，针对不同生源特点，分类编制专业人才培养方案，采取弹性学制和灵活多元教学模式，创新教学组织和考核评价，加快学历证书和职业技能等级证书互通衔接，有序开展学习成果的认定、积累和转换。

三、我国高职教育改革发展进入新阶段

一是提高职业教育的地位和质量。高职教育是职业教育的重要组成部分，但是长期以来职业教育都没有受到社会的广泛接受和重视，而高职百万扩招政策在一定

程度上可以改变长期以来高职教育的薄弱地位，强化了高职教育是不同于普通教育的另一种类型教育，促进职业教育的改革和发展，提高职业教育的质量。

二是有效促进就业。高职教育培养的是技术技能型人才，都是应用型人才，高职百万扩招可以为更多的应届高中毕业生和退役军人、下岗职工、农民工等提供接受职业技能培训的机会，提高他们就业的竞争力，让更多青年在创造社会财富中实现人生价值。

三是促进地方经济发展。高职教育的发展可以为地方经济发展提供人才支持，为地方产业转型升级提供技术支持，使高职教育更好服务国家发展、服务经济结构调整和产业升级，让高等职业教育在新旧动能转换和产业升级换代过程中发挥更加重要的作用。

四是推动教育公平。高职教育是普及职业教育的重要途径之一，高职百万扩招可以为更多的学生提供接受职业教育的机会，让更多曾经错失高等教育的大龄人员得到接受高等教育的机会，因此可推动教育公平。

五是增强国家综合实力。高职扩招可以提高国家的人力资源质量，稳定和扩大就业，加快培养国家急需的各类技术技能人才，增强国家综合实力，提高国际竞争力，对探索改变长期依赖人口红利的劳动密集型产业发展新动能，具有重要战略意义。

四、加快推进高职扩招工作

（一）广东省：扩招 8 万人

2019 年 5 月 7 日，广东省教育厅厅长景李虎通过广东"民声热线"直播介绍，国家将扩招高职学生 100 万人，其中广东省将扩招 8 万人。景李虎表示，时年高考升学率将明显提升，家庭经济困难的学生将获得更多的资助，广东省将按照"扩规模与保质量并重"原则，推进落实高职扩招工作。具体的措施包括，重点做好中职毕业生报考宣传发动工作，同时加强面向退役军人、下岗职工和农民工群体开展招生和录取工作，提高劳动力受教育年限，优化劳动力结构，提高就业水平和收入水平；多渠道、全方位地宣传高职教育的助学政策，扩大奖学助学覆盖面，提高资助额度。

（二）江苏省：高职在校生容量可以增加 18 万

江苏省高职院校数量较多。2019 年 4 月，江苏省教育厅厅长葛道凯在接受媒体采访时表示，江苏省现有高职院校 90 所，在校生 68 万人。按照高职院校标准办学条件推算，江苏省高职在校生可以增至 86 万人。如果进一步加强建设，最多可以达 95 万人。葛道凯认为，大力发展现代职业教育，江苏此前已打出了一套"组合拳"：一是出台《省政府关于加快推进职业教育现代化的若干意见》，聚焦职业教育吸引力不强、社会参与度不高等问题，着力推进职业教育内涵发展；二是推动普高与中职学生双向交流，出台《关于试办综合高中班的指导意见》，为学生提供多样多次选择机会；三是着力提升职业教育质量，出台《省教育厅　省财政厅关于实施中等职业学校领航计划的意见》，重点建设 50 所左右扎根江苏、引领全国、世界水平的一流中等职业学校。实施高职教育创新发展卓越计划，立项建设 22 所省高水平高职院校。解决生源从哪里来的问题，葛道凯介绍，一方面向非学龄人口开放，包括退役军人、下岗职工、农民工等。另一方面，要研究成人高等教育、网络高等教育等继续教育的多种实现形式来为高职扩招做好准备。

（三）山东省：高职单招大幅扩招

根据山东省《关于做好 2019 年高职（专科）单独招生和综合评价招生工作的通知》，2019 年高职（专科）单独招生和综合评价招生计划限额：普通类 86 811 人、运动专长类 474 人、退役士兵类 3 300 人、技术技能类 15 000 人、综合评价招生计划 5 240 人。其中，单独招生新增技术技能类别，安排 1.5 万招生计划，面向下岗职工、农民工招生。山东省对退役士兵有免试、免费教育的政策支持。退役士兵类考生，免予文化素质考试，由招生院校组织与报考专业相关的职业适应性面试，依据面试成绩录取。退役士兵免费教育政策，按照省教育厅、省民政厅、省财政厅《关于组织开展退役士兵单独招生免费教育试点工作的通知》执行。关于财政支持，山东省未来职业教育的投入将会大幅增加，管理任务也会加重。山东省探索实施放管服改革，将过去几十个教育项目经费整合为一项教育发展资金，除定额拨款和学生奖助有明确的政策依据和核算标准外，将资金使用权放给教育厅，基础教育、职业教育、高等教育等资金如何分配，完全由教育部门来定，充分尊重教育发展规律。同时，加大绩效考核力度，对资金使用情况进行考核。

（四）四川省：2019 年高职单招新增计划 3.5 万名

2019 年 3 月，四川省教育考试院公布了 2019 年高职单招新增招生计划，全省共有 55 所院校新增招生计划 35 348 名，其中中职生 30 904 名、普高生 4 414 名。2019年 4 月 15 日上午，四川省招考委、省教育厅召开视频会议，全面动员、部署和落实高职扩招高考补报名工作。此次补报名工作将分为两个阶段进行：第一个阶段补报名主要针对高中阶段毕业生，重点为中职毕业生；第二阶段补报名主要针对退役军人、下岗职工、农民工和新型职业农民等对象。四川省围绕推动军民深度融合发展，积极推动全省职业教育特别是成（都）德（阳）绵（阳）核心区域职业教育创新发展，积极落实定向培养直招士官政策，推动全省优质职业教育资源向军事人才开放，并积极组建四川省退役军人教育培训集团（联盟）。

（五）天津市："高职扩招" 1.16 万人

2019 年天津市高职院校将扩招 1.16 万人。这些扩招名额将用来面向普通高中毕业生、中职毕业生、退役军人、下岗失业人员、农民工、新型职业农民和在职在岗人员等群体开展高等职业教育。在 2019 年的秋季高考录取中，天津市已完成了首轮高职扩招报名考试工作，第二轮扩招工作于 2019 年 10 月 16 日启动。凡遵守中华人民共和国宪法和法律，身体状况符合相关要求，年龄原则上为 18 至 45 周岁，具有天津市常住户口、蓝印户口或居住证的企事业单位在职职工（包含幼儿园保教人员、企业在岗职工等）、乡村管理干部、退役军人、下岗失业人员、农民工和新型职业农民，以及普通高中阶段毕业生等，均可报考。考虑到这部分考生的特殊性，各招生院校创新教学组织形式，将采取弹性学制，开展分类教学，送教上门等，以适应不同生源、不同学习时间、不同学习方式。此外，这些学生修满学分后，将取得与普通高职院校学生一样的"全日制"大专毕业证书。各高职院校采取"文化素质＋职业技能"考试方式，进行单独考试。

（六）天津轻工职业技术学院：多项优惠政策保障百万扩招政策执行

天津轻工职业技术学院制定多项优惠政策保障百万扩招政策执行，主要包括以下几个方面。① 奖助政策：学院设立高职扩招学生专项奖学金，大力支持学生学习。符合奖学金评选条件的学生，在规定学年享受相应的奖学金政策。② 教学形式：创新教学组织方式，实行分类教学、分类管理，工学交替，"线上线下混合教学相结合""学习与工作实际相结合"模式，主要采取网课及送教上门等形式，根据学生工作情况合理安排授课时间，做到生产、教学两不误。③ 弹性学制：以业余时间为主，实行学分制管理，学生在 3～6 年内达到培养要求、获得规定学分，即可毕业，颁发天津轻工职业技术学院全日制普通高等学校专科毕业证书。④ 免试申请：按照上级部门相关文件精神执行。天津轻工职业技术学院通过设置多项优惠政策，吸引退役军人、下岗失业人员、农民工、新型职业农民和在职在岗人员等群体积极报名，为其学习创造良好的条件。

（七）深圳职业技术学院：标准不降、模式多元、学制灵活

学校按照"标准不降、模式多元、学制灵活"原则，根据生源特点，制定和实施针对性、适应性和实效性强的人才培养方案。采用在岗培养与学校培养相结合的

人才培养模式，实行工学交替等学习形式，采取适合成人、方便就学、灵活多元的教学模式，探索线上与线下混合教学和网路教学，实施学分制管理改革，学制3年。培养地点设在深圳爱华人才培训中心、深圳市盐田区华智教育培训学校、深圳市宝安区深职训职业培训学校。

建设技能型社会，创新技术技能人才培养模式

2021年4月，全国职业教育大会在北京召开，大会提出了建设技能型社会的理念与战略。习近平总书记对职业教育工作作出重要指示，提出要"加快构建现代职业教育体系，培养更多高素质技术技能人才"，要"提高技术技能人才社会地位，为全面建设社会主义现代化国家、实现中华民族伟大复兴的中国梦提供有力人才和技能支撑"。

一、开创技术技能人才培养新格局

2021年5月，《光明日报》刊发了时任教育部部长陈宝生的《办好新时代职业教育 服务技能型社会建设》署名文章，文章提出要高举"技能型社会"这面旗帜，加快构建面向全体人民、贯穿全生命周期、服务全产业链的职业教育体系，加快建设国家重视技能、社会崇尚技能、人人学习技能、人人拥有技能的技能型社会。6月，人社部印发了《"技能中国行动"实施方案》，明确提出完善"技能中国"政策制度体系、实施"技能提升"行动、"技能强企"行动、"技能激励"行动、"技能合作"行动等主要任务，勾勒了技能型社会建设的基本框架与发展路向。10月，中共中央办公厅、国务院办公厅印发了《关于推动现代职业教育高质量发展的意见》，进一步提出要"建设技能型社会，弘扬工匠精神，培养更多高素质技术技能人才、能工巧匠、大国工匠"。

2022年，新修订的《职业教育法》首次以法律形式提出"建设技能型社会"的目标愿景，为技能型社会建设提供了坚实的法律保障与基础。加强技能人才培养，推进技能型社会建设是服务国家经济社会发展大局的重大战略决策，旨在实现建设制造强国、质量强国、技能中国的目标任务，为技能人才工作的推进开创了崭新的发展格局。要以推进多元化人才培养模式改革为主线，加快培养技能型、知识型、创新型劳动者，迫切需要加快构建"技能型社会教育体系"，迫切需要加快推进"技能中国行动"，既要重视对产教融合人才培养模式的探究，培养大国工匠，也要全面完善人才培养新格局，加强技能教育，促进我国技能现代化步入新征程。

二、技能是强国之基、立业之本

《"技能中国行动"实施方案》强调，技能人才是支撑中国制造、中国创造的重要力量。技术技能人才的培养始终是我国职业教育工作的重要着力点，需明确人才培养的基本定位，多维度审思技术技能人才培养的实践理路，切实推进技术技能人才供给侧结构性改革，以期形成技术技能人才培养新格局。文件提出要大力开展技能教育，在劳动教育和劳动实践活动中宣传劳模精神、劳动精神、工匠精神，将高尚的精神品质渗透到技能教育的过程中，是帮助劳动者根植"爱岗敬业"的工作理念，树立"精益求精"的价值追求，开拓"勇于创新"的自我实现精神的关键抉择；要以推进技能人才供给侧结构性改革为主线，改进和完善培养模式，加快培养知识型、技能型、创新型劳动者大军，全面提升技能人才队伍的专业化素质，孕育出"理论与实践、知识与技能"相结合的专业化技术技能人才；要满足"支持技能人才创业创新"的技能提升需求，聚焦国家发展对人才培养的新需求，根植以创新为核心的人才培养理念，强化技术技能人才的创新意识与创新能力建设，发挥创新型技术技能人才在支撑引领教育现代化发展中的关键作用，以期开创职业教育新局面。

《关于推动现代职业教育高质量发展的意见》指出，要加快弘扬工匠精神，培养更多高素质技术技能人才、能工巧匠、大国工匠，为全面建设社会主义现代化国家提供有力人才和技能支撑，明确了建设技能型社会的现实要求。一是要实现职业教育育人理念与技能型社会建设目标相匹配。要加快构建服务全民终身学习的教育体系；要加快建立"职教高考"制度，完善"文化素质+职业技能"考试招生办法，加强省级统筹，确保公平公正。二是需要推进产教融合建设与技能型社会发展方向相协调。鼓励学校开设更多紧缺的、符合市场需求的专业，形成紧密对接产业链、创新链的专业体系；支持行业企业开展技术技能人才培养培训，推行终身职业技能培训制度和在岗继续教育制度。三是促使职业教育管理制度与技能型社会预期实施行动路径相一致。推行中国特色学徒制，引导企业按照岗位总量的一定比例设立学徒岗位，鼓励企业与职业学校、职业培训机构开展合作，有关企业可以按照规定享受补贴；完善质量保证体系，建立健全教师、课程、教材、教学、实习实训、信息化、安全等国家职业教育标准，鼓励地方结合实际出台更高要求的地方标准，支持行业组织、龙头企业参与制定标准。

新修订的《职业教育法》以建设教育强国、人力资源强国和技能型社会为目标，指明了职业教育的发展方向。一是要完善制度建设，打造技能型社会要建立健全适应社会主义市场经济和社会发展需要、符合技术技能人才成长规律的职业教育制度体系。二是将职业教育面向所有人并贯穿于个人发展全过程，法律规定各级各类职业学校和职业培训机构及其他教育机构应当按照国家有关规定接纳残疾学生，并加强无障碍环境建设；鼓励和支持普通中小学、普通高等学校，根据实际需要增加职业教育相关教学内容，进行职业启蒙、职业认知、职业体验；大力发展技工教育，全面提高产业工人素质，举办面向农村、边远地区、欠发达地区职业教育，组织再就业、失业人员以及特殊人群等接受职业教育。三是发挥多元主体协同作用，行业主管部门按照行业、产业人才需求加强对职业教育的指导，定期发布人才需求信息；企业应当根据本单位实际，有计划地对本单位的职工和准备招用的人员实施职业教育，可以利用资本、技术、知识、设施、设备、场地和管理等要素，举办或者联合举办职业学校、职业培训机构。四是形成崇尚技能的社会氛围。提出要提高技术技能人才的社会地位和待遇，弘扬劳动光荣、技能宝贵、创造伟大的时代风尚；培育劳模精神、劳动精神、工匠精神，传授科学文化与专业知识，培养技术技能，进行职业指导，全面提高受教育者的素质。

推进技能型社会建设地方试点。中共中央办公厅、国务院办公厅印发的《关于推动现代职业教育高质量发展的意见》提出要启动实施技能型社会职业教育体系建设地方试点，实现到2025年技能型社会建设全面推进、到2035年技能型社会基本建成的主要目标。为此，各省市先后召开技能型社会建设试点推进会，加快推动技能型社会建设试点落地见效。如浙江省人社厅选择了制造业发达、民营经济活跃、工业基础相对完善的台州市作为技能型社会建设试点城市，台州市委、市政府已经将技能型社会建设写入市委六届二次全会报告，同时组建了由市委、市政府主要领导任双组长的台州市技能型社会建设工作领导小组和由省、市两级专家组成的课题研究小组，形成了《台州市技能型社会建设规划（2022—2025）》。

三、指明了职业教育的发展方向

（一）深化产教融合、培养高素质技能人才的必然抉择

人力资源和社会保障部统计数据显示，2017年底我国高技能人才为4 791万人，占技能劳动者总数的29.03%，与西方发达国家高技能人才平均40%的占比相比存在较大差距，高素质高水平技能人才缺乏的现状也阻碍了产业结构的调整。基于此，应打破学校与企业的合作壁垒，构建产教融合的人才培养新模式，将"技能"置于国家发展的高度上，纳入人才培养战略，强调行业企业对"技能"的重视，加强不同组织间的沟通与交流。构建"技能型社会教育体系"，实施"技能中国行动"方案，有利于为技能发展创造有利条件，有助于激发学校与企业推进产教融合的积极性，推动校企提升自主协调能力，优化资源配置与权责分配制度，将培养高技能人

才作为目标和纽带，打造校企合作共同体，将构建"技能型社会教育体系"和"技能中国行动"新模式作为深化产教融合，培养高素质技能人才的重要切入点，既能够为产业迈向中高端提供技术技能人才支撑，同时能够协助区域的产业调整和产业升级，促进资源共建共享和利用的高效。

（二）弘扬工匠精神，彰显新时代职教特色的关键举措

习近平总书记在全国劳动模范和先进工作者表彰大会上强调，"要坚守执着专注，精益求精，一丝不苟，追求卓越的工匠精神"。在新时代背景下，需要鼓舞广大劳动工作者们拥有不畏困境，勇于拼搏的强大精神动力，将工匠精神作为劳动者不懈的目标追求。弘扬工匠精神不仅是历史的要求，也是时代的要求，将工匠精神纳入民族精神，发挥中国力量，彰显新时代职教特色，践行社会主义核心价值观，是每一个劳动者的责任与使命。正源于此，人社部"技能中国行动"方案提出要"采取群众喜闻乐见的形式，广泛深入开展技能中国行、'迎世赛，点亮技能之光'、中华绝技等宣传活动，讲好技能成才、技能报国故事，传播技能文化，大力弘扬劳模精神、劳动精神和工匠精神"。技能型社会建设是以历史文化为积淀，以时代精神为传承的一项系统工程，"技能型社会教育体系"和"技能中国行动"方案皆为培育以工匠精神为价值追求的高素质技能人才提供内在动力，通过营造"精益求精"的敬业风气，根植"追求卓越"的工作理念，激发劳动者内化工匠精神的品质，把握工匠精神的人文内涵，转变消极倦怠的工作态度，打造爱岗敬业、拼搏奋进的劳动者形象，展现大国风采。树立"技能型社会教育体系"和"技能中国行动"新理念，有利于为弘扬工匠精神，彰显新时代职教特色创造优质环境，为技能型社会建设奠定坚实基础。

（三）建设国际标准，引领技能国际化发展的必由之路

基于当前经济全球化的发展趋势，各国之间互联互通加强，引发了我国对于培养国际化技能型人才的迫切需要。2019年，中共中央、国务院印发的《中国教育现代化2035》明确提出了要"开创教育对外开放新格局，全面提升国际交流合作水平，推动我国同其他国家学历学位互认、标准互通、经验互鉴，扎实推进'一带一路'教育行动"，充分肯定了国际化人才在推动我国战略发展中所处的重要地位，而国际化技能人才的短缺则成为阻碍我国国际化发展的主要因素。我国需立足实际发展现状，主动对接国际标准，理清国际化发展脉络，明确国际化技能人才的培养方向。因此，加强技能型社会建设，必须构建"技能型社会教育体系"，推进"技能中国行动"，加强技能领域的国际交流，积极谋求国际间的"技能合作"，为各国技能人才交流互动构建新的平台，重视推进技能人才思想观念的变革与内涵建设，

开拓技能人才的发展领域与国际视野，推进我国职业教育积极参与国际职业教育事务，编制国际职业教育标准，发出中国职业教育声音，贡献中国职业教育智慧。加强技能型社会建设，有利于树立国际化发展理念，促进技能国际化发展常态化，培养多元化国际技能人才，提升我国技能人才培养的国际影响力。

四、加强技能型社会建设的经验

（一）甘肃：打造技能高地，实施技能甘肃计划

甘肃在人才强国、科教兴国的现代化发展背景下，为应对高素质技能人才、能工巧匠、大国工匠的迫切需求，积极构建"技能型社会教育体系"，开展"技能中国行动"，深化职业教育供给侧结构性改革和基础性关键领域改革，为构建中国特色现代职业教育体系贡献甘肃方案。甘肃省强化政策支持，激发"技能甘肃"建设活力，发布了《教育部 甘肃省人民政府关于整省推进职业教育发展打造"技能甘肃"的意见》，明确提出推进甘肃职业教育高质量发展，打造"技能甘肃"，要聚焦"一带一路"倡议和新一轮西部大开发两条主线，构建中国特色现代职业教育体系、职业教育培训体系、全民终身学习体系三个体系，打造"一带一路"沿线国家产业亟需技能人才供给、契合西部产业薄弱地区职业教育发展的机制体制创新、建成职业教育助推经济改善民生服务、国家向西开放的职教高地四个高地，完成助力甘肃乡村振兴、打造高水平职教园区等九项任务。加强内引外联，扩大职业教育影响力，甘肃省政府突出资源整合，推动"一镇两园三群"建设，推进陇中、河西走廊、陇东南职业教育集群协同发展，发挥丝路桥头堡作用，将职业教育作为甘肃融入"一带一路"建设的重要支撑，促进产教融合和国际合作；甘肃交通职业技术学院先后与西班牙等10个国家，及波兰维斯瓦大学等12所高校建立了合作关系，是全国职业院校数字校园建设样板校、中德先进职业教育合作SGAVE项目首批试点院校，为推动甘肃乃至西部交通事业发展和经济社会进步做出了贡献。发挥合作优势，开创产教融合发展新生态，兰州市充分发挥职教园区共享区作用，利用甘肃省实训中心的优质实训资源，引入技能培训合作项目，与北京东方仿真软件技术有限公司签订现代化工安全生产技术培训合作协议，与西门子（中国）有限公司签订合作共建西门子工业技术培训中心合作协议，定期开展技能培训活动；兰州信息科技学院与兰州倚能电力（集团）有限公司签订校企合作框架协议，建立"校政企协同人才培养基地"和"产教融合学生就业与实践基地"；兰州新区农投集团、兰州兰石集团申报并获批甘肃省首批产教融合试点企业，兰州佛慈制药集团申报并获批首批"甘肃省职业教育红色文化研学基地"培育建设单位，兰州新区秦东农业投资发

展有限公司申报"全国教育教师企业实践基地"。

（二）贵州：加强技能型社会建设，实施技能贵州行动

贵州落实"十四五"职业技能培训、技工教育规划及"技能中国行动"部署的要求，以部省共建"技能贵州"为契机，加快建设"社会重视技能、人人想学技能、处处可教技能"的技能型社会。2021年12月，教育部、贵州省人民政府印发了《教育部 贵州省人民政府关于建设技能贵州推动职业教育高质量发展的实施意见》，明确提出要"启动实施技能型社会职业教育体系建设地方试点"，推动贵州职业教育高质量发展，为西部地区技能型社会建设提供"贵州经验"。

2022年，贵州省出台《2022年度"技能贵州"行动实施方案》，为扎实推进"技能贵州"行动，切实提升技能人才的质量和数量提供有效政策支持。在一系列"技能贵州"建设相关政策的引导下，贵州省全力推进"技能贵州"建设，大规模开展高质量技能人才培养和职业技能培训，壮大高技能人才队伍，构建多元合作命运共同体，打造技能品牌特色，努力弘扬劳模精神、劳动精神和工匠精神，推动"技能"与各个领域紧密结合。强化技能教育与培训，打造技能培训平台。2022年，贵州农业职业学院为老挝琅南塔省农业科技人员进行了五期共计139人次的培训；贵阳职院面向澜沧江—湄公河沿岸国家开展轨道交通技能人才培训，开发轨道交通+中文国际化培训课程8门、装备制造+中文国际化培训课程3门；贵州省铜仁市强化统筹2个省级高技能人才培训基地、1个国家级和3个省级技能大师工作室资源优势，大力培养高技能人才，开展"师带徒""结对帮扶"活动，实施"职业技能提升"行动。整合技能资源，建立多元合作命运共同体。教育部、贵州省共建"技能贵州"试点启动，支持与广东省优质职业院校共建50所粤黔示范学校，省内职业院校纷纷与广东建立起了紧密的结对帮扶关系，奋力打造东西部协作的教育典范；贵州清镇职教城管委会与天津海河教育园区管委会签订《东西部职教协作联盟战略合作协议》，双方将在产教融合发展、创新校企合作机制、深化教学改革等方面开展合作。大力弘扬优秀传统文化，赋予时代强大精神力量，铜仁市组织和动员全市技能人才参加职业技能大赛，以赛育才、以赛选才，围绕苗绣、茶艺、箫笛、竹编、剪纸等特色民间传统手工艺，打造一批梵净传统技艺技能大师和高技能人才培训基地，培育"铜仁工匠"品牌，营造了"技能成才、技能报国"的良好社会氛围；六盘水市在全省率先设立民族文化产业扶持鼓励专项资金，支持手工艺发展振兴，推广"公司+协会+手工艺人""能人+基地+手工艺人"的模式，扶持培育一批强示范的市场主体，推动酒类制作、民族服饰制作、民族乐器制作等传统手工技艺产业化发展。

开展本科层次职业教育人才培养

随着生产过程的高度自动化和人工智能的发展，整个生产体系的自组织能力将逐渐模糊不同岗位之间的界限，胜任职业岗位的职责要求也将逐渐模糊。新技术的广泛应用对硬性生产资料的约束日益降低，个体个性创造能力将越来越被看重，人才规格从"标准高效"向"个性创新"转变，发展本科层次职业教育成为必然。

一、打通现代职业教育体系的关键环节

人工智能作为引领新一轮科技革命和产业变革的重要驱动力，正推动人类社会迎来人机协同、跨界融合、共创分享的智能时代。智能化技术使制造业与服务业融为一体，使职业打破了工业与服务业的界限，各类职业之间的边界变得模糊，职业与职业之间出现了相互交叉融合的趋势，带来了职业结构的变化——职业结构呈扁平化发展趋势，职业阶层化现象逐步减弱。

新技术为社会生产、生活全面赋能，也为教育带来新挑战。基础研究高端人才和生产一线高端人才是我国目前最缺的"两个高端"人才。职业教育担当生产一线高端人才供给的使命，高端技术的复杂性迫切需要职业教育高移，以满足新一轮科技革命与产业变革的需要，培养高素质技术技能人才，以服务和支撑我国经济高质量发展。因此，新兴技术背景下，本科层次职业教育的高质量发展是服务国家战略、紧跟科技进步、支撑产业升级、对接新兴职业的现实需要。

我国社会的主要矛盾已发生变化。站在新的历史起点，本科层次职业教育的发展是创新职业教育，完善教育体系，实现应用型人才贯通培养，实现职业教育从层次向类型蜕变，提高职业教育吸引力的内在发展需要。

面对智能化、定制化和互联化背景下的工作世界，如何培养服务于数字化转型、智能化制造、智慧型社会、智能化生活，具有数字化思维能力和数字化动手能力的高层次应用型人才和面向智能化的复合型技术技能人才，如何培养学生面向不确定职业世界的能力，如何培养学生的研究和创新的能力，如何培养学生的终身学习能力和适应能力，是必须化解的问题。作为贯通现代职业教育体系"中-高-本-

硕"和与普通高等教育衔接的本科层次职业教育，其教育功能不仅限于帮助人们获得生存的技能和岗位，还应不断拓展为升学的预备教育、留学的准备期、创业的孵化期等，发展本科层次职业教育是智能化时代个体生涯发展的应然追求。

二、对我国职业教育本科层次的补充

（一）本科层次职业教育内涵

从字面来看，"本科"表明教育的层次，"职业"表明教育的类型，是职业教育中的高层次教育，是高等教育中的职业教育类型，本科层次职业教育是对我国职业教育本科层次的补充，是从职业教育内部延伸出来的教育，是完全按照职业教育人才培养规律举办的本科教育。它具有教育性和职业性双重属性，教育性体现在它属于高层次教育，需要达到与普通高等学校同样的标准，职业性体现在它所培养的人才要达到职业教育对人才的培养要求。

（二）本科层次职业教育发展阶段

1. 探索阶段。通过分段培养、联合培养等形式开展试点探索，主要有高职与本科三二分段培养，即"3+2"模式。这种模式主要是在专科批次以高职院校名义招生，学生学习满三年后达到毕业要求，可通过对口试点本科院校的转段考试，进入本科院校开始本科阶段学习，毕业时达到本科院校要求，可颁发本科院校毕业证书并授予相应学科学士学位证书。还有一种试点本科院校和高职院校协同开展四年制应用型本科培养，即"4+0"模式。这种模式主要是以本科高校招生专业目录进行招生，且在本科其他专业同批次录取，学生一般在高职专科学校进行培养。

2. 独立建制试点阶段。主要是高职院校独立升格，以"职业大学"命名并高职院校举办本科层次职业教育，还有是独立学院转设或合并转设，通过转设为民办、公办或终止办学等路径推动一批独立学院实现转设，同时提出"可探索统筹省内高职高专教育资源合并转设"。

3. 凸显类型发展阶段。"十四五"时期是我国职业教育体系大改革大发展的关键时期，本科层次职业教育也将迎来新一轮发展的春天。一是优质高职院校独立升格，支持优质的高职专科学校升格为职业本科学校，指导符合条件的高职专科学校举办本科层次的职业教育。二是"联姻"独立学院合并转设，独立学院与高职院校合并转设为本科层次职业教育学校，办学定位应该坚持面向市场，凸显职业教育属性和特色，重点培养区域经济社会发展需要的高层次应用型技术技能人才。

（三）本科层次职业教育专业建设

1. 本科层次职业教育专业建设特点。

（1）前瞻性。本科层次职业教育主要为社会培养具有适应产业结构和经济发展的高质量的技术技能人才，本科层次职业院校直接面向社会生产，因此专业设置不仅应满足当前产业对人才的需求，更应该顺应时代的发展，开发具有前瞻性的专业，未来能够主动适应新技术、新工艺及新材料的发展需求。本科层次职业教育前瞻性专业将在不断地实践和发展中形成较强的竞争优势，更好地适应未来产业结构的变化和升级。

（2）灵活性。本科层次职业教育作为高等教育中的职业教育类型，职业教育中的高层次教育，本身就具有复合性的特点，人才培养也是既有普通教育的教育性，也体现职业教育的职业性，因此在专业设置上也应该更加灵活，面对社会发展和市场需求对人才的供需变化，高校应敏锐地察觉，并及时进行调整和改革，培养好学生的综合能力，使学生能够灵活地应对工作中面临的各种问题，更好地适应社会的发展。

（3）技术性。本科职业教育专业建设应以技术需求为导向，直接对接岗位需求，培养具有高素质的技术技能人才。而随着企业对高质量技术技能人才需求增加，要求学生在进入企业时需要具备和职业相统一的技术技能，因此本科层次职业教育专业设置应具有技术性，帮助学生掌握一技之长，能够在所学的专业领域进行实践创新，将技术成果转化为工作。

2. 本科层次职业教育专业建设逻辑机理。在经济高质量发展和产业结构转型升级的催生下，新岗位、新职业引发原有岗位职业能力需求提升，亟待拓展和延伸其能力结构深度和广度以适应产业变革和技术创新带来的新岗位职业能力要求。专业作为本科层次职业教育的基本单元，是应用技术型人才培养的重要载体。专业建设应当遵循经济社会发展的供给要求，通过专业内外要素优化配置与改善，实现专业布局与产业结构相匹配，专业设置与岗位要求相契合，人才供给结构与劳动力需求结构相协调，既满足产业变革对劳动力类型和数量的显性要求，又符合技术进步对劳动力技术技能水平提高的隐性要求，增强本科层次职业教育专业建设与经济发展的适应性。

本科层次职业教育在教育层次上属于本科教育，在教育类型上依然属于职业教育，与高职高专"同宗同源"，既要遵循职业教育的基本规律，又要避免将高职高专原有的问题延伸到本科层次职业教育中来。因此，专业建设应厘清什么是需要继承保留的，什么是需要创新发展的，实现继承职教属性不变和对标本科升级转变的辩证统一。在传承方面，应坚守职业教育办学逻辑，防止因盲目模仿普通高等教育而产生"学术漂移"或同质化现象。要以职业岗位要求为起点，以产教融合为主线，以工作胜任能力为目标，坚持彰显职业教育类型特色的实践方法、运行机制和发展路径。同时，还应注重体现在现代职教体系中的本科层次定位。人才培养定位向更高水平技术技能人才提升，办学资源向更高端配置提升，师资队伍向更高质量"双师"素质提升，服务能力向引领产业发展方向提升，彰显高起点、高标准、高质量的层次特征，推动专业的自我更新、自我调节、自我发展。

本科层次职业教育作为职业教育在本科层次的延伸，专业建设应立足个体发展逻辑，培养能够适应产业变革的应用技术型人才，帮助学生获得扎实的专业知识和精湛的技术技能，兼顾学生的人文素养和综合素质发展。因此，应以本科层次职业教育专业建设为基点，创新产教融合、工学融合、专创融合的人才培养模式。深化产教融合，引导企业参与人才培养全过程，推动专业链对接产业链，专业课程嵌入实践项目，教学课堂引入生产情境，教学方法结合工作方法，促进职业教育与企业生产深度融合。探索工学融合，注重"引校驻企"。通过倡导教学即生产、学习即工作、过程即考核、产品即成绩，体现学中做、做中学的教育教学特色，真正实现学校即工厂、教室即车间、老师即师傅、学生即徒弟。探索专创融合，注重专业教育和创新创业教育的有机结合。使学生通过专业教育获得必要的专业知识和职业素养，通过创新创业教育培养创新意识，提升创造能力，形成双创技能，强化开拓精神，释放创新热情，激发创业潜能，将学生培养成为具有创新精神的"技术人"。

（四）本科层次职业教育人才培养

本科层次职业教育主要培养应用技术型人才，其中主要包括三点，首先本科层次职业教育遵循的是职业教育的人才培养规律，所开展的教学以知识的专业性、应用的经验性为主，所培养的学生要具有更加深厚的理论基础、更加完整的知识体系、更加复合的专业能力、更加坚实的技术技能积累，更加突出学生的实践性、实操性。其逻辑起点仍然是职业教育的最初起点，即围绕职业岗位的能力要求，与普通本科更注重学生的学术性不同，本科层次职业教育则以培养技术技能人才为自身区别于普通本科教育的一大特点。其次，本科层次职业教育与专科层次职业教育不同，本科层次职业教育是现阶段职业高等教育体系中的最高层次，因此对人才培养的目标定位也应该是面向更高层次的行业产业需求，特别是随着社会经济的发展和产业结构的转型升级，我国要在2025年迈入制造强国行列的大背景下，决定了本科层次职业教育培养的人才必须要适应这种产业基础高级化、产业链现代化的需求，以体现其高层次、高等性的属性。最后，调查显示许多需要复合型知识体系的岗位都产生了人才缺口，因此，本科层次职业教育在人才培养过程中应该注重培养复合型的高素质技术技能人才，能够灵活应对各种问题，适应产业快速变革和发展，提高学生的创新性思维，增强学生的核心竞争力。

（五）本科层次职业教育发展保障

1. 完善的制度保障。西方发达国家的职业教育虽然各有特点，但综观本科层次职业教育成功的国家都有一个共同的特征，那就是国家层面建立了完善的职业教育法律法规和保障制度，这是国家发展本科层次职业教育的基础。

2. 增加本科层次职业教育经费投入。随着职业教育人才培养层次的提升，办学所需的师资、实践设备等软硬件条件都必须提高，这就需要国家加大对本科层次职业教育的投入，提高职业教育水平。

3. 加强深度产教融合。深度的产教融合、一体化的产学研人才培养是本科层次职业教育最大的特色与亮点，也是区别于其他教育的一个最重要的特色与类型特征。本科层次职业教育作为专科职业教育的纵向提升，承担着为现代化产业发展提供高级技术技能人才的任务，加强学校与企业的深度融合，提高校企合作双元育人质量，是本科层次职业教育完成使命的关键要素。

4. 建立完善的本科层次职业教育高考制度。推动本科层次职业教育改革试点，必须从生源的入学考试改起，建立起独立的本科层次职业教育高考制度。只有这样本科层次职业教育才能真正摆脱普通高等教育的"补充教育"处境，从生源上解决职业教育教学质量不高、特色不鲜明、职教类型不突出、社会认可度不高等一系列问题，成为与普通高等教育并列、同等重要的类型教育。

三、本科层次职业教育的重要意义

（一）满足经济发展和现代化建设对高层次技术技能人才的需要

当前，我国经济进入高质量发展的关键时期，新一轮科技革命和产业变革迅猛发展，我国产业结构不断优化升级，高新技术产业和现代装备制造业快速增长，中低端产业向中高端产业迈进，迫切需要既有扎实专业理论知识和实践操作能力，又有跨界和应用能力的高层次技术型人才。有研究表明，在制造业中，职工受教育年限每提高1年，劳动生产率就会上升17%。传统的职业教育以技能培训为主，传授技术原理等专业理论知识较少、较浅，缺少系统的学科理论教学，而普通高等教育则偏重专业理论教学而轻视实践操作和技术应用能力的培养。面对社会大量紧缺高技能人才、技术型人才的现状，鉴于这两者培养的人才都不能满足产业转型发展需要，本科层次职业教育应运而生，旨在培养兼具专业理论知识和技术应用能力的复合型技术人才。发展本科职业教育是提升技能人才供给质量与效率的关键突破口，本科职业教育的发展将有效打通技术技能人才生涯成长通道，通过学制年限的延长提升技能人才对工作原理知识与技术规范知识的认知与理解，从而通过职业教育供给侧的改革为产业转型升级提供高质量、高效率的技能供给。

（二）满足人民群众实现更高质量更充分就业愿望的需要

就业是民生之本，解决就业问题的根本是发展，通过技能提升使无业者有业，有业者乐业，使低收入者成为中等收入群体。当前，我国高等教育办学规模越来越大，但高等教育人才培养结构和质量尚不适应经济结构调整和产业升级的要求，毕业生结构性就业矛盾突出，就业难问题日趋凸显，意味着高等教育结构改革势在必行，急需转型发展。本科层次职业教育是培养高技能人才重要手段，可以解决就业结构性矛盾。另外，学生和家庭为了获得更多的就业机会、更高的就业质量及更好的生活条件，希望通过接受更高层次高质量的职业教育提升其就业竞争力。本科层次职业教育具有与现代企业紧密合作的天然优势，能够把行业生产前沿技术及其理论引入高校教学和实习实训中，使学生较早地接触到数字化、智能化、信息化的生产技术和生产环境，从而在劳动力市场中具有更强的竞争力。

（三）完善现代职业教育体系的需要

中国特色现代教育体系在学历层次、形式及涉及对象方面都有明确划分，层次分明、类型齐全，但在职业教育发展中，职业教育的最高层次仅限于专科教育，没有本科及以上层次的高等职业教育，造成高职教育普遍被社会大众视为"次等教育"。尽管高职毕业生通过专升本等途径学习本科知识，但接受的教育也是传统本科式的教育，虽获得了学历上的提升，但职业能力并未得到发展，故应建立职业教育体系内部的上升通道满足人才发展的需要。在职业教育提质培优、增值赋能的高质量发展新阶段，发展本科层次职业教育是衔接、延伸和拓展现代职业教育体系的迫切需要，可以做到下接中职、高职高专教育，上接研究生层次职业教育，在现代职业教育体系建设中发挥着承上启下的重要作用，是对现代职业教育体系的完善。

（四）有利于提升职业教育吸引力

职业教育是培养技术技能人才的主战场，是我国技能兴国的重要支撑，每年全国生产、管理、服务一线工作者之中有70%以上为职业院校毕业生，大力发展职业教育是我国的长远战略。然而，由于我国现代职业教育体系构建进度缓慢，尤其是本科层次职业教育的欠缺，造成职业教育吸引力始终不高，众多学生、家长仍普遍将职业教育视为"二流教育"，而且当前我国整个社会中学历主义氛围仍然较为浓厚，专科学历毕业生在就业上会遭到用人单位的歧视，甚至在众多企事业单位的招聘中连应聘的资格都没有。由于本科层次职业教育缺乏，造成选择职业教育的学生走上了一条"断头路"，狭窄的升学通道打击了众多有意报考职业教育的学生与家长的积极性，为了获得本科学历，许多家长、学生放弃就读质量更高的职业教育而选择就读收费较为昂贵的民办本科教育。而且，由于本科层次职业教育的缺失同样打击了职业教育办学机构"安身"于职业教育办学定位的信心，许多办学质量卓越的高职院校为了能够实现"升本"的意愿放弃了职业教育办学道路。本科层次职业教育的提出发展完善了职业教育在本科层次的空白，兼顾了理论教学和实践教学，将基本标准和类型要求相结合，职业学校的学生不仅可以读大专，还可以上本科，提高了职业教育的吸引力和影响力。

四、本科层次职业教育的效用与经验

在国家政策指引下，目前，我国已建设职业本科学校32所，在校生12.9万人，2021年招生4.1万人。本科层次职业教育没有可借鉴模式，主要以地方和学校自主探索为主，在国家政策的强力推动下，各地方和学校结合实际进行了积极探索，通过多种途径试点推进本科层次职业教育。

（一）引导普通本科高校向应用技术类型高等学校转型发展

普通本科高校向应用型转型发展是我国职业本科教育落地实践的首次尝试。2014年5月，《国务院关于加快发展现代职业教育的决定》指出，要"采取试点推动、示范引领等方式，引导一批普通本科高等学校向应用技术类型高等学校转型，重点举办本科职业教育"。2014年6月，《现代职业教育体系建设规划（2014—2020年）》提出，要"在办好现有专科层次高等职业（专科）学校的基础上，发展应用技术类型高校，培养本科层次职业人才"。2015年，《教育部 国家发展改革委 财政部关于引导部分地方普通本科高校向应用型转变的指导意见》提出"推动部分普通本科高校转型发展""确定一批有条件、有意愿的试点高校率先探索应用型（含应用技术大学、学院）发展模式"，这标志着我国职业本科教育步入政策指导和落地实践阶段。在地方层面，广东、浙江、河南等20多个省（区、市）出台了引导部分普通本科高校向应用型转变的文件，从简政放权、专业设置、招生计划、教师聘任等方面为普通本科高校转型改革提供支持。然而，由于在我国当前高等教育的组织场域中，"学科神话"是占主导的制度逻辑，研究型和综合性大学是高等教育组织的"深层信仰"，导致地方普通本科高校存在"不愿意转"或"转型不彻底"的现象，始终难以进入职业教育的轨道。

（二）高职院校与普通本科学校联合试办本科层次职业教育专业

2015年，《高等职业教育创新发展行动计划（2015—2018年）》指出，"探索发展本科层次职业教育专业"，并将"探索本科层次职业教育实现形式和培养模式"作为一项重要任务。江苏、山东、安徽、江西、湖南、云南、甘肃、新疆等地组织开展了现代职业教育体系建设项目试点，高职院校与普通本科高校联合招生、分段培养，通过接续专业、连续学制，在专业层面探索实践本科层次职业教育，培养高素质技术技能型人才。此后试点规模逐步扩大并保持相对稳定，形成了多样化学制贯通机制，建立了多种高职与普通本科衔接的培养模式。一是"4+0"分段衔接模式，即高职院校与普通本科学校在某些专业点上开展以"依托高职优质资源、联合本科举办、发放本科文凭、高职院校办学"为特点的"4+0"培养职业教育本科试点。二是"3+2"（3年高职+2年本科）、"3+1"（3年高职+1年本科）、"2+2"（2年高职+2年本科）分段衔接模式，即高职院校与本科学校"对口贯通分段培养"，如江苏省的"3+2"高职院校与本科学校分段培养项目，该模式招收对象为普通高考生或中职生，学生前半段在高职院校、后半段在本科学校学习，通过毕业考试后可以获取本科院校的毕业证书和学位证书。

高职院校与普通本科学校联合试办高职本科专业是我国职业本科教育落地实践的进一步尝试和探索，是一种"合作办学"的新方式。其学制为4年，依托高职院校优质资源，以高职院校办学为基础，由高职院校联合普通本科学校共同制定人才培养方案。然而，由于高职院校没有学位授予权，必须按照普通本科学校毕业要求授予毕业生普通本科学校本科毕业文凭，致使高职院校在人才培养方面受到普通本科学校的制约，出现了"贴牌生产"现象。这就导致很多高职本科专业的人才培养与普通本科同质化严重，职业教育自身的特色荡然无存，不利于职业本科教育的可持续发展。

（三）"升格"：开展本科层次职业教育试点

2019年，《国务院关于印发国家职业教育改革实施方案的通知》提出要"开展本科层次职业教育试点"，突破了"原则上专科高等职业院校不升格为或并入本科高等学校"的政策限制。教育部分别于2019年和2020年公布第一批15所、第二批6所高职院校升格为本科层次职业学校，它们由"职业学院"正式更名为"职业大学"或"职业技术大学"。2021年，教育部公布第三批11所本科层次职业学校，其中2所是民办高职院校独立升格，9所是公办高职院校与独立学院合并转设。从现有地方实践经验来看，本科层次职业教育发展情况比较繁杂而混乱，举办本科层次职业教育，参与试点的院校没有经验参照，没有先例可循，发展过程中遇到了种种困难，走了很多弯路。但相对于发达国家领先近半个世纪的职业教育来说，本科层次职业教育尚属创新提议，因此其在理论和实践上都处于不成熟的阶段，如办学定位、人才培养、课程开发、师资建设、教学管理与评价等问题仍然有待理论的指导与实践的检验。已升格的民办职业院校总体上办学基础薄弱，在财政支持、师资队伍、社会声誉、办学质量等方面，相对落后于优质职业院校。

（四）独立学院转设或与高职院校合并转设为职业本科

2020年5月15日，教育部办公厅印发《关于加快推进独立学院转设工作的实施方案》，在转民、转公、停办三条基本路径外，给出第四条路径，即：鼓励各地积极创新，可探索统筹省内高职高专教育资源合并转设，也可因地制宜提出其他形式合法合规的转设路径，经教育部同意后实施。部分独立学院独立转设或与高职专科院校合并转设为本科层次职业院校。目前，教育部已批复5所独立学院与高职院校合并，转设成为公办本科层次职业院校，其中，独立转设院校1所，合并转设院校4所。这给高职院校和独立学院同时突破"合并"和"升格"两条红线赋予了法定的许可，对于高职院校和独立学院来说，本应该是一个双赢的局面，但由于社会上还存在对职业教育不认可的传统观念，导致部分独立学院在与高职院校合并转设举办职业本科院校时遇到了阻力，在本科层次职业教育发展过程中也遇到了一些现实挑战。浙江、江苏、山东等地也因此暂停了独立学院与高职院校合并转设的工作。

推进职业教育"三教"改革

2019年1月，国务院颁布的《国家职业教育改革实施方案》提出了"三教"（教师、教材、教法）改革的任务。"三教"改革中，教师是根本，教材是基础，教法是途径，它们形成了一个闭环的整体，解决教学系统中"谁来教、教什么、如何教"的问题。其落脚点是培养适应行业企业需求的复合型、创新型高素质技术技能人才，目的是提升学生的综合就业能力，这也是"双高计划"建设中"打造技术技能人才培养高地"的首要任务。

一、提高技术技能人才培养质量

21世纪以来，新一轮信息技术广泛应用社会各方面，为我国高职教育的发展带来了全新的机遇和挑战。国家相继出台一系列职教政策，旨在从根本上解决职业教育的发展动力、发展规模和发展质量等问题，着力培养出数以千万计的高质量劳动者和技术技能人才，弥补高端产业和现代服务业人才缺口，为推动高质量发展、建设创新型国家提供优质人才资源支撑。教育部、财政部推出的职业教育"双高计划"，意在通过建设一批引领改革、支撑发展、中国特色、世界水平的高职学校和专业群，带动职业教育持续深化改革，强化内涵建设，实现高质量发展。职业院校作为培养高素质技术技能人才的主阵地，必须增强自身的适应性，提高教学的针对性、职业性、实用性，提升人才培养水平。实施"三教"改革的根本任务是立德树人，培养德技并修的高素质劳动者和技术技能人才。而贯穿这项改革的主线是深化产教融合、校企合作。聚焦"三教"改革提高教师素质和能力、提升教材质量、升级教学方法，构建职业院校人才培养新格局。

职业院校"三教"改革，直接关系到人才培养质量，是教育教学内涵建设的核心内容，目标是实现理实结合。在教师、教材和教法三者中，教师是教学改革的主体，是"三教"改革的关键，教材是课程建设与教学内容改革的载体，教法（或教学模式）是改革的路径。教师和教材的改革最终要通过教学模式、教学方法与手段的变革去实现。

二、推动教育教学内涵建设

（一）"三教"改革推动课堂革命

2019 年 1 月，国务院印发《国家职业教育改革实施方案》（以下简称《实施方案》），对职业教育标准化建设、完善职业教育体系，提出了具体的实施方案。提出建设一批高水平高职院校和专业（群），开展职业教育"三教"（教师、教材、教法）改革的任务。对建立健全职业学校包含教师、教学、教材等办学标准作了详细说明。

2019 年 4 月，《教育部、财政部关于实施中国特色高水平高职学校和专业建设计划的意见》进一步明确提出"组建高水平、结构化教师教学创新团队，探索教师分工协作的模块化教学模式，深化教材与教法改革，推动课堂革命"。

2020 年 9 月，教育部等九部门印发《职业教育提质培优行动计划（2020—2023年）》。通过职业教育提质培优，使职业教育与经济社会发展需求对接更加紧密，同人民群众期待更加契合，同我国综合国力和国际地位更加匹配，中国特色现代职业教育体系更加完备，制度更加健全，标准更加完善，条件更加充足，评价更加科学。

（二）实施职业教育"三教"改革攻坚行动

提升教师"双师"素质。根据职业教育特点核定公办职业学校教职工编制。实施新一周期"全国职业院校教师素质提高计划"，校企共建"双师型"教师（含技工院校"一体化"教师）培养培训基地和教师企业实践基地，落实 5 年一轮的教师全员培训制度。探索有条件的优质高职学校转型为职业技术师范类院校或开办职业技术师范专业，支持高水平工科院校分专业领域培养职业教育师资，构建"双师型"教师培养体系。改革职业学校专业教师晋升和评价机制，破除"五唯"倾向，将企业生产项目实践经历、业绩成果等纳入评价标准。完善职业学校自主聘任兼职教师的办法，实施现代产业导师特聘计划，设置一定比例的特聘岗位，畅通行业企业高层次技术技能人才从教渠道，推动企业工程技术人员、高技能人才与职业学校教师双向流动。改革完善职业学校绩效工资政策。职业学校通过校企合作、技术服务、社会培训取得的收入，可按一定比例作为绩效工资来源。各级人力资源社会保障、财政部门要充分考虑职业学校承担培训任务情况，合理核定绩效工资总量和水平。对承担任务较重的职业学校，在原总量基础上及时核增所需绩效工资总量。专业教师可按国家规定在校企合作企业兼职取酬。到 2023 年，专业教师中"双师型"教师占比超过 50%，遴选一批国家"万人计划"教学名师、360 个国家级教师教学创新团队。

加强职业教育教材建设。完善职业教育教材规划、编写、审核、选用使用、评价监管机制。加强意识形态属性较强的哲学社会科学教材建设，纳入马克思主义理论研究和建设工程重点建设，做好教材统一使用工作。对接主流生产技术，注重吸收行业发展的新知识、新技术、新工艺、新方法，校企合作开发专业课教材。建立健全三年大修订、每年小修订的教材动态更新调整机制。根据职业学校学生特点创新教材形态，推行科学严谨、深入浅出、图文并茂、形式多样的活页式、工作手册式、融媒体教材。实行教材分层规划制度，引导地方建设国家规划教材领域以外的区域特色教材，在国家和省级规划教材不能满足的情况下，鼓励职业学校编写反映自身特色的校本专业教材。编写并用好中职思想政治、语文和历史统编教材。健全教材的分类审核、抽查和退出制度。到2023年，遴选10 000种左右校企双元合作开发的职业教育规划教材，国家、省两级抽查教材的比例合计不低于50%，职业学校专业课程全部使用新近更新的教材。

提升职业教育专业和课程教学质量。推动依据国家战略和区域产业发展需求、专业建设水平、就业质量等合理规划引导专业设置，建立退出机制。规范人才培养方案研制发布程序，建立职业学校人才培养方案公开制度，为行业指导、企业选择、学生学习、同行交流、社会监督提供便利。加强课堂教学日常管理，规范教学秩序。推动职业学校"课堂革命"，适应生源多样化特点，将课程教学改革推向纵深。加强实践性教学，实践性教学学时原则上占总学时数50%以上，积极推行认知实习、跟岗实习、顶岗实习等多种实习方式，可根据专业实际集中或分阶段安排。完善以学习者为中心的专业和课程教学评价体系，强化实习实训考核评价。鼓励教师团队对接职业标准和工作过程，探索分工协作的模块化教学组织方式。建立健全国家、省、校三级教学能力比赛机制。遴选1 000个左右职业教育"课堂革命"典型案例，职业教育教学成果奖评选向课堂教学改革倾斜。

2020年10月，中共中央、国务院印发《深化新时代教育评价改革总体方案》指出，要健全职业学校评价。重点评价职业学校德技并修、产教融合、校企合作、育训结合、学生获取职业资格或职业技能等级证书、毕业生就业质量、"双师型"教师队伍建设等情况，扩大行业企业参与评价，引导培养高素质劳动者和技术技能人才。

2021年4月，教育部印发《关于学习宣传贯彻习近平总书记重要指示和全国职业教育大会精神的通知》，指出坚持立德树人，优化类型定位，加快构建现代职业教育体系。要一体化设计中职、高职、本科职业教育培养体系，深化"三教"改革，"岗课赛证"综合育人，提升教育质量。

2021年8月，教育部、财政部发布《教育部　财政部关于实施职业院校教师素质提高计划（2021—2025年）的通知》，发挥示范引领作用，带动地方健全完善职业院校教师培训体系和全员培训制度，打造高水平、高层次的技术技能人才培养队伍。创新培训方式，重点支持骨干教师、专业带头人、名师名校长和培训者等的能力素质提升。教师按照国家职业标准和教学标准开展教育教学、培训和评价的能力全面提高，分工协作进行模块化教学的模式全面实施，"双师型"教师和教学团队数量基本充足，校企共建一批"双师型"教师培养培训基地，现代职业教育师资培训体系基本健全。

2021 年 10 月，中共中央办公厅、国务院办公厅印发了《关于推动现代职业教育高质量发展的意见》，提出深化教育教学改革。

强化"双师型"教师队伍建设。加强师德师风建设，全面提升教师素养。完善职业教育教师资格认定制度，在国家教师资格考试中强化专业教学和实践要求。制定"双师型"教师标准，完善教师招聘、专业技术职务评聘和绩效考核标准。按照职业学校生师比例和结构要求配齐专业教师。加强职业技术师范学校建设。支持高水平学校和大中型企业共建"双师型"教师培养培训基地，落实教师定期到企业实践的规定，支持企业技术骨干到学校从教，推进固定岗与流动岗相结合、校企互聘兼职的教师队伍建设改革。继续实施职业院校教师素质提高计划。

创新教学模式与方法。提高思想政治理论课质量和实效，推进习近平新时代中国特色社会主义思想进教材、进课堂、进头脑。举办职业学校思想政治教育课程教师教学能力比赛。普遍开展项目教学、情境教学、模块化教学，推动现代信息技术与教育教学深度融合，提高课堂教学质量。全面实施弹性学习和学分制管理，支持学生积极参加社会实践、创新创业、竞赛活动。办好全国职业院校技能大赛。

改进教学内容与教材。完善"岗课赛证"综合育人机制，按照生产实际和岗位需求设计开发课程，开发模块化、系统化的实训课程体系，提升学生实践能力。深入实施职业技能等级证书制度，完善认证管理办法，加强事中事后监管。及时更新教学标准，将新技术、新工艺、新规范、典型生产案例及时纳入教学内容。把职业技能等级证书所体现的先进标准融入人才培养方案。强化教材建设国家事权，分层规划，完善职业教育教材的编写、审核、选用、使用、更新、评价监管机制。引导地方、行业和学校按规定建设地方特色教材、行业适用教材、校本专业教材。

完善质量保证体系。建立健全教师、课程、教材、教学、实习实训、信息化、安全等国家职业教育标准，鼓励地方结合实际出台更高要求的地方标准，支持行业组织、龙头企业参与制定标准。推进职业学校教学工作诊断与改进制度建设。完善职业教育督导评估办法，加强对地方政府履行职业教育职责督导，做好中等职业学校办学能力评估和高等职业学校适应社会需求能力评估。健全国家、省、校质量年报制度，定期组织质量年报的审查抽查，提高编制水平，加大公开力度。强化评价结果运用，将其作为批复学校设置，核定招生计划，安排重大项目的重要参考。

2021年12月，教育部办公厅印发《"十四五"职业教育规划教材建设实施方案》，指出统筹建设意识形态属性强的课程教材。推进习近平新时代中国特色社会主义思想进教材、进课堂、进头脑，巩固马克思主义在意识形态领域的指导地位，加强社会主义核心价值观教育，加强中华优秀传统文化、革命文化和社会主义先进文化教育，落实党的领导、劳动教育、总体国家安全观教育等要求，促进学生德技并修。

三、打开职业教育发展新格局

（一）凸显职业教育的类型与地位

"职教20条"明确指出，职业教育与普通教育是两种不同教育类型，具有同等重要地位，这为职业院校"三教"改革指明了方向。"职教20条"提出服务建设现代化经济体系和实现更高质量更充分就业需要，对接科技发展趋势和市场需求，以促进就业和适应产业发展需求为导向，着力培养高素质劳动者和技术技能人才。因此，职业院校要以新发展理念为指导，树立科学的教学观，以教学改革为核心，以教学基本建设为重点，推动形成实施"三教"改革的基本共识，激发更多的师生积极参与"三教"改革。

（二）完善职业教育体系建设

"三教"是构成"教与学"理论逻辑和操作框架的重要元素，教师、教材、教法分别对应解决"谁来教""教什么""如何教"三个核心问题。职业教育教学改革应围绕这三方面，以"四有"标准打造结构合理、专兼结合的职业教育双师教师队伍，通过校企合作，开发具有工学结合、教学做一体化教学理念的特色专业教材，助推企业生产情景式课堂教学改革。构建产教融合的特色职业教育体系。

（三）增强职业教育适应性

随着"互联网+职业教育"迅猛发展，教师运用现代信息技术更新教材和改进教法成为新常态，具体表现为适应新技术的需求，通过创造性地转化，将其纳入教学标准和教学内容。国家大力倡导产教深度融合，分批次建设一系列产业学院、现场工程师学院，目的是培养综合素质良好的复合型技术技能人才，满足企业生产和发展需求，只有将企业的新工艺、新方法、新流程、新规范和新标准融入教学，才能不断提升职业教育的适应性。

❈ 四、为职业教育发展注入新活力 ❈

（一）辽宁省：探索书证融通新路径，推动"三教"改革取得新成效

辽宁省认真贯彻落实习近平总书记关于职业教育的重要指示和全国职业教育大会精神，把1+X证书制度作为职业教育内涵提升的重要改革举措，积极探索1+X书证融通新路径，着力解决人才培养与证书标准、培养过程与培训过程、专业考试与证书考核相脱节等问题，有力推动教师、教材、教法"三教"改革，提升学生技能水平和就业能力，切实为职业教育增值赋能。2020年，组织工业机器人应用编程、工业机器人装调、宠物护理与美容、财务数字化应用、网络系统建设等5个职业技能等级证书开展书证融通试点工作，修订人才培养方案23个、融通课程84门、技能点856个，首批试点学生完成书证融通课程学习、考核及学习成果转换，取得职业技能等级证书。

（二）天津市：探索中高职毕业生"学历＋能力"双提升绿色通道

十八大以来，天津市先后成为部市共建国家职业教育改革试验区、示范区和"示范区升级版"，成功打造海河教育园职教示范窗口，入选全国职业教育改革成效明显省市。设立中德应用技术大学，率先建立完整的中高本硕博职业教育人才培养体系，深入开展中高职系统化培养和高职本科联合培养。天津市深化教师、教材、教法"三教"改革，开展1+X证书制度试点，推进以赛促学促教，连续十二年举办全国职业院校技能大赛，7所高职院校、10个专业群入选全国"双高计划"，获得国家首个职业教育国家级教学成果奖特等奖。推动"产学研金服用"要素聚集，成功入选国家产教融合型试点城市。成立28个职教集团，率先推行产业、行业、企业、职业、专业"五业联动"，高职专业对接全市主导产业占比98.87%，年社会培训30万人次。首创并率先建成21个鲁班工坊，并为中西部地区19省市培训万余名师资。

（三）北京工业职业技术学院：多方聚力，深化"三教"改革，打造国家级教师教学创新团队

优化体制机制建设，推动教师能力全面提升。实施思想铸魂、课堂育德、典型树德、管理立德"四位一体"师德建设工程，将师德考核结果与聘任、晋升、奖惩等挂钩，促使团队教师自觉提升师德修养，做"四有"好老师。依托国家师资培训基地、北京市"双师"培训基地、学校教师发展中心3个平台和国家"工匠之师"赴德项目，培养教学能力、专业建设能力、社会培训能力、科研和技术服务能力、国际化人才培养能力5种能力。深化校际、校企合作，切实打造命运共同体。与苏州工业、四川工程等 7 所学校合作，针对 1+X 证书制度改革、双元育人、模块化教学、教师协作创新等方面，开展专题研究实践。聚焦工业机器人领域，联合中关村机器人联盟、人工智能协会等，与 ABB、首钢安川、京东集团、华航唯实等企业合作，构建"三共享六共同"产学研培多方合作平台，打造高度融合共同体，两年来，开展了 10 项技术服务项目，获国家专利 10 项，培训教师 9 000 人次，获得 2 项省级科技进步二等奖。重构专业课程体系，深化教学模式改革创新。以培养具有创新精神和实践能力的高素质人才为宗旨，对接工业机器人应用编程和系统集成 1+X 证书，实现书证融通，构建专业"共平台、分方向、模块化"课程体系。选聘企业专家担当企业导师，与专任教师共组团队，协同开展课程模块化教学设计与实施。开发 5 门模块化课程，编写 5 本"任务活页+资料活页+习题活页"三位一体式活页教材，"VR+"信息化助力课堂革命，开展模块化教学改革。2020 年，教学改革成果获省部级教学成果奖特等奖。选派团队核心骨干参加国家"工匠之师"创新团队境外培训计划。

（四）山东商业职业技术学院：校企共建云智产业学院，创新团队引领专业群发展

依托职教集团，建立团队建设协作共同体。山东商业职业技术学院（以下简称山东商职）发挥全国云计算大数据职教集团牵头和理事长单位作用，与云计算与大数据专业领域院校形成了资源共建共享机制，在课题研究、团队建设、人才培养、教学改革、职业技能等级证书培训考核等方面协同创新。山东商职与 55 所企业共建云计算专业，共建国家发改委"十三五"产教融合项目现代服务业公共实训基地，共建云计算国家资源库、专业教学标准，共办国赛云计算试点赛，联合开发云计算运维职业技能等级证书、开展 1+X 证书师资培训。外引内培相结合，建设高水平结构化教师教学创新团队。落实团队工作责任制。各位成员根据分工各司其职，团队成员全部参加了国际"双元制"职业教育专题培训、承担云智产业学院项目，5 人获得了云计算运维职业技能等级证书讲师资格。通过专家报告、科研沙龙等方式提升了团队科研能力、教学设计实施能力、实习实训指导能力和技术技能。优化完善"平台共享、工坊分流"人才培养模式，创新团队协作模块化教学。创新团队与五十五所共同研究制定"平台+模块"课程体系，将公有云、容器云等新技术融入课程标准和教学内容，将云计算运维证书内容融入模块课程教学。团队教师集体备课，共同为学生制定培养方案、学习计划、项目计划，开发活页式教材，推行智慧化教练式项目教学法。学生通过职教云、斗学网等平台完成学习、项目任务，工坊老师对学生完成任务过程进行监督、指导，对学生完成情况进行评估，推动"学生为中心"课堂革命。

坚持德技并修，培养技术技能人才

技术技能人才是建设社会主义事业的重要基石，工匠精神培育已上升到国家战略的高度。2018年9月，习近平总书记在全国教育大会上明确强调，"要高度重视职业教育，大力推进产教融合，健全德技并修、工学结合的育人机制，源源不断为各行各业培养亿万高素质的产业生力军，让职业院校毕业生在职业发展上也有广阔空间"。

一、培养高素质劳动者和技术技能人才

2019年1月，国务院印发的《国家职业教育改革实施方案》提出：随着我国进入新的发展阶段，产业升级和经济结构调整不断加快，各行各业对技术技能人才的需求越来越紧迫，职业教育重要地位和作用越来越凸显。没有职业教育现代化就没有教育现代化。"落实好立德树人根本任务，健全德技并修、工学结合的育人机制。目前，新科技、新产业、新经济、新模式带来的变革，呈现日新月异的发展趋势。新时代工匠精神的构建，与新时代背景下职业学校学生职业精神的塑造是紧密相关的。新时代工匠精神是我国从"资源优势"走向"创新优势"，从"中国速度"走向"中国质量"，从"制造大国"走向"制造强国"的重要基石，是实现"中国制造2025"宏伟蓝图的战略举措。在此背景下，如何培育大批具有"德技并修"的高素质技术技能人才，构建新时代工匠精神与职业素养培养融通路径，已成为目前我国职业教育技术技能人才培养中亟待解决的普遍性问题。

二、职业教育"德"与"技"

（一）初步提出职业教育"德"与"技"同时培养的要求

1996年5月颁布实施的《中华人民共和国职业教育法》曾提出："对受教育者进行思想政治教育和职业道德教育，传授职业知识，培养职业技能。"

2017年5月，第十届全国职业院校技能大赛开幕式上，时任国务院总理李克强对大赛作出重要批示，指出："提升职业教育水平是我国教育事业发展的重要内容。当前，我国经济正处于转型升级的关键时期，迫切需要培养大批技术技能人才。希望技能大赛贯彻新发展理念，充分发挥引领示范作用，推动职业教育进一步坚持面向市场、服务发展、促进就业的办学方向，坚持工学结合、知行合一、德技并修，坚持培育和弘扬工匠精神，努力造就源源不断的高素质产业大军，投身大众创业万众创新，为更好发挥我国人力人才资源优势、推动中国品牌走向世界、促进实体经济迈向中高端作出新的更大贡献。"

2017年9月，中共中央办公厅、国务院办公厅印发的《关于深化教育体制机制改革的意见》指出，要完善提高职业教育质量的体制机制。强调要健全德技并修、工学结合的育人机制。坚持以就业为导向，着力培养学生的工匠精神、职业道德、职业技能和就业创业能力。

2019年1月，国务院印发的《国家职业教育改革实施方案》提出，要健全国家职业教育制度框架，将标准化建设作为统领职业教育发展的突破口，完善职业教育体系，为服务现代制造业、现代服务业、现代农业发展和职业教育现代化提供制度保障与人才支持，落实好立德树人根本任务，健全德技并修、工学结合的育人机制，完善评价机制，规范人才培养全过程。

2019年4月，《教育部 财政部关于实施中国特色高水平高职学校和专业建设计划的意见》指出，要坚持中国特色，扎根中国大地，全面贯彻党的教育方针，坚定社会主义办学方向，完善职业教育和培训体系，健全德技并修、工学结合的育人机制，服务新时代经济高质量发展，为中国产业走向全球产业中高端提供高素质技术技能人才支撑。

2019年4月，《教育部等十部门关于做好2019年职业教育活动周相关工作的通知》的宣传的首要重点：宣传习近平总书记关于"德技并修、工学结合"的重要指示精神，宣传全国教育大会"德智体美劳"的教育方针，大力倡导劳动光荣、技能宝贵、创造伟大的时代风尚，大力宣传"幸福都是奋斗出来的"理念，大力弘扬劳模精神和工匠精神，营造人人皆可成才、人人尽展其才的良好氛围。宣传党的十九大关于"完善职业教育和培训体系，深化产教融合、校企合作"的决策部署和《国家职业教育改革实施方案》的有关政策。

2019年5月，在《教育部办公厅关于全面推进现代学徒制工作的通知》的工作重点中指出，要坚持德技并修、工学结合、知行合一，按照企业生产和学徒工作生活实际，实施弹性学习时间和学分制管理，育训结合、工学交替、在岗培养，积极探索3天在企业、2天在学校的"3+2"培养模式，着力培养学生的专业精神、职业精神和工匠精神，提升学生的职业道德、职业技能和就业创业能力。

（二）育人为本，质量为先

2020年9月，教育部等九部门印发的《职业教育提质培优行动计划（2020—2023年）》指出，育人为本，质量为先。加强党对职业教育工作的全面领导，推进新时代职业学校思想政治工作改革创新。深化产教融合、校企合作，强化工学结合、知行合一，健全德技并修育人机制，完善多元共治的质量保证机制，推进职业教育高质量发展。

2020年10月，中共中央、国务院印发的《深化新时代教育评价改革总体方案》指出，要健全职业学校评价。重点评价职业学校德技并修、产教融合、校企合作、育训结合、学生获取职业资格或职业技能等级证书、毕业生就业质量、"双师型"教师队伍建设等情况，扩大行业企业参与评价，引导培养高素质劳动者和技术技能人才。

2021年4月，《教育部关于学习宣传贯彻习近平总书记重要指示和全国职业教育大会精神的通知》指出，要坚定不移地加快完善人才培养体系，坚持德技并修、育训结合，一体化设计职业教育培养体系，探索"岗课赛证"相互融合，动态调整专业目录，针对不同生源分类施教、因材施教，建好国家"学分银行"。

2021年7月，全国职业院校德育工作座谈会在长沙召开。会议强调，要坚持为党育人、为国育才，全面贯彻党的教育方针，落实立德树人根本任务，坚持德技并修，探索符合职业院校学生特点和技术技能人才成长规律、学生喜闻乐见的思想政治工作体系和方法，促进学生全面发展，培养担当民族复兴大任的时代新人。

2021年10月，中共中央办公厅、国务院办公厅印发了《关于推动现代职业教育高质量发展的意见》，在工作要求中指出，坚持立德树人、德技并修，推动思想政治教育与技术技能培养融合统一；坚持产教融合、校企合作，推动形成产教良性互动、校企优势互补的发展格局；坚持面向市场、促进就业，推动学校布局、专业设置、人才培养与市场需求相对接；坚持面向实践、强化能力，让更多青年凭借一技之长实现人生价值；坚持面向人人、因材施教，营造人人努力成才、人人皆可成才、人人尽展其才的良好环境。

2021年10月，教育部等三十五部门印发的《全国职业院校技能大赛章程》第一章第三条提出，大赛秉持育人为本理念。坚持德技并修、工学结合，深化产教融合、校企合作，弘扬劳动光荣、技能宝贵、创造伟大的时代风尚，推动人人皆可成才、人人尽展其才的局面形成，引导全社会了解、支持和参与职业教育。

2021年11月，《教育部办公厅关于进一步完善高职院校分类考试工作的通知》指出，要突出职业教育特点，各地要加强省级统筹，坚持立德树人、德技并修，坚持面向实践、强化能力，依据高职院校人才培养要求和普通高中、中职学校教育教学实际，进一步完善分类考试内容，引导学生德智体美劳全面发展。

2021年12月，教育部办公厅印发的《"十四五"职业教育规划教材建设实施方案》指出，要统筹建设意识形态属性强的课程教材。推进习近平新时代中国特色社会主义思想进教材进课堂进头脑，巩固马克思主义在意识形态领域的指导地位，加强社会主义核心价值观教育，加强中华优秀传统文化、革命文化和社会主义先进文化教育，落实党的领导、劳动教育、总体国家安全观教育等要求，促进学生德技并修。

2022年3月，《教育部办公厅关于在职业院校开展"技能成才 强国有我"主题教育活动的通知》指出，要充分发挥榜样人物和典型事迹的引领示范作用，引导职业院校学生树立把小我融入大我、融入中华民族伟大复兴征程的远大理想，进一步坚定"强国必定有我"的信念，只争朝夕，不负韶华，坚持德技并修，努力技能成才。

2022年4月修订的《中华人民共和国职业教育法》第一章第四条指出，职业教育必须坚持中国共产党的领导，坚持社会主义办学方向，贯彻国家的教育方针，坚持立德树人、德技并修，坚持产教融合、校企合作，坚持面向市场、促进就业，坚持面向实践、强化能力，坚持面向人人、因材施教。实施职业教育应当弘扬社会主义核心价值观，对受教育者进行思想政治教育和职业道德教育，培育劳模精神、劳动精神、工匠精神，传授科学文化与专业知识，培养技术技能，进行职业指导，全面提高受教育者的素质。

2022年12月，中共中央办公厅、国务院办公厅印发的《关于深化现代职业教育体系建设改革的意见》指出，要深入推进习近平新时代中国特色社会主义思想进教材、进课堂、进学生头脑，牢牢把握学校意识形态工作领导权，把思想政治工作贯穿学校教育管理全过程，大力培育和践行社会主义核心价值观，健全德技并修、工学结合的育人机制，努力培养德智体美劳全面发展的社会主义建设者和接班人。

三、全面提升高素质技术技能人才的培养质量

（一）健全职业院校办学机制

职业院校应健全"德技并修"育人体系，以实现德才兼备、提质培优的人才培养目标。建立多元主体育人模式。整合育人主体及利益相关者，包括政府、学校、企业和家庭等，形成共同价值理念，建立联动机制，厘清各育人主体的职责和目标，共同推进职业院校育人工作，形成"政校企多主体"人才培养模式。推进"双师型"教师队伍建设，职业学校的培养目标要求教师必须具有较强的动手能力和在

生产一线解决有关技术方面疑难问题的能力，能在生产现场动手示范，指导学生掌握生产技能，并具有开发新项目、技术攻关及从事科研、技术服务的能力。因此，教师既应是专业理论方面的名师，又应是生产实践的行家里手。

（二）提升人才培养竞争力

"德技并修"从德和技两个方面为当前职业教育指明了方向：以德为先，树立正确的人生观价值观，以社会主义核心价值观规范和约束自己，实现德的升华；提升技艺和操作水平，完善自我，不断创新，追求卓越。育德、修技是提高学生就业创业能力的双引擎。要推进"中国制造2025"强国战略，就必须有大批"德技并修"的高素质技术技能人才作为支撑。新时代的"大国工匠"既要有良好的职业态度和精益求精的职业精神，又要有开拓创新和百炼成钢的高超技艺。

（三）服务产业高质量发展

职业教育要秉承立德树人、德技并修的育人理念，以人才成长规律为遵循，以培养高素质技术技能人才为核心，立足产业转型升级和区域经济社会高质量发展需求，聚焦长学制技术技能人才培养，构建特色鲜明、充满活力的中高职一体化课程体系，规范技术技能人才贯通培养过程，全面提升高素质技术技能人才培养质量。通过提高人才素质和技能水平，促进各个行业和领域的发展，提高国家经济竞争力。

四、德技并修的成效与经验

（一）天津市：推行德技并修培养模式

天津市坚持以行业办学为主，健全政府统筹、行业主办、教育管理、企业参与的职业教育办学体制，高水平建设国家现代职业教育改革创新示范区，加快构建具有天津特点、中国特色、世界水平的现代职业教育体系。把弘扬工匠精神贯穿职业院校人才培养全过程，促进职业技能提高与职业精神培养的高度融合。以行业为纽带，统筹中高职发展，探索行业内的技术技能人才系统培养和衔接培养新模式，并成立天津中德应用技术大学，深入开展中高职5年系统化培养试验和高职本科联合培养高技能人才试点。积极拓展服务"一带一路"的海外职业教育市场，依托行业支持，已在泰国、英国等国家设立海外"鲁班工坊"，并积极开展国际化专业教学标准试点班建设，加快培养一批具有国际竞争力的技术技能人才。

（二）湖南省：坚持德技并修，培育"湖湘工匠"

近年来，湖南省把办好职业教育作为推动高质量发展、壮大实体经济、保障和改善民生的重要举措，深入推进职业教育改革，加快现代职业教育体系建设，为经济社会发展培养高素质劳动者和技术技能人才。以思政教育立德，出台《湖南省教育厅关于加强新时代中等职业学校德育工作的意见》，开发社会主义核心价值观课程，引导青年学生坚定理想信念，筑牢精神之基。开设劳动教育课程，开展校内外劳动实践，培养青年学生劳动精神和劳动技能。以红色资源铸魂，充分利用湖南省丰厚人文资源，以家国情怀、人格修养、法治意识等为重点，通过教育引导、文化熏陶、实践养成等方式，引导青年学生传承"忠诚、担当、求是、图强"的湖南精神。以"两查三赛"强技，开展学生专业技能和毕业设计抽查，2018年，高职专业技能抽查合格率由2010年的70.1%提升至94.3%，毕业设计抽查合格率由2016年的81.2%提升至95.4%。组织职业院校技能大赛、创业规划大赛和"互联网+"创新创业大赛，提升学生专业技能水平。

（三）内蒙古自治区：多措并举，推动职业教育创新发展

内蒙古自治区把职业教育纳入经济社会发展大局、教育工作全局，统筹谋划和推进，落实立德树人，坚持德技并修。坚持育德与修技并举，加强社会主义核心价值观教育，传承中华优秀传统文化、革命文化和社会主义先进文化。开展技能大师进校园、优秀毕业生宣讲等系列活动，大力弘扬工匠精神，着力育匠人、铸匠心。加强职业院校校园文化建设，广泛开展"文明风采伴我行，成就出彩人生梦""少年工匠心向党，青春奋进新时代"等主题鲜明、吸引力强的宣传文化活动。深化思政课改革创新，把思政教育融入课堂教学、技能培养、实习实训等各环节，促进课程思政与思政课程同频共振、同向同行。近4年来，当地职业院校先后获职业教育国家级教学成果奖一等奖1项、二等奖2项，2门课程入选教育部课程思政示范项目。

（四）上海市：精耕内涵建设，促进职业教育高质量发展

深化校企合作育人，激活高质量发展之"源"。在中高职院校开展现代学徒制试点，以13个教育部试点项目和64个市级试点项目为基础，聚焦校企合作机制、人才培养方案等六大核心要素，建立校企合作育人的基本规范与指引。上海市杨浦职业技术学校与上汽集团共同构建"名企引领、按岗培训、工学结合"现代学徒制培养模式，推进入学入岗优选工作一体化，共同培养高素质汽车专业技术技能人才。上海东海职业技术学院根据企业岗位标准，构建基于企业典型工作任务的专业课程体系，共同开发并实施课程标准。坚持德技并修，通过整合行业协会、大型企业和高技能人才培养基地等，成立大国工匠、上海工匠、能工巧匠领衔的上海市技能大师工作室 30 个，与校内专业教师组建双导师团队，言传身教塑造职业精神、工匠精神。上海农林职业技术学院的园林技术专业与有关行业企业建立产、学、做一体化的战略合作关系，紧密联结企业能工巧匠和校外实训资源，实现校企"双主体"育人。

（五）兰州石化职业技术学院：聚焦精准脱贫"拔穷根"

兰州石化职业技术学院主动服务地方与行业需求，以立德树人为根本，实行精准招生、精准资助、精准培养，加强产教融合，实现高质量就业，办好"拔穷根"的优质职业教育。

基于立德树人"铸灵魂"。20世纪50年代末"铁人"王进喜曾在该校学习，"铁人"精神成为学校精神之源、传家之宝、文化之基。学校坚持"德技并修"，注重文化育人，积极打造以"铁人"精神和工匠精神为核心的特色校园文化，培育学生"精神成人""专业成才"，为学生成长成才奠定坚实基础。成立马克思主义学院，加强思想政治教育工作，提高思想政治教育实效。

基于精准培养"强技能"。紧密围绕地方与石化行业需求，将产教融合、校企合作的理念贯穿人才培养全过程，提高人才培养与行业产业契合度，形成产业全链条人才供给体系。主动服务国家战略，抢抓石化产业快速发展机遇，积极服务在"一带一路"沿线国家投资建设和承揽工程的国内企业，配合中国—文莱"1+1+1"开展石化人才联合培养，入选首批"中国—东盟高职院校特色合作项目"。

（六）武汉职业技术学院：深化校企合作，做好毕业生就业工作

对接岗位要求，夯实就业基础。坚持课程内容与职业标准、教学过程与工作内容、专业能力与岗位要求紧密对接，按照"三全一主体"（校企合作全过程贯穿、工学结合全方位实施、工学交替全面普及、以订单培养为主体）的思路，深化工学结合人才培养模式。通过校企共同设置专业、共同制定人才培养方案、共同建设专业课程、共同组建教学团队、共同加强学生管理、共同实施双向考评的"六共"人才培养机制，构建岗、证、课、训、赛"五位一体"模块化课程体系，实现学生在校学习和未来职业要求有效衔接。开展"大国工匠进校园""校企联谊技能运动会"，建设技能大师工作室等，在专业教学中渗透、在技能教授中浸润和培养"工匠精神"，引导学生进一步坚定理想信念、厚植家国情怀，努力实现德技并修。

坚持产教融合、校企合作的人才培养模式

《中共中央关于全面深化改革若干重大问题的决定》中提出："要加快现代职业教育体系建设，深化产教融合、校企合作，培养高素质劳动者和技能型人才。"产教融合、校企合作已成为近年来加强创新型人才和技术技能人才培养的一项重要方针，是统筹推进教育综合改革的一项重要制度安排。产教融合、校企合作不仅是职业教育办学的基本模式，还是培养高素质劳动者和技术技能人才的内在要求，也是办好职业教育的关键所在。

一、我国职业教育人才培养模式

党的十八届五中全会上指出要建设现代职业教育体系，推进产教融合、校企合作，推行工学结合、校企合作的技术技能人才培养模式。2014年《国务院关于加快发展现代职业教育的决定》中提出，要深化产教融合，鼓励行业和企业举办或参与举办职业教育，旨在发挥企业办学主体的重要作用。2016年中共中央印发《关于深化人才发展体制机制改革的意见》，进一步明确要求建立产教融合、校企合作的技术技能人才培养模式。

党的十九大报告提出完善职业教育和培训体系，深化产教融合、校企合作。为落实党中央、国务院关于教育和人才改革发展重大决策部署的重要行动，2017年12月，《国务院办公厅关于深化产教融合的若干意见》（以下简称《意见》），将出台深化产教融合的政策措施列入深化经济体制改革的年度重点工作，对产教融合、校企合作进行了系统设计。2018年2月，教育部等六部门印发《职业学校校企合作促进办法》（以下简称《办法》），根据党的十九大报告提出的"深化产教融合、校企合作"的要求，《办法》通过明确职业学校校企合作的目标原则、实施主体、合作形式、促进措施和监督检查等，建立起校企合作的基本制度框架，与《意见》共同形成了职业教育领域落实党的十九大精神、深化产教融合与校企合作的政策"组合拳"。

2019年国务院印发的《国家职业教育改革实施方案》，明确要求加快建立产教融合、校企合作的办学模式。截至2021年底，全国组建了1 500多个职业教育集团

（联盟），涵盖了企业、学校、行业、科研机构在内的 4.5 万余家成员单位，世界 500 强企业中，有 175 家企业参与了职业教育集团化办学；截至 2022 年底，认定了 21 个国家产教融合试点城市，各地培育了 4 600 多家产教融合型企业，一大批行业组织和行业协会积极参与产教融合工作，已经初步形成了以城市为节点、行业为支点、企业为重点的产教融合推进机制，以及逐步形成专业共建、人才共育、过程共管、资源共享、责任共担的校企合作新局面。

二、深化产教融合、校企合作

（一）政策支持力度加大

《意见》指出：深化产教融合，促进教育链、人才链与产业链、创新链有机衔接，是当前推进人力资源供给侧结构性改革的迫切要求，因此要构建教育和产业统筹融合发展格局，推进产教融合人才培养改革，坚持职业教育校企合作、工学结合的办学制度，促进产教供需双向对接。文件中多处鲜明地提出企业在产教融合中的重要作用，如在"指导思想"中提出产教融合体系的构建，需要以发挥企业重要主体作用为关键，在"原则"中提出充分调动企业参与产教融合的积极性和主动性，构建校企合作长效机制，在"主要目标"中提出逐步提高行业企业参与办学程度等；明确提出要强化企业重要主体作用，具体涉及企业参与办学、参与教学改革、参与生产性实习实训、科技成果转化、职工培训等方面。总体来看，文件聚焦产教融合的深化，更关注产教融合协同体系的构建与合作机制的建设，并且将发挥企业的作用视为产教融合的关键，高度重视行业和社会组织在促进产教衔接方面的作用，在机制设计上着力于各参与方利益的保障与实现。

《办法》包括总则、合作形式、促进措施、监督检查和附则 5 章，共 34 条，突出促进、规范和保障三个关键词，该政策的创新之处在于：一是明确了校企合作是指中等职业学校、高等职业学校和企业在实施职业教育过程中通过共同育人、合作研究、共建机构、共享资源等方式实施的合作活动；二是提出了要建立校企主导、政府推动、行业指导、学校企业双主体实施的合作机制。规定了校企合作组织形式、主体资质、合作形式、各方权责、协议内容、过程管理等内容；三是明确了职业学校和企业可以结合实际在人才培养、技术创新、就业创业、社会服务、文化传承等方面，开展 7 种形式合作；四是明晰了国家在促进跨区域校企合作方面的职责、地方政府的职责及教育、财税、用人和分配等方面的具体政策；五是提出了政府和社会资本合作、购买服务、落实财税用地、职业教育集团及支持产教融合型企业试点、促进教师和企业人员双向流动、保护学生权益、建设服务体系等具体措施；六是规定了教育和相关部门的监督检查职责和违法行为的惩处机制等内容，规定了国家、地方、行业企业各层面的校企合作管理运行机制和职权分工。

《国家职业教育改革实施方案》（又称"职教20条"）指出促进产教融合校企"双元"育人是进一步办好新时代职业教育的具体措施，提出要坚持知行合一、工学结合，借鉴"双元制"等模式，总结现代学徒制和企业新型学徒制试点经验，校企共同研究制定人才培养方案；要推动校企全面加强深度合作，在开展国家产教融合建设试点基础上，建立产教融合型企业认证制度，厚植企业承担职业教育责任的社会环境，推动职业院校和行业企业形成命运共同体；要打造一批高水平实训基地，加大政策引导力度，充分调动各方面深化职业教育改革创新的积极性，带动各级政府、企业和职业院校建设一批资源共享，集实践教学、社会培训、企业真实生产和社会技术服务于一体的高水平职业教育实训基地；要多措并举打造"双师型"教师队伍，从2019年起，职业院校、应用型本科高校相关专业教师原则上从具有3年以上企业工作经历并具有高职以上学历的人员中公开招聘，特殊高技能人才（含具有高级工以上职业资格人员）可适当放宽学历要求，自2020年起基本不再从应届毕业生中招聘。

（二）推进试点建设

推进产教融合试点建设。2021年，教育部会同国家发展改革委等推进国家产教融合建设试点工作，计划在5年内启动试点建设50个左右的产教融合型城市，形成一批区域特色鲜明的产教融合型行业，在全国建设培育1万家以上的产教融合型企业。其中，中央企业和全国性特大型民营企业由国家发展改革委和教育部会同相关部门部署实施。根据实施方案分工，组建了国家产教融合型企业建设咨询专家组，确定了拟申报试点建设的中央企业和全国特大型民营企业。截至2021年底，全国已有2 340家企业纳入地方产教融合型企业建设培育库，72家企业申报国家产教融合型企业培育库，21个城市申报国家产教融合型城市。2021年6月，按照"职教20条"工作要求，国家发展改革委、教育部会同工业和信息化部、财政部、人力资源和社会保障部、国务院国资委等部门，对地方推荐、企业自荐的申请企业进行了部门评议、专家评议，形成了含63家国家产教融合型企业的名单。

三、完善现代办学体制和教育治理体系的一项制度创新

（一）深化教育供给侧结构性改革的重大举措

产教融合、校企合作的核心是要让行业企业成为重要办学主体，深化产教融合的过程既包括宏观的教育布局和结构，又涉及人才培养模式改革，还事关教育组织

形态和服务供给多元化，是完善现代办学体制和教育治理体系的一项制度创新。深化现代职业教育体系建设改革和教育供给侧结构性改革，重点在于坚持以教促产、以产助教、产教融合、产学合作。按照中央关于产教融合的决策部署，促进教育链、人才链与产业链、创新链深度融合、有机衔接。坚持将产教融合、校企合作视为职业教育人才培养的根本性原则，是切实解决技术技能人才供需"两张皮"的现实问题、提高教育质量和优化服务供给的重要前提，有助于推动教育与经济社会发展相协调，引领和支撑产业转型升级。

（二）彰显职业教育人才培养的重要优势

产教融合、校企合作是培养高素质劳动者和技术技能人才的基本方式，也是我国职业教育人才培养最突出的办学优势。在相当长一段时期内，我国为了提高技术技能人才培养质量，向德国学习"双元制"模式，向英国学习"三明治"形式，向美国学习"生计教育"方式，向日本学习"产学结合"做法，还有中国台湾的"轮调式"经验等，而真正适合我国职业教育优质发展的模式是产业文化进教育、工业文化进校园、企业文化进课堂。办职业教育不能没有企业的参与，工学结合是传统职业教育的关键，校企合作是现代职业教育的主题，产教融合是未来职业教育的方向，持续深化产教融合、校企合作的人才培养模式，是彰显职业教育特色、提升职业教育办学质量的重要优势所在。

（三）突出行业企业参与职业教育的重要作用

行业企业在职业教育深化产教融合、实现高质量发展的过程中具有不可或缺的作用和地位。产教融合、校企合作并非学校单方面能够推行与实践，还需要企业和行业组织的主动作为，形成工作合力，提高服务职业教育高质量发展的行动力和贡献力。深化产教融合、校企合作的过程也是发挥企业在技术技能人才培养和人力资源开发中重要主体作用的过程，因此需要重点支持行业龙头企业或骨干企业深度参与校企合作，鼓励企业与职业院校、普通高校建立人才联合培养机制，共同制订人才培养方案，共建专业课程和教材等教学资源，共创实验实训中心和校外实践基地，以培养行业企业发展急需的创新型、应用型人才。

四、产教融合的成效与经验

（一）江苏省：推动立法先行，打造职业教育校企合作高地

江苏省在全国范围内率先出台省级地方性法规《江苏省职业教育校企合作促进

条例》，通过立法深化职业教育办学体制和育人机制改革，厘清学校和企业的权利义务，统筹兼顾相关主体诉求和利益，优化政府扶持激励措施，保障职业教育学校与企业深度合作，着力提升校企合作质量和水平。条例内容主要包括五个方面：一是顺体制，明晰各方管理职责，明确政府职责，县级以上地方人民政府加强对职业教育工作的领导、统筹协调和督导评估，将促进职业教育校企合作纳入国民经济和社会发展规划及产业发展规划；二是重实施，畅通校企合作路径，明确学校、企业双主体地位，在资源统筹与共享、技术创新与服务、人才交流与培养、学生就业与创业、文化传承与发展等方面开展合作，强化校企协同、德技并修、工学结合，共同培养高素质劳动者和技术技能人才；三是抓规范，维护学生合法权益，规范实践教学，学校实践性教学课时原则上占总课时一半以上，顶岗实习时间一般为6个月，且工作时间每日不得超过8小时、每周不得超过40小时；四是明政策，加大激励支持力度，建立健全财政投入制度，县级以上地方人民政府保障与学校办学规模和校企合作培养相适应的财政投入，动态调整职业教育生均拨款标准和生均公用经费拨款标准；五是强保障，提升指导监督质量，明确县级以上地方人民政府及其有关部门主动向社会公开涉及促进校企合作的相关措施、优惠政策、办事指南，并按照"放管服"改革要求提高办理效率。

（二）天津市：推进产教融合、校企合作纵深发展，构建本地特色职教体系

天津市响应国家重大合作倡议和发展战略，持续推动天津职业教育产教融合、校企合作向纵深发展，在全国职业教育迅猛发展、各地职业院校百舸争流的今天，已逐渐探索和构建出具有天津特点、中国特色、世界水平的现代职业教育体系。2015年，教育部与天津市人民政府签署"国家现代职业教育改革创新示范区"共建协议，产业、行业、企业、职业、专业"五业联动"理念应运而生。天津市各职业院校在"五业联动"理念指引下，聚焦国家战略，紧跟行业发展调整办学模式。例如，天津中德应用技术大学与天津航天长征火箭制造公司合作举办了7期订单班，为"长征五号"和"长征七号"火箭的制造批量输送了145名技能人才，占大火箭项目一线员工的1/3，成为中国航天高技能人才定制培养基地；天津轻工职业技术学院与瑞士GF加工方案全球工厂合作的模具产业学院成为国内模具行业首个多元构成的产业学院，是天津高等职业院校在办学体制机制改革方面迈出的重要一步。截至2018年底，天津市中高职院校由行业、企业（集团）举办的占比85%以上，充分体现出职业教育的行业企业办学特色。天津职教界充分发挥行业办学优势，组建区域协同发展的京津冀现代制造业职教集团、京津冀模具现代职业教育集团等22个职教集团，搭建了先进装备制造业、养老服务业等12个京津冀职业教育产教对接平台。

（三）湖南科技学院：深化产教融合、校企合作，助力区域经济社会发展

湖南科技学院坚持"地方性、应用型、有特色"的办学定位，积极服务湖南省"三高四新"战略定位和使命任务，促进教育链、人才链与产业链、创新链有机衔接，着力构建具有地方特色的新时代产教融合发展体系，积极服务区域经济社会发展。通过加强组织领导，健全工作制度机制，制定《促进地方经济社会发展行动计划》，实施创新驱动发展战略，围绕强化组织管理、深化产教融合、推动协同创新、落实成果转化、完善科技评价等方面实施改革；出台《促进科技成果转化实施办法》，加快推进成果转化管理体系的构建，与相关企业共建多肽药物实验室，取得授权发明专利成果 14 项；联合相关企业开展银杏功能成分提取技术研究，每年为企业节约生产成本达 30% 以上。通过聚焦区域发展，培养急需紧缺人才，围绕大湘南产业规划和资源分布，优化学科专业布局，着力构建与区域经济发展相适应、与学校办学定位和办学特色相匹配的人才培养体系；与永州市教育局合作加强师范生定向培养，近 3 年培养 1 600 余名乡村教师，有效补充乡村教师队伍；与永州市人社局、财政局共建专业技术人才培训平台，举办面向农村的职业教育，组织开展农业技能培训、返乡创业就业培训和职业技能培训，提升农民职业技术技能。通过深化产学研合作，服务推进乡村振兴，深化校地校企合作，选派科技特派员等专业技术人才深入农户庭院、田间地头开展科技服务，促进当地生姜、茶油、烤烟等农作物增产增收；联合中国农业科学院、永州市农业农村局成立柑橘黄龙病快速诊断联合实验室，与永州经济开发区合作成立永州生物技术工程中心和院士工作站，针对湘南及周边地区毁灭性土传病害发生重、防治难的问题，组建科研团队进行集中攻关，产出一批优秀成果，其中"湘南丘陵地区毁灭性土传病害综合防控技术"荣获全国农牧渔业丰收奖二等奖，2021 年学校获评"湖南省脱贫攻坚先进集体"。

（四）四川航天工业集团有限公司：厚植校企一体土壤，深化产教融合实践

四川航天工业集团有限公司（简称四川航天）是中国航天科技集团有限公司全资子公司、中央企业二级单位。四川航天作为先期重点建设培育的产教融合型企业，深入贯彻"职教 20 条"，落实产教融合型企业实施办法的建设要求，充分利用"中国航天"的影响力、号召力和发展力，提供协同育人的条件保障，为重庆航天职业技术学院和四川航天职业技术学院两所院校提供实习实训、设备设施、师资队伍、学科专业、教学课程、品牌推广、融资渠道、管理指导等多方面有形或无形、直接或间接的支持（折合人民币 2 000 余万元/年）。在这种产教融合的"基因保障"下，重庆航天职业技术学院成为重庆市级示范高职院校、四川航天职业技术学院成为四川省级示范高职院校，并且两所院校均建立了涵盖装备制造、电子与信息、交

通运输、公共管理与服务、财经商贸等专业大类，深度对接了现代经济体系和企业需求，并且立足航天、面向社会，培育并输送了大量技能人才，其中已有2名毕业生成长为大国工匠；牵头组建了重庆航空航天职教集团、四川航天职业教育联盟，积极融入地方教育链、产业链、人才链、创新链，为国家经济社会发展和国防建设做出了应有的贡献。

开展职业教育国家示范学校建设

截至 2022 年底，美国高等职业学校数量达到了 1 489 所，中等职业教育水平也有了显著的提高，我们正在举办着世界上最大规模的职业教育，而且形成了自己的特色。

一、全面提升内涵质量

进入 21 世纪以来，在中共中央、国务院的高度重视和大力支持下，我国职业教育事业得到了快速发展。世界上没有哪个国家和我国情况完全相同，无论是德国、澳大利亚的典型做法，还是美国的经验，我们都不能照搬。随着经济社会的发展，我国职业教育发展的特色也越来越鲜明，以服务为宗旨，以就业为导向，走产教融合、校企合作发展道路的方向越来越明确。在这个方向上坚持走下去，在改革发展中不断创新，也将会对世界职业教育的发展做出重大贡献。

随着经济的发展及其对高技能人才需求的不断增加，职业教育规模进一步扩大，质量明显提高，服务经济社会的能力和水平不断增强，在完善我国高等教育结构，实现高等教育大众化的同时，也为我国经济社会发展做出了重要贡献。但是我国职业教育的办学理念仍需要更新，人才培养模式也亟待突破和创新，课程体系亟待改革，"双师型"教师规模需要增加，工学结合质量保证体系有待完善，这些都为我国职业教育的健康发展提出了新的课题，亟须我们去研究和解决。国家示范性职业院校建设计划制订的背景是在中国经济的快速发展和社会需求的变化下，职业教育必须主动适应社会需求，以加强基础能力建设为切入点，切实把改革与发展的重点放到加强内涵建设和提高教育质量上来，增强培养面向先进制造业、现代农业和现代服务业高技能人才的能力。随着市场对高技能人才的需求加大，传统中等职业教育模式和高等职业教育模式已无法满足这种需求。因此，国家开始着眼于职业教育的内涵发展和质量提升，通过建设示范性中等职业学校和高等职业院校来提升职业教育的质量和水平。

❈ 二、树立改革示范，引领我国高等职业教育事业健康快速地发展 ❈

（一）国家示范性高等职业院校建设计划

根据2005年《国务院关于大力发展职业教育的决定》要求，为在全国高等职业院校中树立改革示范，引领我国高等职业教育事业健康快速地发展，经国务院同意，在"十一五"期间实施国家示范性高等职业院校建设计划。该计划按照地方为主、中央引导、突出重点、协调发展的原则，选择办学定位准确、产学结合紧密、改革成绩突出、制度环境良好、辐射能力较强的高等职业院校，对其进行重点支持，进而带动全国高等职业院校办出特色，提高水平。从2006年开始，分三年（2006年28所，2007年42所，2008年30所），按照导向性、协调性、效益性、创新性的原则，以中央引导、地方为主、行业企业参与、院校具体实施的形式，重点支持100所高等职业院校作为国家示范性高职院校（简称示范院校）进行项目建设。国家示范性高等职业院校项目建设计划的实施，将使示范院校成为我国高等职业教育发展的示范、改革的示范、管理的示范，将为我国高等职业教育的发展闯出一条新路，将使我国高等职业教育事业朝着更好、更快、更高的方向健康发展。

《教育部 财政部关于实施国家示范性高等职业院校建设计划，加快高等职业教育改革与发展的意见》（以下简称《意见》）指出："通过实施国家示范性高等职业院校建设计划，使示范院校在办学实力、教学质量、管理水平、办学效益和辐射能力等方面有较大提高，特别是在深化教育教学改革、创新人才培养模式、建设高水平专兼结合专业教学团队、提高社会服务能力和创建办学特色等方面取得明显进展。发挥示范院校的示范作用，带动高等职业教育加快改革与发展，逐步形成结构合理、功能完善、质量优良的高等职业教育体系，更好地为经济建设和社会发展服务。"国家示范性高职院校建设计划的实施，给我们一个强烈的信号，即我国现阶段的高等职业教育亟待改革，否则没有出路。为全国众多高等职业院校树立示范，其目的是带动全国高等职业院校共同来做示范事业，使我国高等职业教育事业能够产生一个质的飞跃，能够达到世界高等职业教育先进水平，能够真正服务于经济建设，并以崭新的中国特色面貌健康快速发展。《意见》提出了具体任务，即："支持100所高水平院校建设，60万以上在校生直接受益，为社会提供各类培训200万人次；重点建成500个左右产业覆盖广、办学条件好、产学结合紧密、人才培养质量高的特色专业群；培养和引进高素质"双师型"专业带头人和骨干教师，聘请企业行业技术骨干与能工巧匠，专兼结合的专业教师队伍建设取得明显成效；建成4 000门左右优质专业核心课程，1 500种特色教材和教学课件，每个专业带动区域和行业内3个相关专业主干课程水平的提高，教学质量显著提升；围绕国家重点支持发展的产业领域，研制并推广共享性教学资源库，为学生自主学习提供优质服务；运用现代信息手段，搭建公共服务平台，为共享优质教学资源提供技术支撑；推动示范院校与经济欠发达地区的对口支援，与区域内中高等职业院校的对口交流，促进高等职业教育整体质量的提升。"

国家示范性高等职业院校建设计划涉及现有高等职业教育的方方面面，但最主要的是以 100 所示范院校的建设为引领，以工学结合人才培养模式的建立为主线，通过专业建设、课程建设、"双师型"师资队伍建设、实验实训实习条件建设、公共服务平台建设等形式，全面推动我国高等职业教育的提升和发展。国家示范性高等职业院校建设具体包括以下内容。

1. 全面提高示范院校整体水平。从基础设施条件建设到办学条件改善，从办学理念的转变到人才培养模式的确立，从"双师型"教师队伍的培养到兼职教师队伍的建设，从专业建设、课程建设到实践教学条件的根本改善，从校企合作联合进行人才培养和技术开发到不断增强社会服务能力，乃至加快国际交流与合作，扩大我国高等职业教育的国际影响等。

2. 加快课程体系改革。教学建设和教学改革是示范院校建设工作的难中之难和重中之重，课程体系改革更是教学建设和教学改革的中心。坚持育人为本、德育为先，打破传统的以课堂理论教学为主的教学模式的束缚，代之以融理论教学于实践教学之中，以实践教学为主的职业技能教学模式。根据经济社会发展需要，突出教学过程的实践性、开放性和职业性，尤其重视把专业教学置于真实生产氛围和过程之中。探索职业岗位要求与专业教学计划有机结合的途径与方式；根据高技能人才培养的实际需要，改革课程教学内容、教学方法、教学手段和评价方式，建成一大批体现岗位技能要求、促进学生实践操作能力培养的优质核心课程，努力建成具有高等职业教育特色的教材体系，确保高质量教材进课堂。

3. 加强重点专业及专业群建设。专业建设方式和水平历来是高等职业教育与生产实践紧密结合并服务于区域经济发展的晴雨表。真正符合经济发展实际，切实满足区域经济发展的需要，特色鲜明、技能突出、水平先进是高等职业院校专业建设的基本方向和要求。以重点专业带动专业群建设，是学校专业建设的重要途径。造就一批基础理论扎实、教学实践能力突出的专业带头人和教学骨干；建设一批融教学、培训、职业技能鉴定和技术研发功能于一体的实训基地或车间；合作开发一批体现工学结合特色的课程体系，形成 500 个以重点建设专业为龙头、相关专业为支撑的重点建设专业群，提高示范院校对经济社会发展的服务能力。

4. 增强社会服务能力，努力服务于区域经济发展。高等职业教育的办学特点首先就是直接服务于区域经济，努力推动区域经济的向前发展。示范院校更要以增强社会服务能力，努力服务于区域经济发展为己任，要在技术开发与服务，职业技能培训，地区之间、城乡之间的对口支援与交流等方面主动开展工作。

5. 创建共享型专业教学资源库。为规范专业教学基本要求，共享优质教学资源，以示范院校建设带动我国高等职业教育事业全面发展，有必要创建包括专业教学目标与标准、精品课程体系、教学内容、实验实训、教学指导、学习评价等要素及专业认证体系等的规范化、标准化的共享型专业教学资源库，从而做到开放教学资源环境，满足学生自主学习需要，为高技能人才的培养和构建终身学习体系搭建公共平台。

（二）国家中等职业教育改革发展示范学校建设计划

《教育部 人力资源和社会保障部 财政部关于实施国家中等职业教育改革发展示范学校建设计划的意见》指出，在全国范围内重点支持建设一批中等职业教育改革发展示范学校（项目学校包括普通中专、成人中专、职业高中、技工学校），以此带动全国中等职业学校深化改革、加快发展、提高质量、办出特色。总体目标为：从2010年到2013年，中央财政重点支持1 000所中等职业学校改革创新，形成一批代表国家职业教育办学水平的中等职业学校，大幅度提高这些学校办学的规范化、信息化和现代化水平，使其成为全国中等职业教育改革创新、提高质量和办出特色的示范学校，在中等职业教育改革发展中发挥引领、骨干和辐射作用。具体来说，包括以下七个方面的重点任务。

1. 改革培养模式。以培养学生综合素质为目标，重点加强职业道德教育、职业技能训练和学习能力培养。改革以学校和课堂为中心的传统人才培养模式，密切与企业等用人单位的联系，实行工学结合、校企合作、顶岗实习。立足校企资源共享、互利共赢，促进校园文化和企业文化紧密结合，促进知识学习、技能实训、工作实践和职业鉴定等功能的整合，推动教、学、做的统一，实现学生全面发展。

2. 改革教学模式。以适应职业岗位需求为导向，加强实践教学，着力促进知识传授与生产实践的紧密衔接。创新教学环境，构建具有鲜明职业教育特色的实践教学环境。创新教学方式，深入开展项目教学、案例教学、场景教学、模拟教学和岗位教学，通过数字仿真、虚拟现实等信息化方式，在教学中普遍应用现代信息技术，多渠道系统优化教学过程，增强教学的实践性、针对性和实效性，提高教学质量。

3. 改革办学模式。以服务经济社会发展为宗旨，完善政府主导、依靠企业、充分发挥行业作用、社会力量积极参与、公办与民办共同发展的多元办学模式。通过整合、调整和园区建设等方式，优化办学资源配置，增强学校办学实力。联合相关行业、企业及其他职业学校共同组建职教集团，促进集团成员之间优势互补。建立辐射机制，带动农村、西部和民族地区薄弱学校共同发展。

4. 创新教育内容。以人才培养对接用人需求、专业对接产业、课程对接岗位、教材对接技能为切入点，深化教学内容改革。根据产业发展规划和企业用人需要，建立专业设置的动态机制。建设国内领先的精品专业。建立由行业、企业、学校和有关社会组织等多方参与的教材建设机制，针对岗位技能要求变化，在现有教材基础上开发具有补充性、更新性和延伸性的教辅资料；依托企业研发适应新兴产业、新职业和新岗位的校本教材。创新教材展示方式，实现教材、教辅、教具、学具、课件和网站等多种介质的立体化融合。

5. 加强队伍建设。以改革教师培养、评聘和考核为核心，注重提高教师的德育工作能力、专业教学能力、实训指导能力等综合素质。创新人事分配制度，形成吸引人才、稳定队伍的激励机制。改善教师队伍结构，聘用有实践经验的行业专家、企业工程技术人员和社会能工巧匠等担任兼职教师。落实教师在职进修和企业实践制度，加强专业带头人、骨干教师和中青年校长培养，提高队伍整体水平。

6. 完善内部管理。以制度建设为基础，全面加强学校内部管理，提高规划、执行、质量监测和服务能力。建立健全各项规章制度，包括建立规范的招生和考试制度、严格的学籍和教育教学管理制度、健全的财务管理和资产管理制度、科学的教师考核评价制度等。同时，建立规范的电子学籍、教务和资产等信息系统，保证学生信息的全面准确；不断提高学校管理的规范化、现代化和信息化水平。

7. 改革评价模式。以贡献和能力为依据，按照企业用人标准构建学校、行业、企业、研究机构和其他社会组织等多方共同参与的评价机制。建立以贡献为导向的学校评价模式和以能力为核心的学生评价模式。突出技能考核学生的学习，促进学校课程考试与职业资格鉴定的衔接统一，提高学生综合职业素养，引导学生全面发展。围绕社会需求评价学校的办学，动态适应国家和当地经济社会发展需要。

三、提高职业教育质量和水平，培养高素质的技能型人才

国家示范性职业院校建设的意义在于它推动了职业教育的改革和发展，为国家经济社会发展提供了人才支撑和保障。具体来说，国家示范性职业院校建设可以带来以下几方面的意义。

1. 推进职业教育的改革和发展。示范性职业院校是职业教育的标杆，建设示范性职业院校可以促进职业教育的改革和发展，推进职业教育与产业的融合，提高学生的就业竞争力和创新能力。

2. 提高职业教育质量和水平。示范性职业院校在师资、教学设施、教学管理等方面都具有一定的标准和要求，建设示范性职业院校可以促进职业教育的质量和水平的提高。

3. 培养高素质的技能型人才。示范性职业院校注重实践教学和技能培训，培养出来的学生具有较强的实践能力和职业素养，能够适应社会的需求和发展。

4. 为国家经济社会发展提供人才支撑和保障。建设示范性职业院校的目的是推动职业教育改革和创新，培养更多的高素质技能人才，满足社会对高技能人才的需求，促进经济发展和社会进步。同时，示范性职业院校的建设也是中国教育现代化的重要组成部分，有助于提高中国教育的整体水平和国际竞争力。

5. 有利于促进教育公平。凝聚全社会重视职业教育的共识，优化职业教育的改革发展环境，提高职业教育的社会认可度，在全社会形成中等职业学校和高等职业院校的"示范效应"，引领我国职业院校整体加快发展，进而缩小中高等职业教育与普通中高等教育之间的差距。

四、示范性职业院校建设的成效与经验

（一）陕西省

示范高职建设计划2008—2012年实施，按照院校申请、专家评审立项、分年度建设、分批验收挂牌的程序，择优遴选，规范管理，稳步推进。

1. 入选条件：入选院校应为独立设置并有3届以上毕业生，人才培养工作水平评估达到优秀，就业率连续3年在90%以上，且具备以下条件：① 领导能力强。学校领导班子办学理念先进，凝聚力强，具有较强的战略思维能力、科学决策能力和整合资源能力。② 办学水平高。学校办学定位准确，具备较好的师资、设备、经费等条件，教学质量好，就业率高，有较高的社会认可度。③ 教育教学改革领先。紧密结合经济社会发展实际开展教育教学改革，形成产学研结合的长效机制，以就业为导向，人才培养模式改革成效显著。④ 专业建设成效显著。专业建设理念先进，在教师队伍建设、实习实训基地建设、推行"双证书"制度、课程和教材建设等方面成绩突出。⑤ 办学特色鲜明。能结合学校自身实际，探索并形成鲜明的办学特色，有一定社会影响。⑥ 社会服务能力强。积极为行业企业提供技能培训、技术开发、科研推广等服务，为同类职业院校提供师资培养、资源共享等服务，在区域高等职业教育发展中具有明显的辐射带动作用。

2. 实施步骤：2008年，制订建设项目总体规划和管理办法，启动首批省级示范高职院校建设。推荐1~2所院校参加国家级示范性高等职业院校建设。2009年，启动第二批省级示范高职院校建设，继续执行首批省级示范高职院校建设项目。2010年，启动第三批省级示范高职院校建设，继续执行第二批省级示范高职院校建设项目，完成首批省级示范高职院校建设并进行验收。2011年，继续执行第三批省级示

范高职院校建设，完成第二批省级示范高职院校建设并进行验收。2012年，完成第三批省级示范高职院校建设并进行验收，全面总结省级示范高职院校建设工作。实施省级示范高职建设计划，是全力推进陕西高职教育办出特色，提高质量，构建具有陕西特色的现代职业教育体系的重大举措。省教育厅要求各参与高职院校要积极应对，周密部署，落实措施，确保示范高职建设计划有序推进、取得实效。

（二）黑龙江省

为大力推进黑龙江省国家现代农村职业教育改革试验区建设，落实《黑龙江省中长期教育改革和发展规划纲要（2010—2020年）》提出的中等职业教育改革与发展示范学校建设项目，在已创办的25所国家中等职业教育改革发展示范学校的基础上，重点支持建设一批省级中等职业教育改革发展示范学校（项目学校包括普通中专、成人中专、职业高中、技工学校，以下简称"省级中职示范校"），形成示范校梯次建设格局，以此带动全省中等职业学校深化改革、加快发展、提高质量、办出特色，切实加强全省中职学校内涵建设，全面提高办学质量，推动新时期黑龙江省中等职业教育的科学发展，提高中等职业学校办学效益和社会吸引力，进一步增强服务经济社会发展的能力。省级中职示范校建设计划从2013年起实施，计划期为3年。2013年，支持第一批7个左右示范学校项目建设，同时研究制订示范学校验收办法。2014年，支持第二批7个左右示范学校项目建设。2015年，支持第三批6个左右示范学校项目建设。

（三）重庆工程职业技术学院

1. 抢抓机遇，科学决策。重庆工程职业技术学院的发展面临以下机遇。① 全国煤炭行业迅猛发展，而煤矿专业技术人才，尤其是高技能人才极度匮乏，成为煤炭工业发展的瓶颈；② 国家有关部门非常重视煤矿主体专业人才的培养；③ 重庆新阶段发展的"314"总体部署需要大量高素质技能型人才作支撑。

2. 准确定位，突出特色。根据机遇和自身优势，重庆工程职业技术学院确立了办学定位："坚持高等职业教育办学方向不动摇，面向西南地区，立足重庆，服务重庆经济建设，依托煤炭行业优势，完善校企合作体制，保持煤炭类专业特色，根据社会需求调整和优化专业结构，培养生产、建设、管理、服务第一线的高素质技能型专业人才，把学院建设成为国际知名、国内一流高职院校，为区域经济社会发展服务，为行业企业服务，为构建终身教育体系和学习型社会服务，为建设社会主义和谐社会服务。"这一定位指出了学院的"煤炭"特色。定位时，尤其要注意办学特色定位，特色就是竞争力，特色就是战斗力。这一定位也表明了学院紧紧依托煤炭行业，主动服务区域经济和社会发展。

3. 抓住重点，有的放矢。重庆工程职业技术学院紧紧抓住国家示范性高职院校建设的重点，以重点建设带动国家示范性高职院校建设，将定位整合进学院内部运营的各个方面。

（四）西安西飞技师学院

1. 进行人才培养模式改革。以项目建设实施方案与任务书为纲，按照建立校企合作、工学结合的专业技能课程体系的工作思路，深入调研，完成了具有航空特色的职业引导、能力递进、多段式人才培养模式的构建；进行了以岗位能力培养为主线、具有行业职业特色的课程体系建设；通过课程建设，实现了教学内容和职业资格证书的融通。

2. 完善多元化评价体系。以贡献和能力为依据，按照企业用人标准构建了由学校、企业、社会等多方共同参与的社会评价机制，2014年学院毕业生初次就业率98.1%；用人单位满意率为99%。在中航西飞面向全社会的招工考试中，该校毕业生占录入总人数的67.8%。

3. 建设教学资源库。以校园文化建设为载体，实施职业素质与道德教育，加强学校内涵建设；以专业和实用为原则，以校园信息化为平台，建设内容丰富的教学资源库。

4. 完善校企合作运行机制。成立了校企合作委员会，制定了校企合作相关制度18项，新增校外实训基地9处，开展了订单培养、定向培养、校企联合培养，深化了校企合作。针对企业生产中典型工序操作问题，开发了10多部培训视频教材，用录像手段将典型生产工序操作中一次规范的生产过程记录下来，再结合生产指令内容，进行配音整理。这样形成的培训视频操作细节和注意事项清晰准确，重点突出，使学习者印象深刻，解决了用传统讲授方法无法直接呈现现场操作内容的问题，在典型生产工序培训中达到了较好的培训效果。

全面实施"双高计划"

2006年《教育部 财政部关于实施国家示范性高等职业院校建设计划,加快高等职业教育改革与发展的意见》指出,要实施国家示范性高等职业院校建设计划,坚持"以服务为宗旨,以就业为导向,走产学研结合的发展道路"的办学方针,坚持导向性、协调性、效益性、创新性的原则,中央引导、地方为主、行业企业参与、院校具体实施,重点支持100所国家示范性高等职业院校。

一、建设中国特色高水平高等职业教育

2014年《国务院关于加快发展现代职业教育的决定》明确指出,到2020年要形成具有中国特色、世界水平的现代职业教育体系,建成一批具有国际竞争力的人才培养高地,建设一批世界一流的高职院校和骨干专业。

2016年2月,《教育部 财政部关于公布"国家示范性高等职业院校建设计划"骨干高职院校建设项目2015年验收结果的通知》,标志着"国家示范性高等职业院校建设计划"项目建设已基本结束,我国高等职业教育站上了新的发展起点,从追求规模扩张逐渐走向了追求更深层次内涵的提升道路。

二、提升中国特色高水平高等职业教育内涵

2019年1月24日,国务院印发了《国家职业教育改革实施方案》,指出到2022年,职业院校教学条件基本达标,一大批普通本科高等学校向应用型转变,并提出将启动实施中国特色高水平高等职业学校和专业建设计划(下文简称"双高计划"),由教育部和财政部共同研究制定并联合实施。2019年3月《教育部 财政部关于实施中国特色高水平高职学校和专业建设计划的意见》发布,至此,"双高计划"正式启动。

"双高计划"以习近平新时代中国特色社会主义思想为指导,以服务建设现代化经济体系和更高质量更充分就业需要为目的,强力推进产教融合、校企合作,重

点支持一批优质高职学校和专业群率先发展，引领职业教育服务国家战略、融入区域发展、促进产业升级。

"双高计划"的总体目标是，集中力量建设50所左右高水平高职学校和150个左右高水平专业群，打造技术技能人才培养高地和技术技能创新服务平台，支撑国家重点产业、区域支柱产业发展，引领新时代职业教育实现高质量发展；到2035年，一批高职学校和专业群达到国际先进水平，形成中国特色职业教育发展模式。

"双高计划"的基本原则包括坚持中国特色、坚持产教融合、坚持扶优扶强、坚持持续推进、坚持省级统筹。其中，产教融合、扶优扶强和持续推进是具体的实施方式，省级统筹则是为了加大政策和资金的保障力度，并通过政府、行业、企业、学校协同推进职业教育发展新机制，促进职业教育的可持续发展。

"双高计划"的改革发展任务包括"四个打造"和"五个提升"，具体内容为打造技术技能人才培养高地，深化复合型技术技能人才培养培训模式改革，率先开展"学历证书＋若干职业技能等级证书"制度试点；打造技术技能创新服务平台，与行业领先企业深度合作，服务重点行业和支柱产业发展；打造高水平专业群，促进专业资源整合和结构优化，建设开放共享的课程教学资源和实践教学基地，组建高水平、结构化教师教学创新团队，建立多方协同的专业群可持续发展保障机制；打造高水平双师队伍，聘请行业领军人才、大师名匠任教，实施绩效工资动态调整机制，促进教师职业发展。

提升校企合作水平，与行业领先企业形成校企命运共同体，推动专业建设与产业发展相适应，吸引企业联合建设各类实践基地，实现校企协同育人和资源共建共享的目标；提升服务发展水平，培养适应高端产业和产业高端需求的高素质技术技能人才，服务中国产业走向全球产业中高端；提升学校治理水平，完善现代职业学校制度体系，成立多元参与的学校理事会或董事会，设置学术、专业建设和教材选用委员会，通过教职工代表大会审议重大问题，扩大二级院系管理自主权，发展跨专业教学组织；提升信息化水平，加快智慧校园建设，促进信息技术和智能技术深度融入教育教学和管理服务全过程，以"信息技术＋"升级传统专业，及时发展数字经济催生的新兴专业，适应"互联网＋职业教育"需求，推进数字资源、优秀师资、教育数据共建共享，建设智慧课堂和虚拟工厂，广泛应用线上线下混合教学，促进个性化学习；提升国际化水平，加强与职业教育发达国家的交流合作，引进优质资源，开发国际通用的标准和课程体系，推出高质量标准和教学资源，打造中国职业教育国际品牌。积极参与"一带一路"倡议和国际产能合作，探索援助发展中国家职业教育的渠道和模式。开展国际职业教育服务，建设鲁班工坊，推动技术技能人才本土化。

在此基础上，2022年4月《教育部办公厅　财政部办公厅关于开展中国特色高水平高职学校和专业建设计划中期绩效评价工作的通知》，部署"双高计划"中期绩效评价工作，明确中期绩效评价工作包括对197个建设单位绩效评价和对29个省（自治区、直辖市）的省级建设绩效评价两个方面。社会贡献度明显较弱或建设任务不到预期目标的30%的建设单位将退出"双高计划"。

三、扩大中国特色高水平高等职业教育影响

建设中国特色高水平高职学校和高水平专业群是中国高职教育应对日趋激烈的教育竞争和适应地方经济社会发展转型升级需要的战略选择。虽然中国高职院校数量和在校生数量已经有了很大的增长，但由于经费投入并未同步增长，许多高职院校的办学条件差，教育质量难以得到保证，社会吸引力不强。因此，中国需要选择若干所高职院校进行重点投入。"双高计划"是中国职业教育改革的重要举措，旨在提高高职院校和专业群的办学水平和服务能力，培养更多高素质技术技能人才，提升高职教育质量和社会地位，为支撑国家战略和地方经济社会发展提供重要力量。

打造技术技能人才培养高地和技术技能创新服务平台是"双高计划"的重要目标之一。随着国家经济的快速发展和产业的转型升级，培养技术技能人才的创新能力已成为当务之急。通过建设高水平的技能人才培养基地和技能创新服务平台，可以为各行各业提供优质的人才资源和技术支持。

"双高计划"通过打造高水平专业群和高水平"双师型"教师队伍，促进产学研深度融合，提升职业教育的适应性和教育质量。同时，提升校企合作水平和服务发展水平，可以为地方经济的发展提供更好的支撑和服务。此外，提升学校治理水平、信息化水平和国际化水平也是"双高计划"的重要任务，这有助于提升学校的管理能力和国际竞争力。

通过集中力量建设高水平高职院校和专业群，打造技术技能人才培养高地和技术技能创新服务平台，可以为国家和地方经济社会发展提供重要的人才和技术支撑，起到以点带面的作用，推动职业教育实现高质量发展。

四、推广中国特色高水平高等职业教育经验

（一）天津职业大学的探索实践

紧盯"引领"，升级新课标、建构新课堂、设计新评价。在升级新课标方面，重点强调了价值引领、岗课对接、赛证融入的方法，通过落实专业思政目标、分析

课程特质、挖掘思政元素等，形成新课标，推进价值塑造、知识传授和能力培养的高度统一。在建构新课堂方面，提出了"双师"同堂、项目承载、数字赋能的策略，通过教师配置、开发教学项目、融入思政教育等方式，引导学生开展自主学习、合作学习、探究学习，增强学生体验感和获得感。在设计新评价方面，强调了聚焦增值、主体多元、多维激励的原则，通过引入技能等级证书标准、参与度评价、线上线下学习评价、课外评价等，实现因材施教，多角度激励学生个性成长。

强化"支撑"，创新职业院校服务国家战略的"三全"模式。立足区域、面向全国、放眼世界，聚焦京津冀协同发展、脱贫攻坚与乡村振兴等重大国家战略及"一带一路"倡议，大力提升服务水平、服务能力和服务成效，形成了高职院校全方位、全链条、全要素服务国家战略的"三全"模式。

凸显"高"，打造职业教育研究高地。坚持"研究先行、智库引领"发展理念，依托职业技术教育研究所成立职业教育高质量发展研究中心，高定位、显特色、铸品牌，打造职业教育研究高地。该中心创新了机制，如专家领衔机制、党建与事业融合发展机制、职教所+协同机制、全链条机制和准导师机制等。同时，中心还搭建了平台，如创建京津冀"双高计划"建设联盟、提升《天津职业大学学报》办刊水平、举办高端学术会议等。除了研究，该中心也注重服务，包括服务高职领域改革发展和服务区域经济社会发展。

彰显"强"，打造高水平"双师"队伍。将师德师风作为建设第一标准；聘任流动岗位的高端人才和企业兼职教师；创新技能成长机制，破除"五唯"等；联合行业企业建立教师发展中心和实践基地；建立健全四级培训体系，提升教师专业教学和社会服务能力；开展名师和带头人计划，打造行业权威。这些措施有助于加强教师队伍的思想政治素质、技术技能和专业教学能力，提高师资队伍水平。

体现"特"，创新校企合作"四模式"。以"共建、共享、共生、共荣"为原则，以提升人才培养适应性为目标，建立"产业学院、混合所有制二级学院、校内企业培训中心、职教集团"校企合作"四模式"。

（二）深圳职业技术学院的探索实践

构建"九个共同"校企双主体育人模式。学校与企业在共建特色产业学院的过程中，探索构建了"九个共同"校企双主体育人模式。这个模式涵盖了党建活动、专业建设、课程标准、师资队伍、研发中心、认证证书、创新创业教育、招生和海外发展九个方面。这个模式的实施旨在提升校企合作的核心竞争力和促进学生的可持续发展。

教学与企业认证互嵌共生、互动共长。围绕华为认证标准，学校与华为公司共建信息通信技术专业，开发了云计算、大数据、移动通信、数据通信等认证标准，并将华为认证融入课程体系。通过课证共生共长模式的实施，学校的ICT专业学生获得了多项国内外奖项，成为华为技能认证人数最多的学校之一，并向多个国家和地区输出华为认证标准课程。

实施规划教材工程。学校建立了教材建设委员会，与行业企业共同开发新形态教材，注重引入行业规范，1+X证书和各类竞赛技术标准，并被推荐申报职业教育国家规划教材。学校的教材工程获得了多项奖项，包括首届全国教材建设奖的全国优秀教材特等奖。

打造"顶天、立地"的应用技术研发高地。学校紧跟科技前沿，在科学的技术化、技术的产业化、产业的高端化链条上找准生态域、着力点，瞄准高端产业中的"卡脖子"技术和工艺瓶颈，建立研发中心，推动科技创新和产业升级。

以书院为载体开展"网格化管理、一站式服务"。学校入选教育部"一站式"学生社区综合管理模式建设首批试点高校（唯一一所高职学校）。通过丰富内涵建设，发挥学生事务中心、校园安全协作中心、温馨小家等平台的作用，打造党建引领、协同管理、队伍进驻、服务下沉、文化浸润和自我治理的新时代"一站式"学生社区。

（三）浙江机电职业技术学院的探索实践

立德树人是学校党委以党的政治建设为统领，构建新时期学校思想政治工作体系的重要举措。具体体现在以下三个方面：一是强化政治领航，全力打造变革型基层组织，持续推动党总支领导下的院长负责制；二是强化思政质效，锚定立德树人中心目标，建立多个课程思政示范课程项目，培养高素质技术技能人才；三是强化文化浸润，创办"雅士学院""秀女学院"，建设浙江机械工业博物馆、校史馆、党史国情体验馆等，不断彰显校园文化精神内涵。

产教融合方面。学校围绕"中国制造2025"发展战略，对接浙江高端装备制造与新兴技术产业，加强与国内外领军企业合作，增强人才培养"适应性"，进一步助力国家战略和地方经济社会发展。具体体现在以下四个方面：一是优化专业结构布局，设置专业动态调整机制，推动学院专业转型升级；二是创建并实施"双层次多方向"人才培养模式，培养被市场认可的、适用于产业链的系列人才；三是构建海宁装备制造产业学院、滨江轨道交通产业学院等6个区域性产业学院，培养区域产业对应的多样化适用性人才；四是实施多模式现代学徒制，开展招生即招工的混合所有制模式、企业大学合作模式、校行企联培模式等，提高产业匹配的适应性人才。

实训基地建设方面。学校根据各专业群的发展方向，与西门子、华为、海康威视等龙头企业合作，通过校企双元共建、资源聚合共享、教学生产共进等创新举措，以"真环境、真设备、真标准"要求共建了新技术引领的数字孪生实践基地、工业 4.0 学习型智能工厂、"智能+设计"的 3D 创意设计实践基地等七大生态化产教融合示范实训基地。

（四）武汉职业技术学院的探索实践

落实"四个系统"，人才培养质量"高"。一是针对普通高考和高职扩招等不同培养对象，建立"分类培养"专业教学系统，支撑学生个性化成长。二是构建"精准协同"学程导航系统，引导学生个性化成长。三是优化"人人成才"素质教育系统，促进学生个性化发展。四是完善"项目驱动"教学改进系统，保障学生个性化发展。这些系统的目标是建立个性化成长、个性化发展和个性化控制的学生体系，以提高他们的素质和能力。

建设两个共同体，以提高产教融合程度。这两个共同体是校企协同育人共同体和产教融合发展共同体。前者通过与企业的战略合作，构建了"六共同参与"技能人才培养机制，分类实施了"订单式"等多种协同育人方式，打通了学生、教师和工程师之间的协作通道。后者则围绕一个产业，共建了一个专业群、一个产业学院、一个教学团队、一个技术团队、一个创新团队、N 个实训基地，以实现信息、人才、技术和设备等资源的汇聚和优势互补。

强化"三个拓展"，社会服务水平"高"。学校通过强化"三个拓展"来提高社会服务水平。第一个拓展是拓展服务意识，鼓励全体教职员工参与社会服务工作。学生通过志愿服务和实践活动走进工厂、社区和农村，与企业紧密相连，为乡村振兴和教育援疆贡献力量。第二个拓展是拓展服务面向，增强学校办学服务功能，扩大社会培训服务面向，积极开展各类职业培训项目，促进社会人员职业能力提升。第三个拓展是拓展服务深度，全面提升社会服务质量，加强以专业群服务产业升级发展，以人才链服务产业链发展，以标准化体系建设服务经济社会高质量发展。学校与领军企业、政府部门、国际组织合作，不断提高社会服务水平，实现高水平的发展和服务。

以数字化引领职业教育改革

2022年2月《关于2022年职业教育重点工作介绍》将数字化转型列为职业教育年度发展的"五大突破"之一，提出以平台升级、资源开发为内容，以条件硬化、应用优化、质量强化为目标，促进职业教育数字化转型整体跃升。推进我国职业教育信息化发展，是适应当今教育改革和信息技术创新应用趋势，如期实现职业教育现代化，是为国家经济社会发展提供有力技术技能人才支撑的必然选择和战略举措。

一、我国职业教育现代化发展方向

随着计算机技术、网络技术的发展，人类逐步进入了以计算机、多媒体和互联网络为标志的信息时代。信息技术的广泛应用深刻地改变着人们的生活、学习和工作方式，对教育改革和人才培养提出了全新挑战。信息技术的发展为教育创新和跨越式发展提供了崭新空间，全球各个国家和地区都在积极实施教育技术国家战略，利用信息技术创新、整合和共享优质教育资源，扩大国民受教育机会，提高教育质量和人力资源开发水平。

同时，随着人工智能、云计算、大数据、物联网、移动计算等新技术逐步广泛应用，信息技术逐步深度融入企业生产、服务和管理的各个环节，对在职职工和新生劳动者的信息技术应用能力提出了更高的要求，信息技术对教育的革命性影响日趋明显。党的十八大以来，"互联网+"行动计划、《促进大数据发展行动纲要》等有关政策密集出台，信息化已成为国家战略，教育信息化迎来了重大历史发展机遇。

在国家连续不断的政策引领和推动下，不少地方的行业和职业院校积极开展职业教育信息化建设，在基础设施建设、教学资源开发、人员技术培训和管理系统应用等方面取得重要进展。这些进展有效扩大、优化配置了开放共享的职业教育资源，为大幅提升学校职业教育办学质量、提高职业教育服务经济社会的能力发挥了重要作用。

二、职业教育信息化建设历程

（一）启动"现代远程教育工程"

1998年12月，教育部在《面向21世纪教育振兴行动计划》（以下简称行动计划）提出，实施"现代远程教育工程"，形成开放式教育网络，构建终身学习体系。行动计划指出，到2000年，全国全部本科高等学校和千所以上中等学校入网，并争取计算机网络进入5万名高校教授家中。利用中国教育科研网建立全国大学生招生远程录取、计算机学籍管理、毕业生远程就业服务一体化的信息系统。

1999年4月，教育部职业教育与成人教育司发布《关于进一步加强中等职业学校信息化建设的通知》，明确要求进一步提高中等职业学校信息化建设，明确采用国家统一标准是信息化建设的基本要求，将信息化建设作为重要条款列入新修订的国家级重点中等职业学校评选条件中，力争使省部级以上重点中等职业学校在较短时间内建立起规范化的校园网系统。

2001年7月，教育部办公厅公布《现代远程中等职业教育与成人教育资源建设工程》首批开发项目的通知，并公布了首批31个项目。通知指出实施现代远程教育工程，网络建设是基础，资源建设是核心。网络课程等远程教育教学资源的开发要遵循职业教育教学规律，这些内容具有明显的职业教育特色。同时指出，要用两年的时间，建设100多项基础性、示范性的网络课程、教学案例库、教学素材库和仿真实训、考核库等。

2001年7月，教育部印发了《全国教育事业第十个五年计划》，将教育信息化工程列为"十五"期间教育改革与发展的六项教育工程之一，提出要把教育信息化工程列入国家重点建设工程，以信息化带动教育现代化。计划到2005年，全部高等学校、高中阶段学校和部分初中、小学均能连接国际互联网。推动各级各类学校普及计算机及网络知识教育。加强各层次计算机软件人才的培养和培训。建设一支适应教育信息化需要的师资队伍。推进各级各类学校充分利用现代信息技术，改进教学手段和方法，改进教育管理方式，提高教育教学及管理水平。

2005年2月，教育部职业教育与成人教育司印发的《2005年职业教育与成人教育工作要点》中指出，要加快发展现代远程职业教育，积极推动职业教育信息化研究，制定职业教育信息化发展规划。启动"国家职业教育资源库"建设工程，探索信息化手段为职业教育改革与发展服务的新机制。同时充分利用广播电视网和计算机网，以及信息技术手段，推动中等职业教育和职业培训区域间的均衡化。

（二）加强教育信息化建设

2006年10月，《教育部办公厅关于成立教育信息化工作办公室的通知》中指出，为适应构建学习型社会和教育现代化的需要，进一步加强教育信息化建设，教育部决定成立教育信息化工作办公室，作为"教育信息化领导小组"的办事机构。

2007年5月，教育部发布的《国家教育事业发展"十一五"规划纲要》，把加快教育信息化步伐作为主要任务之一，指出要以教育信息化带动教育现代化。应大力发展现代远程教育，建设覆盖全国城乡的现代远程教育网络。加快普及信息技术教育，全面提高教师和学生运用信息技术的能力，实现信息技术与教育教学的有机结合。加快教育管理信息化，提高教育管理水平。努力构建教育信息化公共服务体系。继续加强教育信息化基础设施建设，加强农村学校现代远程教育网络建设和高校校园网建设，创建国家级教育信息化应用支撑平台。加快教育信息资源开发，形成国家信息教育资源服务体系。建立和完善教育信息化技术服务支撑体系。加快教学科研网络、教育政务信息化、高校数字图书馆等应用工程建设。加强教育信息化标准体系建设和专业人才培养，组织对关键技术问题的攻关，为教育信息化提供保障。

2010年7月，中共中央、国务院正式颁布的《国家中长期教育改革和发展规划纲要（2010—2020年）》（以下简称《纲要》），强调加快教育信息基础设施建设，提出到2020年基本建成覆盖城乡各级各类学校的教育信息化体系，推进教育内容、教学手段和方法的现代化。《纲要》强调优质教育资源的开发与应用，包括加强网络教学资源体系建设，引进国际优质数字化教学资源，建立数字图书馆和虚拟实验室，建立开放灵活的教育资源公共服务平台，促进优质教育资源的普及共享，以及创新网络教学模式，开展高质量高水平远程学历教育等。《纲要》还强调了信息技术在教育中的应用，包括提高教师应用信息技术水平，更新教学观念，改进教学方法，提高教学效果，鼓励学生利用信息手段主动学习、自主学习，增强运用信息技术分析解决问题的能力。同时，还提出了构建国家教育管理信息系统，推进学校管理信息化进程，加强政府教育管理信息化，整合各级各类教育管理资源，搭建国家教育管理公共服务平台等措施，以提高教育管理现代化水平。

2010年6月，《教育部关于确定高等职业教育专业教学资源库2010年度立项建设项目的通知》，提出从2010年起，我国在国家层面上开始了职业教育专业教学资源库的立项和建设工作，教育部将发布年度的职业教育专业教学资源库建设工作指南或手册，用以指导资源库建设。各职业或依托资源库平台，或开发全新的资源库，结合教育学和心理学原理，设计和开发大量优质的数字化教学资源，推动了职业院校教学数字化的发展。

2010年12月，教育部在沈阳举办2010年全国中等职业学校信息化教学大赛。2012年，大赛更名为"全国职业院校信息化教学大赛"，比赛范围覆盖高等职业教育。2012年12月，教育部成立教育部职业院校信息化教学指导委员会，以期对职业教育信息化教学工作进行研究、咨询、指导和服务。此后，全国职业院校信息化教学大赛成为每年举办且具有广泛影响力的赛事，促进了职业教育教学改革创新，提高教师信息素养、教育技术应用能力和信息化教学水平，促进了信息技术在教育教学中的广泛应用。2018年，全国职业院校信息化教学大赛正式纳入全国职业院校技能大赛体系，更名为"全国职业院校技能大赛教学能力比赛"。

（三）推进职业教育资源共建共享

2014年5月2日，《国务院关于加快发展现代职业教育的决定》中强调要提高信息化水平，构建利用信息化手段扩大优质教育资源覆盖面的有效机制，推进职业教育资源跨区域、跨行业共建共享，逐步实现所有专业的优质数字教育资源全覆盖；支持与专业课程配套的虚拟仿真实训系统开发与应用；推广教学过程与生产过程实时互动的远程教学；加快信息化管理平台建设，加强现代信息技术应用能力培训，将现代信息技术应用能力作为教师评聘考核的重要依据。

2015年1月，教育部发布了《职业院校数字校园建设规范》，对职业院校开展数字校园建设提出了明确的要求规范，主要包括总体要求、师生发展、数字资源、应用服务、基础设施等几个部分。

2016年6月，教育部发布了《教育信息化"十三五"规划》，指出要推动落实《职业院校数字校园建设规范》，确保各级各类学校普遍具备信息化教学环境；实施职业教育数字资源试点专项，国家示范性职业学校数字化资源共建共享计划，以先建后补方式继续开展职业教育专业教学资源库建设，推动职业院校广泛应用。

2017年8月，《教育部关于进一步推进职业教育信息化发展的指导意见》中提出要提升职业教育信息化基础能力，广泛宣传和落实《职业院校数字校园建设规范》，采取"政府引导、标准引领、项目示范、分步实施"的方式，推进职业院校数字校园建设。推动优质数字教育资源共建共享。继续推进建设国家级职业教育专业教学资源库，开展信息化环境下的职业教育教学模式创新研究与实践，大力推进信息技术与教育教学深度融合。开展以深度融合信息技术为特点的培训，提升师生和管理者信息素养。落实网络安全责任制，实施信息安全等级保护制度，增强网络与信息安全管控能力。

（四）推动职业院校数字校园规范

2020年6月，教育部发布了《职业院校数字校园规范》，对2015年发布的《职业院校数字校园建设规范》进行了修订，加强了职业教育教学中信息化对产教融合办学、校企合作人才培养、实验实训与顶岗实习、职业培训等的支撑要求；增加了"网络安全"的内容，以适应当前网络风险管控的需要；强化了组织体系建设，以便加强数字校园可持续发展的组织保障要求；细化了对数字校园建设与应用情况的评估。

2020年9月，教育部等九部门印发了《职业教育提质培优行动计划（2020—2023年）》，提出了实施职业教育信息化2.0建设行动的要求。此计划旨在提升职业教育信息化建设水平和推动信息技术与教育教学深度融合。计划要求落实《职业院校数字校园规范》，引导职业学校提升信息化基础能力，统筹建设一体化智能化教学、管理与服务平台。鼓励职业学校利用现代信息技术推动人才培养模式改革，满足学生的多样化学习需求，大力推进"互联网+""智能+"教育新形态，推动教育教学变革创新。建立健全共建共享的资源认证标准和交易机制，推进国家、省、校三级专业教学资源库建设应用，进一步扩大优质资源覆盖面。遴选100个左右示范性虚拟仿真实训基地；面向公共基础课和量大面广的专业（技能）课，分级遴选5 000门左右职业教育在线精品课程。引导职业学校开展信息化全员培训，提升教师和管理人员的信息化能力，以及学生利用网络信息技术和优质在线资源进行自主学习的能力。

2021年教育部职业教育与成人教育司发布《关于职业教育示范性虚拟仿真实训基地培育项目名单的公示》，215个职业教育示范性虚拟仿真实训基地培育项目获得立项。

三、推动职业教育内涵建设

（一）职业教育数字化是培养高素质劳动者和技能型人才的重要支撑

将数字技术应用于职业教育的课程设计、教学管理、教学资源、教学评估等方面，能为职业教育提供更广阔的教学资源。教师可以通过数字化平台分享优质教学资源、探究教学方式、开发课程资源和组织交互式教学活动。数字化技术还能够为学生提供更加个性化、精准的教学服务。例如，根据学生的学习数据和行为习惯进行精准推荐、为学生提供个性化辅导等。同时，数字化技术还能实现线上实验室、虚拟仿真等教学方式，为学生提供更加真实、生动、互动的学习体验。这些数字化教学手段的应用将促进职业教育的教学质量提升，同时也能够提高学生的学习兴趣和主动性，提升学习效果。

（二）职业教育数字化有利于推动产教融合、校企合作的双元育人模式

数字化技术的应用可以推动职业教育与产业融合，更好地满足产业对人才的需

求。通过数字化平台，产业界可以向职业教育提供更加详细、精准的人才需求信息，职业教育机构可以根据需求开展相关课程和教学活动。通过探索建立共建共享、开放合作新机制，鼓励行业、企业和社会参与职业教育信息化建设，为学生提供更多与实际工作相似的学习和实践机会，培养学生的综合职业能力和实践能力。发挥信息技术在职业教育巩固规模、提高质量、办出特色、产教融合和服务社会中的支撑作用。

（三）职业教育数字化有利于推进职业教育资源的共享

数字化技术的应用可以推进职业教育的普及与均衡，缩小城乡、区域之间的教育差距。通过网络等数字化平台，职业教育教学资源库可以实现共建共享、开放合作新机制，为教育资源欠发达地区的职业院校学生提供更优质的教育服务。

四、职业教育数字化资源建设的成效

职业教育专业教学资源库建设。2010年6月25日，教育部发布了《教育部关于确定高等职业教育专业教学资源库2010年度立项建设项目的通知》。从2010年开始，我国在国家层面上开始了职业教育专业教学资源库的立项和建设工作。教育部发布职业教育专业教学资源库建设工作指南或手册，以指导资源库的建设。"十三五"期间，各职业或依托资源库平台，或开发全新的资源库，设计和开发了大量优质的数字化教学资源，建成了203个职业教育国家级专业教学资源库，开发了涵盖文理工农医等12个学科门类的992门精品视频公开课和2 886门国家级精品资源共享课。2022年，中国实施"教育数字化战略行动"，国家职业教育智慧教育平台上线运行，汇聚了1 200个专业资源库、6 600余门在线精品课、2 000余门视频公开课，用户覆盖全国各省份，并惠及180多个国家和地区。2022年2月13日，在世界数字教育大会开幕式上，教育部部长怀进鹏以"数字变革与教育未来"为题进行了演讲，在讲到职业教育领域时，他提道："智慧教育助力职业教育，让更多人获得职业发展能力。依托平台，全国有接近55%的职业学校教师开展混合式教学，探索运用虚拟仿真、数字孪生等数字技术和资源创设教学场景，解决实习实训难题。"

持续举办职业教育活动周

2014年6月国务院下发《国务院关于加快发展现代职业教育的决定》(以下简称《决定》),《决定》中提出要研究设立职业教育活动周。之后,为贯彻落实《决定》的要求,将每年5月第二周设为"职业教育活动周"。

一、设立职业教育活动周

2010年以来,我国高等职业教育实现了快速发展,大幅改善了高等教育结构,丰富了高等教育供给,完善了职业教育体系,为社会培养了大批中高级技术技能人才,完成了数亿人次的社会培训,为经济发展提供了强有力的人力资源支撑。职业院校开设了近千个专业,基本覆盖了国民经济建设的各个领域。2014年,习近平总书记就加快职业教育发展作出重要指示,强调职业教育肩负着培养多样化人才、传承技术技能、促进就业创业的重要职责,必须高度重视、加快发展。同时,我国的经济发展已经到了一个关键的转型期。职业教育肩负着为产业行业提供高素质的职业技能人才的重任。设立职业教育活动周,借以大力宣传职业教育,在全社会弘扬劳动光荣、技能宝贵、创造伟大的时代风尚,形成"崇尚一技之长、不唯学历凭能力"的良好氛围。

职业教育活动周是一项现代职业教育体系构建和职业院校建设的基本制度,是一个深化共识、聚集合力,增强社会各界责任感和师生荣誉感的重要平台。职教活动周标识设计以"手"为造型基础,突出"手"这一主题元素,简洁贴切地勾画出职业教育的可视形象,昭示着劳动光荣、技能宝贵、创造伟大,直观地展现职业教育活动周的活动,立意准确,寓意深远。特别是手掌的设计经过巧妙处理,融入齿轮轮廓,强化设计主题的职业性,突出产教融合的含义。同时,字母e是"教育(education)"的英文单词首字母。通过e的变形,直观地为标识引入"互联网+"的时代背景,彰显我国职业教育的现代性。五个张开的手指,使得整个标识似冉冉升起的一轮朝阳,昭示职教的基础地位和精彩未来。五种色彩的变化,象征职业教育国际化。设计以象征技术技能人才的蓝色为主题色,融合中国风的笔墨元素,既展示中华优秀传统文化的艺术魅力,又展现我国现代职业教育体系的中国属性,图案构成流畅自然，沉稳而又生动简洁，便于传播使用。

2015年5月10日上午，首届职业教育活动周在北京举行全国启动仪式，主题为"支撑中国制造，成就出彩人生"。时任中共中央政治局常委、国务院总理李克强作出重要批示，批示指出：加快发展现代职业教育，是发挥我国巨大人力优势，促进大众创业、万众创新的战略之举。时任中共中央政治局委员、国务院副总理刘延东强调，要全面落实党中央、国务院关于加快发展现代职业教育决策部署，认真贯彻李克强总理重要批示精神，面向经济社会发展和国际竞争大局，深化改革创新，提升服务能力，培养规模宏大的高素质劳动者大军，为实现中国经济提质增效升级、促进大众创新创业提供有力人才支撑。要精心办好职业教育活动周，让全社会了解、体验和参与职业教育，共享职业教育发展成果。

2016年职业教育活动周时间为5月8日至14日，主题为"弘扬工匠精神 打造技能强国"，时任国务院副总理刘延东在天津出席了职业教育活动周启动仪式暨全国职业院校技能大赛开幕式。该次活动周通过开放校园、开放企业、开放院所、开放赛场、为民服务等多种形式和内容的职教展示、交流和服务活动，使社会了解、体验、参与职教，共享职教成果，持续传播职教正能量，弘扬时代风尚，营造社会氛围，提升职业教育社会影响力和吸引力。该届职业教育活动周突出德技并重、职普融通和组织创新，首次把全国职业院校技能大赛、中等职业学校文明风采竞赛纳入活动周。2016年全国职业院校技能大赛于5月8日至6月8日在16个赛区举行，共设94个比赛项目，其中80%以上赛项有国内外知名企业深度参与，90%以上将职业素养纳入考核范围。该次活动周还首次在赛场为中小学生、家长和社区居民设立观赛通道、项目体验和成果展示区域。

2017年职业教育活动周时间为5月7日至13日，主题为"共筑职教梦 喜迎十九大"。该届职业教育活动周启动仪式暨第十届全国职业院校技能大赛开幕式于5月8日在天津举行，时任国务院总理李克强作出重要批示，批示指出：提升职业教育水平是我国教育事业发展的重要内容。当前，我国经济正处于转型升级的关键时期，迫切需要培养大批技术技能人才。希望技能大赛贯彻新发展理念，充分发挥引领示范作用，推动职业教育进一步坚持面向市场、服务发展、促进就业的办学方向，坚持工学结合、知行合一、德技并修，坚持培育和弘扬工匠精神，努力造就源源不断的高素质产业大军，投身大众创业、万众创新，为更好地发挥我国人力人才资源优势、推动中国品牌走向世界、促进实体经济迈向中高端做出新的更大贡献。

2018年职业教育活动周时间为5月6日至12日，主题为"职教改革四十年 产教融合育工匠"。该届职业教育活动周全国启动仪式暨第十一届全国职业院校技能大赛开幕式在天津举行。活动周重点开展以下三大类活动：一是内容丰富、形式多样的职业体验活动；二是产教融合、校企合作等主题推介活动；三是走进城乡、贴近群众的志愿服务活动。通过这些活动，使活动周成为社会了解职业教育、体验职业教育、共享职业教育成果的窗口。作为活动周的"重头戏"，该届大赛进一步突出对接教学标准，注重专业核心技术技能，切实贯彻"以赛促教、以赛促学、以赛促改"；进一步突出普惠性，扩大专业覆盖面，公开大赛题库，加快大赛资源转化，让更多学生参与和受益；进一步提升制度化水平，强化赛事管理，高水平办好大赛。

2019 年职业教育活动周时间为 5 月 6 日至 12 日，主题是"迎祖国七十华诞 展职教时代风采"。全国性活动主要包括：全国职业院校技能大赛、中等职业学校"文明风采"活动展示、《国家职业教育改革实施方案》研讨会、《国家职业教育改革实施方案》学习培训会、大国工匠与职教名师高端论坛等。各地各有关单位还开展了内容丰富、形式多样的职业体验活动，产教融合、校企合作等主题推介活动，以及走进城乡、贴近群众的志愿帮扶活动，积极宣传习近平总书记关于"德技并修、工学结合"的重要指示精神，宣传全国教育大会"德智体美劳"的教育方针，宣讲新时代职业教育改革发展的新要求、新成就，大力倡导劳动光荣、技能宝贵、创造伟大的时代风尚，营造人人皆可成才、人人尽展其才的良好氛围。

受疫情影响，2020 年职业教育活动周延期到 11 月 8 日至 14 日举行，主题为"人人出彩，技能强国"。该届职业教育活动周全国启动仪式暨全国职业院校技能大赛改革试点赛开幕式在山东省潍坊市举行。时任教育部部长陈宝生在讲话中指出，党的十九届五中全会对职业教育提出了新的更高要求，而此次活动是贯彻落实五中全会精神的一次实际行动，也是对山东职业教育创新发展高地建设的实践检验和成果展示。一年来，山东职教高地建设取得重大突破，"山东模式"基本定型。当前，全国职业教育会议正在筹备，职业教育法也在修订，山东的经验提供了实践发展支撑，一些成功做法已经向全国推广。2020 年的全国职业院校技能大赛是一次改革试点，希望通过该次比赛，扛起当今世界水平的职业技能大赛中国队的大旗，对中国职业技能发展的未来导航定向，推动职业教育标准不断优化升级，更好地促进成果转化、技术应用、人才培养。

2021 年职业教育活动周时间为 5 月 6 日至 12 日，主题是"技能：让生活更美好"。此次职业教育活动周全国启动仪式暨全国职业院校技能大赛开幕式在山东省济南市举行。与往年相比，该年的启动仪式集成大赛、论坛、展览、观摩体验等一系列活动。经过 6 年的创新发展，职业教育活动周声势越来越大，内容越来越丰富，成为社会了解职业教育、体验职业教育、理解职业教育进而支持和参与职业教育的重要平台。安排的赛项有 102 个，涉及智能制造、高端装备、信息技术、新能源等新产业、新业态的赛项约占全部赛项的 40%。同时，该次大赛也体现了世界职业技能大赛还原真实情景、体现完整任务、考查综合能力、突出应变能力、强化环保安全意识等理念，延长了比赛时间，增加了比赛难度。据了解，绝大多数赛项时长在 7 小时以上。

2022 年职业教育活动周时间为 5 月 8 日至 14 日，主题仍然是"技能：让生活更美好"。该次活动周是新修订的《职业教育法》正式施行后的第一个活动周。考虑到疫情影响，活动周在时间和形式上允许各地综合考虑疫情等因素进行适当调整。活动周期间，各地将学习宣传职业教育法作为宣传重点，积极组织开展多种形式的宣传活动。

二、扩大职业教育社会影响力

职业教育活动周的设立，目的是要在全社会弘扬劳动光荣、技能宝贵、创造伟大的时代风尚，形成"崇尚一技之长、不唯学历凭能力"的良好氛围。要坚持以提高质量、促进就业、服务发展为导向，注重改革创新，深化产教融合，推动职业教育发展实现新跨越，进一步培养人才形成高素质的劳动大军，进一步提高中国制造和服务的水平，进一步增强产业国际竞争力，促进经济保持中高速增长、迈向中高端水平和民生不断改善。

（一）凝聚全民共识，加快发展现代职业教育

在中国的经济发展和人才培养方面，职业教育具有不可替代的作用。一方面，职业教育方向明确、紧密联系实际，培养出来的毕业生相对于普通教育具有更强的实用性和适应性，更能满足社会对高技能人才的需求；另一方面，它还能促进经济的发展，提高企业和产业的生产效率和质量，使之更加适应市场需求。而现代职业教育，更是以拓展教育内容、加强教育质量、营造校企合作的良好环境为基础，将人才培养质量和经济发展紧密结合起来。职业教育活动周作为中国职业教育发展的重要平台之一，为培养高素质人才及促进高校和产业的融合提供了机会。职教活动周不仅能够增进行业内人才的交流互动和学习，还能够让广大群众更好地了解和认识职业教育的作用和价值。同时，职业教育活动周还能够引领职业教育的创新发展，推动教育改革和教育结构调整，增强职业教育对社会经济发展的支持作用。职业教育活动周的开展可以凝聚全民共识、推动职业教育高质量发展。除此之外，职业教育活动周还将发挥职业教育信息化的优势，借助电视、互联网等渠道，传递职业教育的最新政策、最新技术和最新成果。这些新技术、新成果不仅能够提高职业教育的实践效果，还能够拓展学生的知识面，引导学生在就业方面有所作为。

（二）厚植工匠精神，转变传统唯学历理念

工匠精神是一种强烈的责任感、精益求精的工作态度和扎实的工匠技术，是中华传统文化的重要内容，更是现代职教学生所应具备的精神和内涵。基于这一理念，各学校也把职业教育活动周的活动转化为工匠精神教育的重要载体，充分利用职业教育活动周开展系列活动，注重理论与实践相结合，通过活动锻炼提升学生的技能和素质；通过实地参观和考察，学生可以亲身感受不同企业和行业的工作环境

和职业文化，进一步了解职业发展和工匠文化的重要性。这也有助于激发学生的兴趣和潜能，同时提高他们的实践能力和素质；通过组织学生参加各种技能比赛、技能培训课程、职业指导课程等，使学生了解不同职业所需的技能和素质，激发学生的工匠精神，并让他们更好地理解工匠文化的内涵和精髓。同时，通过活动周上各项活动的展示，可以更好地说明唯学历的理念已经过时，职业教育的学生也能够通过技能的学习有一个好的职业发展，更好地拥抱未来，实现自我价值的最大化。

（三）搭建展示平台，做好职教人才培养

作为一种展示平台，职业教育活动周为职业教育提供了良好的机会，同时也为广大学生提供了实践的机会。在活动周中，学生们可以通过参加各种工作坊、讲座、比赛和展览等活动，积累宝贵的经验和知识，并与行业专业人士和企业代表进行交流和互动，从而实现自我提升。职教人才培养是职业教育的核心。职业教育不仅要培养学生的专业技能，还要培养学生的职业素养和综合能力。在职业教育活动周中，学生们通过参与各种实践活动，获取实际工作经验，学习工作中的技巧。职业教育活动周还可以增强学生的团队合作和沟通能力，培养学生的创新精神和实践能力，提高学生的职业竞争力。讲座是一个学习者与专家互动的机会，听众可以学习不同职业中的重要信息和提示。它可以帮助学生了解职业中的趋势和市场需求，并了解各种行业和企业的职业晋升途径和技能要求。比赛是一个展示学生职业技能和知识的平台。在职业教育活动周中，各种比赛都有其独特的目的和形式，如技能竞赛、创新竞赛等，所有这些比赛的目的是增强学生的自信和竞争意识，同时也增强他们的职业技能。展览是一个展示学生成果和知识的机会。在展览中，学生可以展示自己的项目、作品、实验结果等，向他人展示自己在职业教育上的成果和表现。展览使学生明确了自己的技能和知识水平，并增加了他们的自信心，进一步明确了职业价值。在职业教育活动周中，学生们可以与各种企业和专业机构进行交流，进一步了解行业的要求和期望。通过这种互动，学生可以了解哪些专业技能和知识对于职业生涯是至关重要的，从而结合自己的特长和兴趣选择更适合自己的职业发展路径。此外，与企业和专业机构的交流也可以为学生提供实习和职业发展的机会，让他们在实际工作中测试自己的能力和技能，提高职业素养和专业技能。

三、职业教育活动周的成效与经验

（一）滨州职业学院：服务职业教育活动周，引领学院改革发展

学院持续承担宣传、研究、推广等工作任务，设计职业教育活动周标识及海

报，开发职业教育活动周信息报送系统，制作职业教育活动周全国专题网页，整理各地活动动态信息，开展职业教育述评，实施职业教育理论研究。坚持弘扬活动周"劳动光荣、技能宝贵、创造伟大"精神，丰富职业教育活动周活动内容和品牌内涵，打造形成了"鲁彬之"学术讲堂和文化沙龙活动品牌，面向全社会弘扬职业教育活动周精神，推广职业教育活动周文化。围绕提升服务职业教育活动周能力，坚持职教理论研究和宣传工作相结合，深入研究职教最新精神和前沿理论，先后承担了国家及山东省职业教育政策文件图解、时事述评、理论研究等多项任务，持续拓展了职业教育活动周的社会影响。将活动周宣传研究成果落实到工作中，指导学院改革，推动了学校建设发展。以服务职业教育活动周为平台，拓展学院影响力，并将研究成果应用于学院改革发展实践，产生了显著的推进效果。学院将继续服务职业教育活动周活动，坚持理论研究为先导，夯实类型特征，变革办学理念，重塑教学体系，再造管理流程，引领产业升级，参与"一带一路"，力争走在中国高职教育改革发展的最前列，在新的起点实现新的跨越，打造全国职业教育创新发展高地，为中国乃至世界职业教育发展贡献"滨职方案"，提供"齐鲁标准"。

（二）烟台工贸技师学院：利用职业教育活动周抓发展

学院职业教育活动周的各项活动蓬勃有序开展，专业技能抽测、基本功技能比武等在严格规范的竞争中进行，亮出了参赛学生专业知识与技能的真实成绩与真实水平，检验了学院实训教学的实际水平，创新了常规教学方法，在总结活动中反思教育教学活动的优秀成果、可推广经验，找出专业素质技能教学与企业对接的差距，推陈出新，在探索创新中发展学院教育教学的先进理念与科学方法。教师与学生创新创意作品展、教师优质课展示与评选等活动夯实了师生基本功，强化了练就过硬基本功的工匠意识，突显了"弘扬劳模精神和工匠精神，营造劳动光荣的社会风尚和精益求精的敬业风气"诸多元素。企业专家讲座、企业调研、校企合作在学院职业教育活动周中开展得更加精彩，收获了新经验、新成果，体现了"完善职业教育和培训体系，深化产教融合校企合作"的重要作用。产学研活动是新时代职业教育不断创新发展的教育教学模式，也是深化职业教育行之有效的途径，在践行立德树人教育使命中我们必须躬身笃行、大胆求索，为学生的核心素质与核心能力的培养找到科学精准的方法与途径，让"产教融合培育现代工匠，德技双馨成就出彩人生"的美好愿望变成现实，让职业教育事业硕果累累，造福社会。

开展职业教育学科建设与高层次人才培养工作

学科建设是职业教育发展的坚实基础与核心任务。1983年，职业技术教育学被国务院学位办公室列入专业目录，标志着我国职业技术教育学学科正式独立。2000年以后，职业技术教育学博士研究生教育从无到有，博士学位点逐渐增多，高层次人才培养体系得以建立。

❋ 一、职业教育发展的理论与人才基础 ❋

1997年，国家标准化管理委员会发布《学科分类与代码》（GB/T 13745—2009），职业技术教育学被列为教育学下属的二级学科目录，获得了独立的学科地位。21世纪以来，国家通过发布职业教育政策文件的方式支持职业技术教育学科的发展。这些政策文件包括《教育部等七部门关于进一步加强职业教育工作的若干意见》《2003—2007年教育振兴行动计划》《国家中长期教育改革和发展规划纲要（2010—2020年）》《中等职业教育改革创新行动计划（2010—2012年）》《现代职业教育体系建设规划（2014—2020年）》《教育部 财政部关于实施职业院校教师素质提高计划（2017—2020年）的意见》《职业学校校企合作促进办法》《国家职业教育改革实施方案》《关于推动现代职业教育高质量发展的意见》等。在上述政策文件的强力推动下，职业技术教育学科得到越来越多的外部关注与支持。与此同时，国家战略对于职业教育的需求愈发凸显，"一带一路"倡议、"中国制造2025"战略、"互联网＋"计划、"大众创业、万众创新"等都对人才支撑和智力支持提出了新要求。因此，该阶段的职业技术教育学科发展的重点逐步从解决实践困惑转向科学谋划职业技术教育服务国家战略需求。在这一背景下，职业技术教育学科建设进入了质的转变阶段，积极探索基于本土的职业技术教育研究范式和理论。

2001年12月6日，由华东师范大学学位评定委员会审议，华东师范大学设立职业技术教育学博士点。随后，具有教育学一级学科博士学位授予权的北京师范大学、西南大学、南京师范大学、湖南师范大学等相继设立职业技术教育学博士点。据初步统计，目前我国职业技术教育学博士点增加到10个。职业技术教育学博士点的增加，不仅提高了职业技术教育学科发展的质量，而且为高层次人才的培养奠定了坚实的基础。

二、职业教育学科建设多元路径

（一）学术活动

2004年6月12至13日，中国职业技术教育学会学术委员会在浙江金华召开了全国首届职业技术教育学专业学科建设与研究生培养研讨会。截至2022年12月，这一盛会已经连续举办16届。在这近20年里，该研讨会的规模和影响力逐年扩大。2004年，参加首届职业技术教育学专业学科建设与研究生培养研讨会的代表仅30余人；到2022年，第16届职业技术教育学专业学科建设与研究生培养研讨会参会师生代表达5 600余人。职业技术教育学专业学科建设与研究生培养研讨会不仅推动了我国职业技术教育学科的发展，而且提高了职业技术教育学科的人才培养质量。2004年，由中国职业技术教育学会学术委员会主任石伟平教授倡导发起了"中青年职教论坛"。此后每年一次，至今已有16届。论坛旨在为我国从事职业技术教育研究的中青年学者提供观点交锋、学术争鸣的平台，论坛涉及的主题均为当年职业技术教育领域的热点和难点问题。

（二）学术团体

据统计，目前我国有260多家职业技术教育科研（教研）院所。其中，国家级2所，省级37所，地市级170多所，设有独立职业技术教育科研机构的高等院校60余家。民间也在积极探索职业教育研究范式的创新与转型，自发地组成学术组织。例如，由职业技术教育学青年博士于2014年发起的职业教育新思维博士论坛，成为职教青年学人思维碰撞、深度交流的年度盛宴，为我国职业教育科研事业注入一股清新之风。该论坛在2017年10月被中国教育与社会发展研究院认定为全国25个国家级智库中的职业教育智库。

2020年11月28日，由华东师范大学职业教育与成人教育研究所发起的全国职业技术教育学科点联盟正式成立，以"合作·创新·发展——新时代职业技术教育学科的新挑战"为主题的"2020全国职业技术教育学科建设研讨会暨第十四届中青年职教论坛"同期举行，来自联盟单位的60名代表参加线下会议，同时有6 000多名成员单位代表和职教界同仁通过网络参与会议。全国职业技术教育学科点联盟的成立，既是我国职业技术教育学科发展的成就体现，也是我国职业技术教育学科建设的全新起点。新成立的联盟成员包括华东师范大学职业教育与成人教育研究所、北京师范大学职业与成人教育研究所、南京师范大学教育科学学院、西南大学教育学部、天津大学教育学院等31家单位，覆盖了全国绝大多数职业技术教育学科点。联盟的成立旨在促进职业技术教育学科的交流与合作，推进职业技术教育科学研究与人才培养质量的提升，更好地服务职业教育事业发展。联盟每年举办全国职业技术教育学科建设研讨会和中青年职教论坛，深入探讨职业技术教育学科发展中的问题，并为中青年学者就职业教育发展中的热点、难点问题进行深入交流和讨论搭建平台，推进中国职业技术教育科学研究与人才培养质量的提升。

（三）博士研究生培养

据统计，我国目前共有教育学一级学科博士授权点32家，教育学一级学科硕士授权点130余家。在32家博士授权单位中，有22所是师范大学。这些师范大学在教育学原理、课程与教学论等传统二级学科中具有较为厚实的研究基础和理论优势，能够为职业技术教育学的研究提供理论支撑。

1. 职业技术教育学博士点。2001年12月6日，华东师范大学设立职业技术教育学博士点。该博士点设有职业技术教育、人力资源开发研究和比较职业技术教育3个研究方向，2002年开始在全国招生。2006年1月25日，经国务院学位委员会批准，天津大学获得职业技术教育学博士学位授予权。该博士点下设职业技术教育理论及应用、职业技术教育宏观管理与发展战略研究、比较职业技术教育研究3个研究方向，从2006年开始招生。同期，具有教育学一级学科博士学位授予权的北京师范大学、西南大学、南京师范大学也相继设立职业技术教育学博士点。目前，我国职业技术教育学博士点已达10个。

2. 职业技术教育学博士后科研流动站。2007年，职业技术教育学博士后科研流动站在华东师范大学设立。该站设有比较职业技术教育、职业培训与就业、职业技术教育原理、职业技术教育课程与教学论4个研究方向。至此，我国已经形成了学士—硕士—博士—博士后的纵向职业技术教育学科人才培养体系。

3. 服务国家特殊需求博士人才培养项目。"服务国家特殊需求博士人才培养项目"试点工作，是按照国务院学位委员会第二十八次会议的决定部署开展的，即安排少数确属服务国家特殊需求，但尚无博士学位授予权的硕士学位授权高等学校，在一定时期（5年）和限定的学科范围内招收培养博士生，并按项目主要支撑学科授予学位。2012年10月，天津职业技术师范大学"服务国家特殊需求博士学位'双师型'职教师资人才培养项目"获得国务院学位委员会批准并于2013年开始招生，开创了跨学科培养高层次"双师型"教师的新模式。截至目前，已经招收10届共100名博士生。这些博士毕业后逐渐成为职业院校人才培养和学科建设的骨干。

三、职业教育学科建设的重要意义

（一）提升职业技术教育人才培养质量

职业技术教育学科的发展不仅完善了有中国特色职业技术教育人才培养体系，也提高了人才培养层次与培养质量，为职业院校培养了一批卓越的师资。其一，形成了中职—高职—本科—硕士—博士—博士后职业技术教育人才培养体系。2007年，华东师范大学设立职业技术教育学博士后科研流动站，职业技术教育人才培养逐步形成了学士—硕士—博士—博士后的纵向学科体系以及独具特色的现代职业教育发展范式，职业教育类型特征逐步彰显。其二，为职业院校培养了大批高层次"双师型"教师。高层次"双师型"教师是培养高素质技术技能人才的主体。在制约高职院校发展的诸多因素中，师资队伍是最艰巨、最困难、最富挑战性的任务之一。"双高"院校及本科层次职业学校需要大批具有研究生学历的高层次"双师型"教师。传统综合院校以学科为中心研究生教育以及普通师范院校的研究生教育受历史因素、发展观念及办学体制等影响，普遍存在重学术学历轻实践技能倾向，难以兼顾教育学与其他学科的关系，不利于培养职业技术教育高质量发展所需要的"双师型"教师。加强职业技术教育学科建设和研究生层次人才培养，不仅注重博士生理论水平以及学术能力的培养，而且重视服务社会以及实践能力的养成，结合传统师范教育模式辅以一定的教师教育训练，可以培养出大批高素质"双师型"教师，能够在很大程度上解决高层次"双师型"教师短缺问题。

（二）推动我国职业教育高质量发展

职业教育作为一种与普通教育具有同等重要地位的教育类型，正在逐步进入高质量发展阶段。实现职业教育高质量发展离不开职业技术教育学科建设及高层次人才培养的支持。21世纪以来，我国职业技术教育学科建设进入繁荣发展阶段，学术活动日益频繁，学术组织日益健全，学术研究成果日益丰富，研究生培养规模与培养质量不断提升。首先，探讨了职业教育高质量发展的内涵与本质特征。有学者指出，职业教育高质量发展的内涵主要是指在职业教育进入新的发展阶段，职业教育发展的动力机制、职业教育发展过程的要素结构及特征、职业教育发展目标的最终实现，均典型地表现出"高质量"特征，更加彰显"好"的职业教育的本质特征。其次，探讨了职业教育高质量发展的逻辑与路径。有学者结合中国式教育现代化时代命题，提出了职业教育高质量发展的逻辑，进一步明确了新时代推动职业教育高质量发展的理论基础和实践路径。再次，推动了职业教育质量标准体系进一步完善。职业教育质量标准是推动职业教育高质量发展的客观依据与评价尺度，对于推动职业教育高质量发展具有重要的工具性价值。完善我国职业教育质量标准，可以确保各级各类职业教育机构提供全国一致的、高质量的职业教育。目前，我国已在国家层面形成了《中等职业学校设置标准》等部分"标准"，但在未来要进一步健全我国国家层面职业教育质量标准体系，离不开职业技术教育学科建设及高层次研究生人才培养质量的提升。

（三）服务经济社会发展，构建技能型社会

我国幅员广阔，人口众多，不仅需要知识型、创新型人才，更需要数以亿计的技能型人才。这样的国情客观上要求大力发展职业教育，为经济社会发展提供具有扎实职业知识、熟练职业技能和基本职业规范的毕业生。2021年召开的全国职业教育大会提出了建设技能型社会理念，勾画了技能中国美好蓝图。从职业技术教育学科角度来看，技能型社会就是创造人人接受职业教育与培训、人人接受劳动精神和工匠精神熏陶的社会氛围与教育机会。

职业技术教育学科建设及高层次人才培养为技能型社会建设提供了理论支撑和人才支撑。技能型社会建设在现实中还存在一些难题，诸如劳动者职业能力与产业需求之间的矛盾、社会大众对职业技术教育认知的误区、职业技术教育教学体系的滞后等。要使职业技术教育体系更好地融入社会体系，激发广大人民群众积极接受职业技术教育的热情，使职业技术教育成为经济社会发展不可或缺的组成部分，对职业技术教育学科建设及高层次人才培养提出了更高要求。职业技术教育学科建设及高层次人才培养有助于提升学科水平，加强基础理论研究，开阔职业技术教育学科视野，重新审视自己在经济社会发展中的功能与作用，发展更加多元、立体的社会接口，形成国家重视技能、社会崇尚技能、人人学习技能的良好氛围，助力中华民族伟大复兴中国梦的实现。

持续举办职业院校技能大赛

"普通教育有高考，职业教育有大赛。"自2008年到2022年，全国职业院校技能大赛已成功举办15届。纵观15届的发展历程，大赛从无到有，从小到大，国赛带动省赛，省赛促进校赛，形成了"校校有比赛，省省有竞赛，国家有大赛"的职业教育技能竞赛序列。

一、引导学生提高技术技能水平

2005年10月颁发的《国务院关于大力发展职业教育的决定》（国发〔2005〕35号）从九个方面对职业教育的发展作出部署。同年11月，第六次全国职业教育工作会议在北京召开，强调大力发展中国特色职业教育。正是在这个背景下，教育部与天津市人民政府共同签订国家首个职业教育改革试验区的协议。首个职业教育改革试验区的建立为天津职业教育的改革和发展指明了方向，同时也为中国特色职业教育的发展作出了前期尝试和探索。在2007年的国家职业教育改革试验区领导小组会议上，教育部和天津市人民政府为全面贯彻落实党中央、国务院大力发展职业教育的总体部署，议定从2008年起每年举办一次全国性的由职业院校学生参加的技能竞赛，即全国职业院校技能大赛，并将天津市确定为大赛的永久举办地。

全国职业院校技能大赛通过以赛促学的方式，激励职业院校师生投身到职业教育课程与教学改革中来，在很大程度上推动了中国职业教育的发展。同时，全国职业院校技能大赛还培养了一大批高端技术技能人才。众所周知，高端技术技能人才是中国现代化建设的重要支撑力量。比赛的方式不仅能在职业院校中挖掘出技术技能人才，还能通过备赛的方式提高他们的技术技能水平，为中国经济的发展提供更多的人才支持。除此之外，全国职业院校技能大赛能在很大程度上提高职业教育的社会认可度。职业教育一度被认为是"低等教育"。比赛的方式可以向社会公众展示职业院校技术技能人才的研发成果、工艺革新成果，展示职业教育人才培养对于经济社会发展的价值，从而使职业教育的社会地位得到提升。

二、创新职业教育发展制度

（一）政策演进

2008 年 2 月 28 日发布的《教育部关于举办 2008 年全国职业院校技能大赛的通知》（教职成函〔2008〕3 号）指出，为进一步深化职业教育教学改革，积极推行校企合作、工学结合、顶岗实习、半工半读的职业教育人才培养模式，切实加强技能型人才的培养，按照《国务院关于大力发展职业教育的决定》关于要"定期开展全国性的职业技能竞赛活动"的要求，教育部和天津市人民政府、劳动和社会保障部等部门于 2008 年 6 月下旬在天津市举办首届全国职业院校技能大赛。

2008 年 6 月 27 日至 30 日，首届全国职业院校技能大赛成功举办。大赛分为中职学生组和高职学生组。其中，中职学生组主要包括计算机应用技术、数控技术、电工电子、烹饪、汽车运用与维修、服装设计制作与模特表演、美容美发 7 个专业类别的项目。高职学生组主要包括数控技术、模具设计与制造、机电一体化 3 类 4 个比赛项目，分别是产品部件的数控编程、加工与装配，注塑模具 CAD 与主要零件加工，自动线安装与调试，机器人。按照大赛组委会的要求和各分赛项的规程，各地开展了选拔赛，共有 37 个省市代表队选派的 1 762 名参赛学生选手参加。这次大赛不仅充分展示了职业教育改革和制度创新的丰硕成果，而且展现了职业院校广大师生奋发进取的精神风貌和精湛的职业技能，是对我国职业教育人才培养、办学水平和教学质量的大检阅。

2009 年 4 月 14 日发布的《教育部关于举办 2009 年全国职业院校技能大赛的通知》（教职成函〔2009〕1 号）要求，2009 年 6 月 27 日至 30 日在天津市举办 2009 年全国职业院校技能大赛。在比赛项目上，中职组在原有 7 个类别的基础上增加了建筑工程技术专业。高职组的项目变化较大，主要有机电设备、机械设计与制造、通信、电子信息 4 类 4 个项目，即数控机床装配、调试与维修，产品造型设计及快速成型，3G 基站建设维护及数据网组建、电子产品设计及制作。

2010 年 4 月 15 日发布的《教育部关于举办 2010 年全国职业院校技能大赛的通知》（教职成函〔2010〕2 号）指出，教育部联合天津市人民政府及有关单位于 2010 年 6 月 24 日至 27 日在天津市举办 2010 年全国职业院校技能大赛。大赛期间还将同时举办 2010 年全国职业院校学生文艺作品调演晚会、2010 年全国职业院校学生技能作品展洽会、全国中等职业学校德育工作经验交流会和职业教育国际论坛。

2011 年 3 月 15 日发布的《教育部关于举办 2011 年全国职业院校技能大赛的通知》（教职成函〔2011〕2 号）决定，教育部联合天津市人民政府及有关部门于 2011 年 6 月在天津市共同举办 2011 年全国职业院校技能大赛。大赛期间还将同时举办

2011年全国职业院校学生技能作品展洽会、中高职协调发展座谈会、职业教育改革发展暨国家示范高职院校建设四周年成果展示会、第九届全国职业教育现代技术装备展览会和民族地区职业院校学生才艺展示等活动。

随着国家职业院校技能大赛的快速发展，参赛项目越来越多，参赛人数也越来越多。2012年全国职业院校技能大赛除了天津主赛场外，还增加了河北、山西、吉林、江苏、浙江、安徽、山东、河南、广东、贵州10个分赛区。按照大赛的要求，分赛区的比赛在主赛场比赛结束以前全部完成，大赛总闭幕式在天津市举行。

2013年1月28日，教育部印发了《全国职业院校技能大赛三年规划（2013—2015年）》（教职成函〔2013〕1号）。文件对全国职业院校技能大赛的发展目标、主要任务、赛项计划等内容做出规划。在发展目标上，文件要求进一步提升技能大赛的社会影响，进一步完善全国大赛的办赛机制，提升技能大赛与产业发展相同步的水平。在主要任务上，文件要求全国职业院校技能大赛要构建大赛体系、完善赛事制度、提升赛项水平、健全赛事组织。在赛项计划上，文件要求2013—2015年每年举办的赛项原则上控制在100项以内，新设项目控制在赛项总数的25%左右；高职在校生数高于10万人，中职在校生数高于20万人的专业大类，原则上每年均设比赛项目；同类专业赛项原则上隔年举办，截至2012年已连续举办五届的赛项在2013年可停办一次；同一名称、连续举办的赛项，每年须设计不同的比赛侧重内容；中职赛项的设项数量和参赛队限额总体上高于高职赛项。

（二）赓续传承

为贯彻党中央、国务院对职业教育工作的决策部署，推动落实《国家职业教育改革实施方案》，加快职业教育制度创新，促进职业教育高质量发展，教育部2020年9月9日发布的《教育部关于举办2020年全国职业院校技能大赛改革试点赛的通知》（教职成函〔2020〕5号）指出，全国职业院校技能大赛改革试点赛依托教育部和山东省共建的国家职业教育创新发展高地。改革试点赛创新运行机制，建立以地方政府背书、职业院校为主体的申办机制，赛项涵盖中职赛项和高职赛项。其中，中职组10个专业类，20个赛项；高职组12个专业大类，20个赛项。改革试点赛将检验教学成果，体现比赛理念，赛出新机制、高水平，为促进职业教育高质量发展，加快建设技能强国作出更大贡献。

2022年5月5日，教育部发布的《教育部关于举办2022年全国职业院校技能大赛的通知》（教职成函〔2022〕4号）指出，2022年全国职业院校技能大赛将于5月至8月，在天津、河北、山西、辽宁、吉林、黑龙江、江苏、浙江等27个赛区举行，共设102个赛项。同时，为配合世界职业技术教育发展大会，依据《全国职业院校技能大赛章程》，将开设全国职业院校技能大赛国际赛暨首届世界职业院校技能大赛，6 月与大会同期举办。

首届世界职业院校技能大赛比赛项目分为竞赛类赛项、展演类赛项两种。其中竞赛类赛项设置了装备制造、交通运输、能源动力与材料、电子与信息技术、财经商贸 5 个赛项单元 16 个高职赛项。展演类赛项设中国制造与传统文化、能工巧匠、非物质文化项目 3 个赛项单元。参赛选手以 2021 年全国职业院校技能大赛国赛获奖选手（按总成绩排名选定，选手所属学校自愿放弃的依次递补；选手自愿放弃的，由选手所属学校自行遴选替补）及鲁班工坊建设院校为主。为促进中外职业教育互融互通、院校交流合作、师生增进友谊，参赛队采用中外"手拉手"组队方式，具体分为中外联队和混合编队两种。其中，中外联队包括 1 个中国队和 1 个外国队，各自完成比赛任务，最终成绩取平均值；混合编队要求每个参赛队包括中国选手和在华留学生（或外国选手），中外比例大致相当。

全国职业院校技能大赛是我国职业教育的一项重大制度设计和创新，在服务"三教"改革、推动职业教育高质量发展方面发挥了重要作用，并向世界展示了中国职教风采。

三、发挥职业教育积极作用

全国职业院校技能大赛自 2008 年创办以来不断完善，形成了以政府主导、学校主体、行业指导、企业参与、社会各界大力支持的良好办赛格局，构建了以校赛为基础、省赛为支撑、国赛为龙头、行业赛为补充的完整赛事体系。党的十九大报告指出，要"完善职业教育和培训体系，深化产教融合、校企合作"。实践证明，职业院校技能大赛的健康发展对完善职业教育实训体系，深化产教融合、校企合作具有重要的推动作用。

（一）以赛促教，对接教学标准

全国职业院校技能大赛是一项具有较高难度和挑战性的比赛，大赛赛项基本体现了中、高职专业的综合核心职业能力要求，明确了专业核心知识点、考核点及涉及专业的核心能力与赛项内容的对应关系，参赛选手需要具备扎实的理论基础和丰富的实践经验，需要在短时间内完成复杂的技能操作。这种比赛形式对职业教育教学质量的要求非常高，要求职业院校加强技能培训、提高教学水平，培养出更多高端技术技能人才，突出比赛的核心要求，达到了"以赛促教"的目的。

（二）以赛促学，激发学生学习热情

聚焦专业技能，全国职业院校技能大赛是一个展示学生实际技能和操作能力

的平台，参赛选手需要充分发挥自己的才能和技能，展示自己的实力和水平。这种比赛形式可以激发学生的学习热情，让学生更加积极主动地参与课程学习和实践操作，提高学生的学习兴趣和学习动力。同时，比赛的结果也可以激励学生更加努力地学习和实践，提高自己的技能水平和竞争力，从而达到"以赛促学"的效果。

（三）以赛促改，深化产教融合

全国职业院校技能大赛以实践能力和技能水平为评判标准，注重实际操作，强调职业教育与产业对接。赛项涵盖了多个行业和领域，包括机电、电子、建筑、医疗、信息技术等，涉及了社会生产、生活中的多个方面。这种比赛形式可以促进职业教育与产业的深度融合，让职业教育更贴近实际需求，更符合市场需求，培养出更多符合社会需求的高素质、高技能的职业人才。

（四）提高职业教育的社会认可度

全国职业院校技能大赛是一个展示职业教育成果和实力的平台，参赛选手的表现和成绩可以直接反映出职业教育的质量和水平。这种比赛形式可以提高职业教育在社会中的认可度和地位，让职业教育得到更多的关注和支持，促进职业教育的发展和壮大。

四、扩大职业教育影响

15年来，大赛在为每一位职教学子搭建实现梦想的舞台、为他们提供人生出彩机会的同时，也在全社会进一步营造了"崇尚一技之长，不唯学历凭能力"的社会氛围，大幅增强了职业教育的影响力和吸引力，成为展示职业教育成果和促进学生全面发展的重要舞台，并且成为向世界展现中国职业教育发展水平的重要窗口。

（一）2011年全国职业院校技能大赛中职组"数控铣工"项目一等奖获得者刘晶（天津市机电工艺学院）：数控技术，巾帼不让须眉

嘈杂的车间、沉重烦琐的工件、难以洗掉的油渍……一直以来，数控铣工对于女孩来说可不是一份理想的工作。"工作环境差不说，体力、技能要求也比较高。"刘晶说，"开学第一天参观实训室才发现，里面的工件、工料、刀具等都是钢的，特别沉，连拿都费劲，更别提要迅速、准确地拆装了。"这个下马威并没有吓倒刘晶，巾帼不让须眉，2009年她通过筛选，成为国赛集训队唯一的女生。在2011年全国职业院校技能大赛上，刘晶凭借自己的一手好技术，将中职组现代制造技术技

能比赛"数控铣工"项目的一等奖收入囊中，令众人唏嘘不已，也是目前唯一一位获得数控技术赛项一等奖的女选手。此后她凭出色的能力进入中国电子科技集团公司第十八研究所，参加了多种高精密零件的加工和制作。她于2014年被评为"岗位能手"，于2016年被评为天津市国防工业工会"最美军工女将"。

（二）2017年全国职业院校技能大赛高职组"工业机器人技术应用"项目一等奖获得者周瑭霖（江苏联合职业技术学院）：用"智"造谱写青春华章

当下，青年已成为我国高技能人才的主力。在苏州，有一名90后职校毕业生，他在短短5年时间里瞄准前沿、奋发有为，深耕机器人领域，在创新创业的赛道上成长为一员健将，先后获得"江苏省五一劳动奖章""苏州市青年岗位能手"等荣誉称号，谱写了一曲与城市发展同频共振的青春之歌。他就是慧三维智能科技（苏州）有限公司电气工程师周瑭霖。2017年3月，他获得了江苏省高等职业院校技能大赛工业机器人项目一等奖，同年5月又获得全国职业院校技能大赛高职组"工业机器人技术应用"项目一等奖。作为苏州市劳模工匠技术服务团成员，周瑭霖连续多年为园区智能制造相关企业上千名工程师、技术员等提供专业的工业机器人培训课程。为了感谢母校的栽培，毕业后，他还经常返校参与技能指导、技术服务和教材开发，将自己的知识和经验毫无保留地传授给学弟学妹们。

（三）2022年全国职业院校技能大赛金华职业技术学院斩获获奖项目数和获奖总人数的"双第一"

金华职业技术学院自2017年获"学前教育专业教育技能赛项"一等奖5次、二等奖1次，累计获奖数量和级别在全国职业院校同类专业中遥遥领先。在2022年全国职业院校技能大赛中，金华职业技术学院总获奖数21、获奖学生总数47人均在全国高职院校中排名第一。金华职业技术学院单松老师说："三年国一，主要得益于2018年以来专业里面一直在推动的岗课赛证综合育人体系的建设，学院和专业始终坚持以技能大赛为抓手，以赛教融合、课证融通和赛证衔接为路径，探索综合类院校财会专业的特色发展。单松老师认为，通过技能竞赛，自己可以从中提升、反哺教学，对于未参加国赛的同学来说，同样可以通过选拔集训的过程，提升专业技能，对专业能有更深层次的了解。会计专业所在的商学院，2022年共获得3项国赛一等奖。

（四）全国职业院校技能大赛向世界宣传和展示中国职业教育的风采

10年来，大赛始终致力于推进国际化建设，从顶层设计到要素设计都进行了诸多有益的探索和尝试，使大赛成为中国职业教育对外宣传和展示的重要平台和窗口。①2022年8月8日至13日，首届世界职业院校技能大赛在天津市和江西省两个赛区如火如荼地展开。8月11日，天津中德应用技术大学，4名中外混编选手正在通信网络管理赛项比赛现场完成参赛任务。他们第一阶段要完成5G设备远程调试管理，第二阶段则须完成在5G环境下的网联汽车场景应用。天津中德应用技术大学代表队指导教师胡晓光说："比赛考查选手们基站测试、车联网应用、参数开发等方面的综合能力，也让教师们更清晰地理解了5G行业的用人要求，从而能够在未来的教学中更好地设计相应的教学模块。同时，大赛对留学生培养、鲁班工坊建设也将起到积极的促进作用。"

---

① 芮志彬. 全国职业院校技能大赛国际化之路[J]. 中国职业技术教育，2016（16）：87-91.

通过达标工程，提升职业教育办学条件

职业学校办学条件是职业教育高质量发展的基础。由于种种原因，职业教育在区域资源整合、基础设施改善、教师队伍建设、财政经费投入、发展政策供给等方面还不够完善。目前还无法完全满足人民群众多层次、多样化的教育需求。这就需要国家统筹规划，通过持续推进职业学校办学条件达标工程固本强击、提质增效，切实改善职业教育办学条件、提升职业教育发展质量。

❋ 一、加快提升职业教育办学条件 ❋

党的十八大以来，党中央、国务院高度重视职业教育，扎根中国大地，出台了一系列加快职业教育发展的政策文件，加大力度推动职业教育改革发展，改善职业学校办学条件，不断增强职业教育对经济社会发展需求的适应性，取得了举世瞩目的成绩。

1999年高等教育扩招后，中等职业教育就一直处于"地位不稳、招生困难、质疑不断"状态。近年来，随着有些省市或明或暗推出弱化中等职业教育的政策，中等职业教育的办学困境再次进入大众视野。各级财政性教育经费投入长期相对偏低，中等职业学校"空、小、散、弱"问题突出，办学条件普遍不达标，主要存在办学条件缺口大，职教资源配置分散，区域之间发展不平衡，办学定位不适配，结构不合理，办学规模小且不强，专业设置同化，办学特色不强，师资水平不足，办学水平效益偏低等问题。当前，不少中等职业学校办学条件简陋，办学规模不大，实习实训设施缺乏，专业师资不足，难以保证教学质量，很大程度上影响了职业教育的人才培养质量和办学吸引力。

办学条件是职业教育高质量发展的基础。中等职业教育是普及高中阶段教育和建设中国特色现代职业教育体系的重要基础，强化中等职业教育的基础性地位，必须大力推进中等职业教育资源整合工作，切实实施好中等职业学校办学条件达标工程，从全面核查中等职业学校基本办学条件入手，优化整合职业教育布局和资源配置，调整学校结构，强化办学特色，改善办学条件，提高办学水平，对一些办学条件不达标的学校实行"关、停、并、转"，改善中等职业学校办学条件，有针对性地加大投入，补齐短板，固本强基，服务中等职业教育高质量发展，为深化职业教育改革筑牢"四梁八柱"。

二、进一步提高中等职业学校教育质量和办学效益

（一）规范中等职业学校的设置和发展

改革开放后，特别是1986年第一次全国职业教育工作会议以来，国家大力发展中等职业教育。为加强中等职业教育的宏观管理，促进中等职业教育的发展，保证教育质量，适应社会主义现代化建设的需要，1986年10月，国家教委颁布了《普通中等专业学校设置暂行办法》，包括总则、设置原则、设置标准、审批程序、其他规定、附则共六章30条，规定了招生对象、学校选址、在校学生规模、领导班子、管理机构、教职工、办学场地、教学计划、教学设施和审批程序等内容，促进了中等职业学校的规范设置和发展。

由于高等教育扩招，我国中等职业教育在经历了招生下滑之后，于世纪之交开始进入新的发展阶段。为加强中等职业学校管理，促进中等职业学校建设，进一步提高中等职业学校教育质量和办学效益，教育部组织制订了《中等职业学校设置标准（试行）》，并于2001年7月2日印发执行。该标准共计11条，对中等职业学校的设置做出了全面的规定，涉及学校章程和管理制度、学校领导、教育教学和管理等工作机构、办学规模、专兼职教师队伍、校园校舍和设施、教育教学文件、办学经费等方面的基本要求，并指出该标准为设置中等职业学校的最低标准，适用于各级政府部门、行业、企业举办的各类中等专业学校。但是对于民办中等职业学校和在边远贫困地区设置中等职业学校，其办学规模和相应的办学条件可适当放宽要求，具体标准由省级教育行政部门依据该标准制定；对体育、艺术等特殊类别中等职业学校，其办学规模及相应办学条件的基本要求，由教育部会同有关部门另行公布。

《中等职业学校设置标准（试行）》发布以来，我国中等职业教育又有了很大的发展，中等职业教育的发展环境也发生了很大的变化。为在新形势下进一步促进中等职业学校建设，加强对中等职业学校的管理，教育部于2010年7月6日印发了修订后的《中等职业学校设置标准》，要求各地依据《中等职业学校设置标准》对中等职业学校进行检查评估，对不达标的中等职业学校通过加强建设、资源整合、布局调整等措施，限期达标，切实改变部分地方中等职业学校散、小、差的状况，推动中等职业学校建设上规模、上水平。

（二）提升中等职业学校规划和建设水平

为提升中等职业学校规划和建设的科学化、规范化和现代化水平，合理确定中等职业学校建设水平，指导各地、各有关部门新建或改建、扩建中等职业学校建设项目的审批、核准、设计和建设过程，国家住房和城乡建设部、国家发展和改革委员会于 2018 年 4 月 12 日批准发布了由教育部组织编制的《中等职业学校建设标准》，自 2018 年 10 月 1 日起施行。该标准共分六章和一个附录，包括总则、建设规模与项目构成、选址和校园规划、面积指标、建筑与建筑设备、主要技术经济指标，是编制、评估、审批中等职业学校项目建议书、可行性研究报告和初步设计的依据，是对工程项目建设全过程监督检查的尺度。

在我国职业教育提质培优、增值赋能机遇期和改革攻坚、爬坡过坎关键期，国家高度重视中等职业教育办学条件改善工作，先后出台了一系列文件政策，实施中等职业学校办学条件达标工程，支持中等职业学校改善办学条件，多渠道筹措办学经费，提升师资水平和数量，等等，提高中等职业教育办学质量，提升办学形象。

2019 年 1 月 24 日，国务院印发《国家职业教育改革实施方案》，强调"提高中等职业教育发展水平。优化教育结构，把发展中等职业教育作为普及高中阶段教育和建设中国特色职业教育体系的重要基础，保持高中阶段教育职普比大体相当，使绝大多数城乡新增劳动力接受高中阶段教育。改善中等职业学校基本办学条件""优化教育支出结构，新增教育经费要向职业教育倾斜"。

2020 年 9 月 16 日，教育部等九部门印发《职业教育提质培优行动计划（2020—2023 年）》，提出要全面核查中职学校基本办学条件，整合"空、小、散、弱"学校，优化中职学校布局。结合实际，鼓励各地将政府投入的职业教育资源统一纳入中职学校（含技工学校、县级职业教育中心等）调配使用，提高中职学校办学效益。

2021 年 4 月发布的《教育部关于学习宣传贯彻习近平总书记重要指示和全国职业教育大会精神的通知》提出，要强化中等职业教育的基础地位，推动实施中职学校办学条件达标工程，建设一批优秀中职学校和优质专业，实现中等职业教育与普通高中教育协调均衡发展。

2021 年 10 月，中共中央办公厅、国务院办公厅印发《关于推动现代职业教育高质量发展的意见》，提出要大力提升中等职业教育办学质量，优化布局结构，实施中等职业学校办学条件达标工程，采取合并、合作、托管、集团办学等措施，建设一批优秀中等职业学校和优质专业。严禁以学费、社会服务收入冲抵生均拨款，探索建立基于专业大类的职业教育差异化生均拨款制度。2022 年《政府工作报告》中明确提出，要发展现代职业教育，改善职业教育办学条件，完善产教融合办学体制，增强职业教育适应性。

为贯彻落实2021年全国职业教育大会精神和2022年《政府工作报告》，进一步优化职业教育布局结构，全面改善职业学校（含技工学校，下同）办学条件，提高办学质量、提升办学形象，2022年11月2日，教育部会同国家发展和改革委员会、财政部、人力资源和社会保障部、住房和城乡建设部，制定并印发了《职业学校办学条件达标工程实施方案》，指出通过科学规划、合理调整，持续加大政策供给，使职业学校布局结构进一步优化，办学条件显著提升，师资队伍水平整体提高，职业教育办学质量和吸引力显著增强。

《职业学校办学条件达标工程实施方案》明确了职业学校办学条件达标工程的目标任务，秉持"中央支持，地方为主；规划先行，分类推进；优化存量，做优增量；固基提质，重点突破"的基本原则，制定了路线图和时间表，提出整合资源优化布局、加强职业学校基础设施建设、优化职业学校师资队伍建设、改善职业学校教学条件、多渠道筹措办学经费5方面重点任务、24项具体要求，要求各省、自治区、直辖市和新疆生产建设兵团职业学校办学条件重点监测指标全部达标的学校比例，到2023年底达到80%以上，到2025年底达到90%以上。对于中等职业学校，办学条件达标工程重点监测指标包括校园占地面积、生均用地面积、校舍建筑面积、生均校舍建筑面积、专任教师总数、师生比、仪器设备总值、生均仪器设备值和生均图书。

按照教育部、人力资源和社会保障部的部署，将按职责分别牵头建立职业学校办学条件达标调度机制，通过中等职业学校管理信息系统、全国技工院校信息管理系统、高职院校人才培养状态数据采集与管理平台和实地抽检定期调度职业学校办学条件达标工程，将各地职业学校办学条件达标情况纳入省级人民政府履行教育职责评价和职业教育改革成效明显激励省份考核。地方将达标情况作为对市、县级党委和政府及其主要负责人进行考核、奖惩的重要依据。从2023年起，每年对各地各校达标情况进行通报，各地工作成效作为国家新一轮职业教育改革项目遴选的重要依据。到2025年底仍不能达标的学校，要采取调减招生计划等措施。

三、中等职业教育是现代职业教育体系的基础

中等职业教育是我国职业教育的重要组成部分，担负着培养基础型专业技能人才的重任，在我国经济产业发展中发挥着重要作用。中等职业教育是普及高中阶段教育和建设中国特色现代职业教育体系的重要基础。强化中等职业教育的基础性作用对于建设完善现代职业教育体系、促进职业教育高质量发展、建设技能型社会具有重要意义。

办学条件是职业教育高质量发展的基础。为了高质量发展职业教育和完善现代职业教育体系，必须坚定实施中等职业学校办学条件达标工程，为各地提升中等职业学校办学条件提供基本标准和方法措施，提升职业教育人才培养质量和办学吸引力，优化职业教育类型定位。

实施好中等职业学校办学条件达标工程，可以有效引导中等职业教育由注重数量转向注重质量，统筹协调职业教育资源，对不达标的学校通过撤销、合并、划转、共建等方式进行整合，加大办学投入和政策供给，集中力量建好优质中等职业学校。整洁的校舍、优质的师资、先进的实训设施等现代化办学条件，往往更能让全社会、广大学生和家长直观感受到职业教育"前途广阔、大有可为"。

实施好中等职业学校办学条件达标工程，规定全国统一的办学条件基本要求，还允许各地在基本要求基础上，制定适应本地发展情况的办学条件标准。这样既可以在全国范围内普遍提升中等职业学校办学条件和教学质量，缩小职业学校与普通学校的差距，促进职业教育公平和均衡发展，又能因地制宜，鼓励各地创新发展特色鲜明的高水平中等职业学校。

四、推动各省中等职业学校办学条件达标建设

自教育部2010年7月6日印发修订后的《中等职业学校设置标准》以来，就有不少省份积极依据标准或在标准基础之上制定了本省份的中等职业学校办学条件标准，开展了中等职业学校办学条件达标相关工作，如山东、江西、湖南、广西、安徽、陕西、河南、河北等，认定了一大批达标学校，积累了大量的工作经验，起到了先行示范作用；也有不少省份在2022年11月教育部等五部门印发《职业学校办学条件达标工程实施方案》之后才开始转发或者制定本省的达标认定标准，如山西、福建、江苏、甘肃、黑龙江、四川等。

（一）山东：固本强基，达标提质，高质量建设高水平中等职业学校

2012年1月，山东省教育厅印发《山东省中等职业学校分级标准（试行）》和《山东省中等职业学校专业建设标准（试行）》，根据办学水平和人才培养质量，将中等职业学校分为合格、规范化、示范性三个等级。该标准是指导中等职业学校建设、管理和教育教学改革的基础性文件，是对教育部《中等职业学校设置标准》的进一步细化，是评价督导中等职业学校办学水平和区域职业教育发展水平的重要依据。

2012年12月，山东省政府印发《关于加快建设适应经济社会发展的现代职业教育体系的意见》，提出强化中等职业教育的基础地位，以设区市为主统筹中等职

业学校布局和专业布点，确保区域内中等职业学校与普通高中办学规模、办学条件大体相当，推进中等职业学校标准化、规范化建设。

2013年山东启动省规范化中等职业学校建设工程，2015年实施省示范性及优质特色中等职业学校建设工程，2021年启动省高水平中等职业学校建设计划。2022年12月，山东省教育厅印发《山东省中等职业学校办学质量年度考核方案（试行）》，建立与类型教育特点相适应的中等职业学校办学质量考核评价制度，推动中等职业教育进一步实现高质量发展。经过上述建设工程，截至2022年底，全省省级规范化、示范性及优质特色、高水平中职学校有208所，占中职学校总数的47.9%，基本实现每县（市、区）1所省规范化中职学校的目标，其中有65所国家示范性中职学校，数量居全国第1位。

（二）江西：加快中等职业学校达标建设步伐 提高办学质量和办学水平

2013年12月9日，根据教育部印发的《中等职业学校设置标准》，江西省教育厅研究制定了《江西省达标中等职业学校基本标准（试行）》，要求省内各地对所属中等职业学校进行检查评估，对不达标的中等职业学校要通过加强建设、资源整合、布局调整等措施限期达标。

2014年，江西省政府工作报告提出"实施中等职业学校达标建设计划"。2014年4月10日，江西省召开职业教育发展座谈会，提出用3至5年时间，着力建设200所左右的中等职业学校，对一些办学条件不达标的学校实行"关、停、并、转"。

2015年10月10日，江西省教育厅发布《关于推进中等职业教育资源整合的指导意见》，提出按照"布局合理、规模适度、结构优化、特色鲜明"的要求，通过3年努力，基本完成中等职业教育资源整合工作，在全省重点办好300所以内达标中等职业学校。

2020年7月30日，教育部、江西省人民政府发布《教育部 江西省人民政府关于整省推进职业教育综合改革提质创优的意见》，提出"启动中等职业教育培基固本行动计划，大力推动中等职业学校提质扩容，每个县（市、区）至少要建成1所符合标准、设施完善、功能齐全的公办达标中等职业学校。到2022年，全省中等职业学校全部达到国家设置标准"。

2020年9月17日，江西省教育厅研究制定了《江西省中等职业学校分级标准（试行）》，将中等职业学校根据办学水平主要分为A档（优质）、B档（规范）、C档（达标）三个等级。认定结果实行动态管理，有效期3年，3年后根据发展水平重新认定。

（三）湖南永州：打出"组合拳"推进中职学校达标工程建设

自部省共同推进湖南职业教育现代化服务"三高四新"战略以来，永州市抢抓机遇，创新机制，加大中等职业教育投入和保障力度，打出中职学校办学条件达标工程建设"组合拳"，加快全市中职学校标准化建设进程。

锚定目标，绘好达标工程"路线图"。高度重视中职学校办学条件达标工程，市县均成立达标工程领导小组，县级达标工程领导小组由县长担任组长，高位推动。率先启动中职学校办学条件全面核查，分别给27所核查学校列出生均校园面积、校舍建筑面积不足，仪器设备老化，功能设施不足，专业教师严重不足等不同问题清单。所有中职学校对标对表，按"一校一策"要求制定本校标准化建设实施方案，明确时间表、路线图，实行"挂图作战"。

创新思路，打好优先保障"攻坚战"。建立了职业教育工作联席会议制度，及时协调解决中职学校达标工程中发展规划、用地保障、项目立项、经费支持等问题。

结果导向，用好考核评价"指挥棒"。将达标工程推进情况纳入绩效考核和年度办学水平评估内容，强化考核评价结果运用，为永州职业教育高质量发展夯实了办学基础。

（四）福建宁德：固本强基，达标提质，建设高水平职业学校

宁德市教育局制定了《宁德市职业学校办学条件达标工作实施方案》，对宁德市现有一所高职院校和11所中职学校办学条件达标提出了基本标准和方案措施，为优化职业教育类型定位提供了重要支撑，为深化职业教育改革筑牢了"四梁八柱"。针对宁德职业学校办学的实际情况，提出整合资源优化布局、加强职业学校基础设施建设、优化职业学校师资队伍建设、改善职业学校教学条件、多渠道筹措办学经费等方面的重点任务，进一步明确了职业学校达标工程谁来干、怎么干、干成什么样，为实施好该项工作指明了方向，明确了路径和操作指南。

完善职业教育经济困难学生资助体系

为促进教育公平，2005年印发的《国务院关于大力发展职业教育的决定》（国发〔2005〕35号）提出"建立职业教育贫困家庭学生助学制度"。随后，为进一步健全普通高等学校家庭经济困难学生资助政策体系，国家逐步颁布多项涉及职业院校学生资助的政策。为进一步落实文件内容，2006年财政部、教育部印发《财政部 教育部关于完善中等职业教育贫困家庭学生资助体系的若干意见》和《中等职业教育国家助学金管理暂行办法》；2007年国务院出台《国务院关于建立健全普通本科高校、高等职业学校和中等职业学校家庭经济困难学生资助政策体系的意见》。一系列文件明确了高等职业院校学生的资助体系包括国家奖助学金、国家助学贷款、勤工助学、"绿色通道"等；中等职业院校学生的资助体系包括奖助学金、学费减免、参加顶岗的助学制度等。

一、托起贫困学生教育的希望

新中国成立初期，为帮助家庭经济困难学生入学、顺利完成学业，1952年，教育部印发《关于调整各级各类学校教职工工资及学生人民助学金标准的通知》，对全国各级各类学校学生助学金的发放基本标准进行了统一规定（当时人民币币值为旧制单位，1万元旧币折合新币1元），其中师范院校专科生每人每月16万元；中等专业学校、初级中等专业学校分别为每人每月10万元、9万元。从1952年开始到1982年，我国职业院校学生资助方式主要以人民助学金为主，在此期间制度体系变化不大，主要针对资助标准及资助对象进行了调整，主要体现在从"全体学生"转变为"经济困难学生"。1955年，教育部发出的《关于执行全国高等学校（不包括高等师范学校）一般学生人民助学金实施办法的指示》中将本专科学生发放对象由"全体发给"改为"部分发给"。1963年，国务院批转《教育部关于调整中等专业学校学生人民助学金问题的报告》，将发放范围调整为各校学生总数的60%~80%。1977年，教育部、财政部印发的《关于普通高等学校、中等专业学校和技工学校学生实行人民助学金制度的办法》规定，中等专业学校师范、护士、助产、艺术、体育和采煤等专业的全部学生享受人民助学金，其他学生的人民助学金享受面按75%计算。

从1983年开始，国家在实行人民助学金制度的同时，增设人民奖学金。7月，教育部、财政部印发《普通高等学校、专科学校人民助学金暂行办法》和《普通高等学校本、专科学生人民奖学金试行办法》。其中，前者将人民助学金分为职工学生人民助学金和一般学生人民助学金，并进一步缩减了资助比例；后者规定人民奖学金暂按学生总人数的10%~15%范围内掌握；每生享受奖学金的最高金额每年以不超过150元为宜。党的十一届三中全会以来，为适应我国科学、教育事业发生的巨大变革，1986年7月，国家教委、财政部的《关于改革现行普通高等学校人民助学金制度的报告》提出，将人民助学金制度改为奖学金和学生贷款制度。翌年7月，国家教委、财政部联合印发《普通高等学校本、专科学生实行奖学金制度的办法》和《普通高等学校本、专科学生实行贷款制度的办法》。其中，前者提出奖学金分为优秀学生奖学金、专业奖学金、定向奖学金三类；后者明确了国家向经济困难学生提供无息贷款，最高贷款限额每人每年不超过300元，发放贷款的比例严格控制在本、专科学生人数的30%以内。

在2007年之前，中高职学生资助各成体系，高等职业院校学生资助举措主要包括国家奖助学金、国家助学贷款、勤工助学、"绿色通道"等，相关文件如《国家奖学金管理办法》（财教〔2002〕33号）、《关于进一步完善国家助学贷款工作的若干意见》（教财〔2004〕14号）、《关于进一步做好大学生勤工助学工作的意见》（中青联发〔2005〕14号）等。2005年，财政部、教育部印发的《国家助学奖学金管理办法》（财教〔2005〕75号）规定，"国家奖学金的资助对象为高校中家庭经济困难、品学兼优的全日制本专科学生。国家奖学金额度为每人每年4 000元，每年资助5万名学生。国家助学金的资助对象为高校中家庭经济特别困难的全日制本专科学生。国家助学金以资助家庭经济特别困难学生的生活费为目的，标准为每人每月150元，每年按10个月发放，每年资助约53.3万名学生"。而中等职业院校学生资助举措主要包括奖助学金、学费减免、参加顶岗的助学制度等，相关文件如《关于做好一九九九年普通中等专业学校招生工作的通知》（教职成厅〔1999〕1号）、《国务院关于大力发展职业教育的决定》（国发〔2005〕35号）等。2006年，财政部、教育部印发《财政部　教育部关于完善中等职业教育贫困家庭学生资助体系的若干意见》（财教〔2006〕74号），提出"坚持政府主导，多渠道筹措资助资金"。一是建立贫困家庭学生助学金制度；二是建立奖学金制度；三是建立以学生参加生产实习为核心的助学制度；四是建立学费减免制度；五是建立助学贷款或延期支付学费制度；六是建立社会资助制度。同年，财政部、教育部印发《中等职业教育国家助学金管理暂行办法》（财教〔2006〕73号），提出"国家助学金用于中等职业学校特困家庭学生的生活补助，补助标准为每生每学年1 000元"。

二、建立健全家庭经济困难学生资助政策体系

为建立健全家庭经济困难学生资助政策体系，使家庭经济困难学生能够上得起大学，接受职业教育，进一步优化教育结构，维护教育公平，促进教育持续健康发展，2007年5月，国务院印发《国务院关于建立健全普通本科高校高等职业学校和中等职业学校家庭经济困难学生资助政策体系的意见》（国发〔2007〕13号，以下简称《意见》）。《意见》分为四个部分，包括重大意义、主要目标与基本原则、主要内容和工作要求。《意见》指出，建立健全家庭经济困难学生资助政策体系的基本原则是加大财政投入、经费合理分担、政策导向明确、多元混合资助、各方责任清晰。主要内容共有5条：一是完善国家奖学金制度。设立国家奖学金和国家励志奖学金，用于奖励普通本科高校和高等职业学校全日制本专科在校生中特别优秀和品学兼优的家庭经济困难学生。国家奖学金奖励标准为每生每年8 000元，每年奖励5万名，所需资金由中央负担；国家励志奖学金资助标准为每生每年5 000元，资助面平均约占全国高校在校生的3%，中央与地方共同负担，并根据不同地区设立不同的分担比例。二是完善国家助学金制度。对于高等职业学校来说，资助面平均约占在校生总数的20%，由中央和地方共同负担，平均资助标准为每生每年2 000元；对于中等职业学校，助学金资助所有全日制在校农村学生和城市家庭经济困难学生，资助标准为每生每年1 500元。三是进一步完善和落实国家助学贷款政策。四是从2007年起，对教育部直属师范大学新招收的师范生，实行免费教育。五是学校要按照国家有关规定从事业收入中足额提取一定比例的经费，用于学费减免、国家助学贷款风险补偿、勤工助学、校内无息借款、校内奖助学金和特殊困难补助等。随后，针对《意见》中提出的五条举措，相关部门又颁布了一系列政策，对《意见》中提出的举措进行细化，如《财政部 教育部 国家开发银行关于在部分地区开展生源地信用助学贷款试点的通知》（财教〔2007〕135号）、《高等学校毕业生学费和国家助学贷款代偿暂行办法》（财教〔2009〕15号）、《高等学校勤工助学管理办法（2018年修订）》（教财〔2018〕12号）等。

为进一步健全普通高等学校家庭经济困难学生资助政策体系，2009年财政部等四部委印发了《关于中等职业学校农村家庭经济困难学生和涉农专业学生免学费工作的意见》（财教〔2009〕442号），提出从2009年秋季学期起，对中等职业学校全日制在校学生中农村家庭经济困难学生和涉农专业学生逐步免除学费，随后分别在2010年、2012年、2015年三次提出扩大免学费覆盖范围；2014年，在财政部等部门联合印发的《财政部 教育部 中国人民银行 银监会关于调整完善国家助学贷款

相关政策措施的通知》（财教〔2014〕180号）中提出，提高国家助学贷款及学费补偿贷款代偿资助标准，本专科生由每生每年最高6 000元提高至8 000元；2015年，教育部等部门联合印发的《教育部 财政部 中国人民银行 银监会关于完善国家助学贷款政策的若干意见》（教财〔2015〕7号），扩大贴息范围，延长还款期限，建立还款救助机制；2016年，财政部等部门修订印发的《中等职业学校国家助学金管理办法》（财科教〔2016〕35号）提出国家助学金资助标准将每生每年1 500元提高到每生每年2 000元；2019年6月，国务院常务会议研究决定设立中职教育国家奖学金。根据这一会议精神，财政部、教育部印发《关于调整职业院校奖助学金政策的通知》（财教〔2019〕25号），决定自2019年秋季学期开始实施中职教育国家奖学金制度，按每生每年6 000元标准，每年奖励2万人。

三、建立职业院校家庭经济困难学生资助体系的重要作用

我国地区之间、家庭之间收入均存在一定差距，部分学生因家庭经济困难不能顺利完成学业。建立职业院校家庭经济困难学生资助体系对于促进教育公平、加快制造强国建设、体现政府履职能力具有重要意义。

（一）促进教育公平

教育公平是社会公平的重要组成部分，建立职业院校家庭经济困难学生资助体系，就是通过从制度上基本解决职业院校学生家庭经济困难的就学问题。一方面提高教育机会的均等性，使职业院校的学生都能够接受相同的教育资源和培训机会。另一方面增加教育资源的利用率，资助体系可以帮助职业院校学生享受更好的教育资源，有利于进一步优化教育结构，促进职业教育持续协调健康发展。

（二）助力制造强国建设

职业院校学生资助体系的建立能为制造强国建设提供有力支撑。一是提高职业教育质量。职业院校学生资助体系的建立可以保证更多人接受教育，为职业教育质量的提升奠定基础。二是促进技能人才培养。注重职业教育是实现制造强国的关键。职业院校学生资助体系的建立可以吸引更多学生报考相关专业，推动技能人才的培养和成长。这些技能人才将成为制造业中技术技能型和技术管理型人才的主力军。

（三）体现政府履职能力

公共财政的核心是满足社会公共需要，实现经济社会的协调发展。教育是重要

的社会公共事业，发展教育是政府的重要职责。建立职业院校家庭经济困难学生资助体系，充分体现了公共财政的职能作用，是政府实现基本公共服务的重大举措。

四、职业院校家庭经济困难学生资助体系的成效

党和政府始终高度重视职业教育事业发展，始终高度重视家庭经济困难学生上学问题，资助家庭经济困难学生的力度不断加大。为了能有效地保障家庭经济困难学生顺利入学、完成学业，各地区、各职业院校也在家庭经济困难学生资助工作上做出了许多积极的探索。

（一）北京：完善政策，丰富手段

北京市认真贯彻落实国家学生资助政策，按照"加大财政投入、经费合理分担、政策导向明确、多元混合资助、各方责任清晰"的基本原则，不断完善学生资助政策，逐步构建了具有北京特色的学生资助政策体系。一是2020年，在北京市全面修订的《北京市高等教育、中等职业教育、普通高中学生资助资金管理实施办法》中提出首次纳入低收入农户家庭学生，扩大中职政府奖学金受助范围至民办中职校，边远山区基层就业学费补偿贷款代偿学生范围由市属高校北京生源应届毕业生扩大至北京地区高校所有生源应届毕业生和外地高校北京生源应届毕业生。二是通过建立多部门信息共享机制、升级本市学生资助管理系统等技术手段，配合线下普查登记、调查走访等实地调查手段，提升本市学生信息管理准确度，为精准资助提供更好的信息服务。三是高职每年新生入学时，针对家庭经济困难新生开辟"绿色通道"，确保顺利入学。对中职学校家庭经济困难的新生，也可以先办理入学手续，核实后再予以相应资助。

（二）广西：脱贫攻坚，覆盖全面

广西建立了"全程覆盖、无缝衔接"的家庭经济困难学生资助体系，实现了"三个全覆盖"，即学前教育、义务教育、高中教育阶段教育，本专科教育和研究生教育所有学段全覆盖，公办民办学校全覆盖，家庭经济困难学生全覆盖；在中等职业教育阶段实行全免学费、国家助学金和国家奖学金政策；在高等职业教育阶段，家庭经济困难学生可以通过助学贷款解决上学学费，申请国家助学金解决在校生活费，品学兼优的学生可申请国家及自治区奖学金；毕业后若到广西县级以下同一基层单位连续工作满3年，大学期间的学费或助学贷款由自治区财政全额补偿。各项措施并举确保了家庭经济困难学生从入学到就业的全方位帮扶。

（三）西安职业技术学院：完善制度，加强宣传

西安职业技术学院为切实做好学生资助工作，采取多项举措。一是完善资助制度。学院积极拓展资助渠道，基本形成以奖、贷、助、勤、补、免"六位一体"的学生资助体系。健全"学生工作部（学生资助管理中心）—二级学院资助专职教师—班主任"三级资助育人队伍建设，逐级落实学生资助工作责任，做到学生资助工作权能一致、职责统一。完善"1+8"资助制度，修订以《西安职业技术学院家庭经济困难学生认定工作实施办法》为主要依据的《学生生源地信用助学贷款实施暂行办法》《特殊困难学生资助实施暂行办法》《特困生学费减免实施暂行办法》《学生勤工助学管理办法》等8项相关配套管理办法，全方位规范开展资助育人工作。二是加强资助政策宣传，做好资助育人引导工作。学院各二级学院结合自身专业特色，开展以诚信教育为主题的系列活动、知识竞赛、资助热线等多形式的政策宣讲和答疑，了解受助学生需求，解决学生"上学愁"问题。

（四）故城职教中心：精准资助，精准帮扶

故城县是河北省省定贫困县，经过扎实推进精准脱贫，脱贫攻坚工作取得显著成效。为保障贫困家庭学生顺利完成学业，确保不让一名家庭经济困难学生因贫失学、辍学，故城职教中心主要从"精准资助、精准帮扶"两个方面对学生进行资助。在精准资助方面，严格按照政策落实各类学生资助，精确识别帮扶对象、精细化资助落实流程，精准各类资助台账；在精准帮扶方面，对建档立卡贫困生的精准帮扶，安排1名专任教师开展"一帮一"精准帮扶工作，采取入户家访、心理疏导、课业辅导等方式把扶贫与扶智、扶志相结合，提升贫困学生家长主动脱贫意识，激发贫困家庭脱贫内生动力，党员干部率先垂范，鼓励教师积极参与。

成立职业教育行指委与教指委

行业是连接职业教育和产业的桥梁。为培养适应21世纪需要的高素质劳动者和专门人才，进一步贯彻落实全国教育工作会议精神、《面向21世纪教育振兴行动计划》和《中共中央国务院关于深化教育改革全面推进素质教育的决定》，充分发挥行业在深化职业教育教学改革中的作用，1999年11月初教育部批准成立农业职业教育教学指导委员会等32个行业职业教育教学指导委员会（以下简称行指委）。

一、为职业教育提供研究、咨询、指导和服务

随着我国经济的快速发展，经济发展方式发生变化，对高素质技术技能人才的需求也发生变化。2010年7月，教育部印发的《国家中长期教育改革和发展规划纲要（2010—2020年）》（以下简称《纲要》）中对职业教育的发展方向作出明确指示。《纲要》强调要大力发展职业教育，建立健全政府主导、行业指导、企业参与的办学机制。因此，为进一步发挥行业主管部门和行业组织在发展职业教育中的重要作用，行指委成员亟须调整扩充。2010年11月，教育部批准成立全国财政职业教育教学指导委员会等43个行指委，增设了包括财政行指委在内的10个行指委。2012年，教育部将现有的43个行指委进行调整，同时增设了包括全国安全行指委在内的10个行指委。至此，全国共有行指委53个。为进一步提高职业教育的质量，增强职业院校专业建设的能力，教育部在2012年底，成立了职业院校部分专业类教学指导委员会（以下简称教指委），形成了行指委和教指委协同的职业教育指导工作体系。行指委自2012年重组以来，在教育部和有关行业主管部门、行业组织的领导下，紧紧围绕职业教育中心工作，积极发挥研究咨询和指导服务作用，为加快发展现代职业教育作出了重要贡献。2015年6月，鉴于各行指委任期已届满，相关部门本着优化结构、充实力量、好中选优的原则，对原有的53个行指委进行换届工作，同时又增设3个行指委。次年，教育部进行教指委的换届工作，进一步明确了各教指委职责范围和工作任务；优化委员结构、充实专家力量，激发组织活力；健全管理制度、创新工作机制，提升工作质量和服务水平。

2021 年 4 月，全国职业教育大会在京召开，习近平总书记对职业教育工作作出重要指示，强调加快构建现代职业教育体系，培养更多高素质技术技能人才、能工巧匠、大国工匠。为深入贯彻全国职业教育大会精神，更好地发挥行业在职业教育教学和质量提升中的指导作用，2021 年 11 月教育部印发《教育部关于公布全国行业职业教育教学指导委员会（2021—2025 年）和教育部职业院校教学（教育）指导委员会（2021—2025 年）组成人员和工作规程的通知》，对行指委、教指委委员数量进行进一步扩充，并发布《全国行业职业教育教学指导委员会工作规程（试行）》，规范行指委的建设与管理；同年 12 月，组建新一届行职委。

二、行指委发展历程

（一）行指委初创发展阶段

1999 年，教育部印发《关于批准成立农业职业教育教学指导委员会等 32 个行业职业教育教学指导委员会的通知》（教职成司〔1999〕28 号），主要针对中等职业教育教学问题，成立了由教育部职成司领导和全国中等职业教育教学指导委员会组成的 32 个行指委，确定了行指委的主要职能：一是分析岗位变化，进行人才需求预测，并确定人才培养所需知识与能力；二是提出本行业有关专业的建设标准、教学评估标准和方案；三是开发教学改革方案，指导教学改革试验；四是推进中等职业学校实施双证书制度。

为进一步发挥行业主管部门和行业组织在发展职业教育中的重要作用，行指委成员亟须调整扩充。2010 年 11 月，教育部印发《教育部关于批准成立全国财政职业教育教学指导委员会等 43 个行业职业教育教学指导委员会的通知》（教职成函〔2010〕7 号），成立了包括之前 32 个行指委在内的 43 个行指委，对行指委的职能进行了进一步细化：一是强调了职业道德在人才培养中的重要作用；二是强调了行指委要指导、推进教育部门与本行业教产合作，学校与企业联合办学，校企一体化建设；三是强调了行指委要指导相关职业院校教师到企业实践工作，提高教师专业技能水平和实践教学能力。

为贯彻党的十八大精神，2012 年 12 月教育部对现有的 43 个行指委成员进行调整，并同时增设了包括全国安全行指委在内的 10 个行指委。至此全国共有行指委 53 个。国民经济行业分类中，除国际组织外几乎全部被 53 个行指委涵盖。行指委的主要职能发生几处变化：一是面向对象由中等职业学校变更为相关职业院校；二是首次提到行指委推进行业职业教育集团建设；三是首次提出行指委参与职业教育国家级教学成果奖励实施工作。同年 12 月 31 日，教育部印发《关于成立教育部职业院校部分专业类教学指导委员会的通知》（教职成函〔2012〕10号），成立了外语、文秘、教育、艺术设计4个专业类教学指导委员，《通知》指出教指委的职能是在教育部领导下，对职业院校相关专业教学工作进行研究、咨询、指导和服务的专家组织。

（二）行指委深化发展阶段

2015年，教育部印发《教育部关于公布全国行业职业教育教学指导委员会（2015—2019年）组成人员的通知》（以下简称《通知》，教职成函〔2015〕9号），在对原有的53个行指委换届的同时，又增设了3个行指委，《通知》强调成立新一届行指委是落实全国职业教育工作会议精神和《国务院关于加快发展现代职业教育的决定》（国发〔2014〕19号）要求，加强行业指导、评价和服务，深化产教融合、校企合作，加快发展现代职业教育的重要举措。各行指委要以此为契机，加强组织和制度建设，进一步提升行指委的指导能力，不断提高工作质量和服务水平。2016年，教育部印发《教育部办公厅关于组织推荐新一届教育部职业院校教学（教育）指导委员会委员人选的通知》（教职成厅函〔2016〕44号），进行新一届教指委成员的推荐工作。

为深入贯彻习近平总书记关于职业教育的重要指示，全面落实全国职业教育大会精神，2021年11月，教育部印发《教育部关于公布全国行业职业教育教学指导委员会（2021—2025年）和教育部职业院校教学（教育）指导委员会（2021—2025年）组成人员和工作规程的通知》（以下简称《通知》），对新一届行指委、教指委设置进行了优化调整，共设置57个行指委、5个教指委。一方面，《通知》首次对行指委、教指委的概念进行了界定。行指委是受教育部委托，由各行业主管部门或行业组织等牵头组建和管理，对相关行业职业教育和培训工作进行研究、咨询、指导和服务的全国性、非营利性、非常设性专家组织。教指委是在教育部领导下，对相关专业类或领域职业教育和培训工作进行研究、咨询、指导和服务的全国性、非营利性、非常设性专家组织。另一方面，形成了《全国行业职业教育教学指导委员会工作规程（试行）》（以下简称《工作规程》），《工作规程》分为六章三十六条，包括组织、委员、工作内容、工作制度、工作纪律和附则。《工作规程》对行指委的工作内容提出了明确要求：一是学习习近平总书记关于职业教育工作和本行业领域的重要指示批示，学习党和政府关于职业教育的决策部署，落实教育部关于职业教育工作的部署要求；二是研究分析本行业领域职业教育高质量发展与教育教学领域的重要理论与实践问题，为教育部和行业主管部门提供咨询意见和建议；三是研究新产业、新业态、新模式对职业教育专业建设的新要求，开展人才需求预测分析，提出不同层次技术技能人才培养目标与培养规格，提出职业院校专业设置建议；四是承担专业目录、专业教学标准、实习标准、实训条件建设标准等职业教育教学标准研制、修订工作，并推动标准在职业院校落地实施；五是指导、评议、推荐有关教学改革方案、优秀教学成果和优秀教材等；六是指导服务职业院校教育教学改革，促进课程思政与思政课程同向同行，指导探索中国特色学徒制改革；七是服务职业院校教师队伍建设；八是指导企业深度参与职业教育专业规划、课程设置、教材开发等；九是指导职业院校落实育训并举的法定职责，广泛开展多种形式的继续教育；十是加强教学质量保障与评价研究。

2021年12月，教育部印发《教育部健全职业教育行业指导机制 组建新一届行指委教指委》，文件主要对行指委的结构优化调整、委员的筛选和组成结构及工作重点方向进行了阐述。在结构优化调整方面，行指委设置对接"十四五"时期各领域发展需要和近年机构职能改革，在行指委名称、牵头单位、服务面向和对应领域等方面作了优化，新增汽车、食品产业、市场监管3个行指委，人口和计划生育行指委、卫生行指委合并为卫生健康行指委，加强拓展了工信行指委，总体调整幅度约70%。在委员的筛选及组成结构方面，行指委、教指委委员经推荐、初选、征求相关方面意见、复核、公示等程序，共产生来自行业企业、职业院校、普通本科高校和研究机构等单位的3 813名委员，其中既有高层次科技领军人才，也有各行业大国工匠，正高级职称专家占比超过50%，行业专家、劳动模范、技术能手等行业企业高技能人员占比超过30%，充分凸显了职业教育专家组织特色。在工作重点方向方面，新一届行指委、教指委将贯彻新发展理念，服务构建新发展格局，深度对接各行业"十四五"规划，跟踪产业政策和发展动态，研究本行业领域职业教育发展的理论与实践问题，开展行业人才需求预测分析，承担职业教育教学标准研制实施，指导服务职业院校教师、教材、教法改革，引导企业深度参与专业规划、课程设置、教材开发、教学实施等，指导校企开展技术研发、行业职工培训、社会服务，推动教学质量保障与评价改革，为教育部和行业主管部门提供咨询建议。

三、对建设高质量职业院校具有重要意义

成立行指委、教指委对于以高质量职业教育助推经济社会高质量发展，制定职业教育政策、深化校企合作、建设高质量职业院校，具有重要意义。

（一）职业教育政策制定的"智囊团"

《中华人民共和国职业教育法》第一章第十一条规定"实施职业教育应当根据

经济社会发展需要，结合职业分类、职业标准、职业发展需求，制定教育标准或者培训方案"。行指委、教指委是由职业教育领域的专家、企业家、行业协会等组成的专业团体，具有丰富的行业经验和专业知识，能够为政策制定提供宝贵的建议和意见。一方面，行指委、教指委能够代表行业利益，反映行业的实际需求和发展趋势，为政策制定提供全面的行业信息和数据支持。另一方面，行指委、教指委能够加强政府与行业之间的合作，推动职业教育与产业发展的紧密结合，促进人才培养和就业市场的良性互动，协调各方利益，提高政策的可操作性和实效性。

（二）校企合作的"连心桥"

行指委、教指委在深化校企合作、促进产教融合方面起到桥梁纽带作用。一是提供行业信息：行指委、教指委通过提供行业信息和趋势分析，帮助企业和学校更好地了解市场需求和人才培养方向，指导双方合作的方向和目标。二是提升合作水平：行指委、教指委通过组织专家和学者进行技术和经验交流，提升双方合作的水平和能力。三是推广优秀案例：行指委、教指委通过推广优秀的校企合作案例，为其他企业和学校提供经验和借鉴，促进校企合作的普及和推广。四是保障合作质量：行指委、教指委对校企合作进行监督和评估，确保合作质量和效果，为双方合作提供保障。

（三）职业院校高质量发展的"助推器"

职业院校作为培养高水平技能人才的基地，需要紧密结合行业发展趋势和企业用人需求，不断优化专业设置、教学内容和教学方法，提高毕业生就业率和薪资水平。而行指委、教指委作为连接职业院校和企业的桥梁，一是可以及时了解行业的发展趋势和变化，为职业院校提供准确的信息和建议，及时帮助职业院校调整和优化专业设置和课程内容；二是通过了解企业的用人需求，为职业院校提供就业指导和教学建议；三是为职业院校提供资源和资金支持，帮助其改善教学条件，提高教学质量和师资水平，更好地服务社会和行业。

四、成立行指委的成效与经验

加强行业指导、专业指导已成为加快发展现代职业教育的重要机制，提高职业教育服务国家战略能力的重要抓手。近些年来，产教融合共同推进职业教育改革创新的局面已经形成，各行指委、教指委紧紧围绕职业教育中心工作，积极发挥研究咨询和指导服务作用，一些行指委、教指委也针对自身特点做出了积极探索，机械职业教育教指委、电子商务职业教育教指委在行业职业教育教学指导委员会工作视频会议上做了交流分享，值得借鉴。

（一）机械职业教育教指委：整合资源，推动校企合作

职业教育教指委联合中机联系统 40 余家全国性专业协（学）会等行业组织，组建了面向现代职业教育创新实践的"机械行业人才培养联盟"，包括"机械行业现代模具制造人才培养联盟""机械行业现代农机装备人才培养联盟"；面向产业重点领域，组建跨区域职教集团，包括"机械行业新能源技术装备职教集团""机械行业工业机器人职教集团"；以机械行业龙头和骨干企业为主体，建立行业职业教育重点企业联系制度，联合开展职业教育创新实践活动。

在全国 20 家有较强社会服务能力的职业院校，建立了大连机床集团区域技术服务中心；同时，在北汽集团、潍柴集团、湘电集团等 25 家大型企业中建立了"全国机械行业职业教育教师实践基地"，组织教师深入企业实践。牵头承担了工业机器人技术、三维设计与数字化制造等 16 个国赛项目的实施工作。此外，重点围绕教师能力的提升，连续举办了"全国职业院校现代制造及自动化技术教师大赛"等多项职业院校教师竞赛，创建了行业竞赛品牌。

（二）电子商务行指委：搭建平台，谋划人才培养

电子商务行指委先后打造"五个平台"：一是就业服务平台，为促进电子商务院校学生就业；二是职教科研平台，为职业院校教师提供科研和参与社会服务的机会；三是成果激励平台，设立了两年一次的电子商务行业职业教育教学成果奖；四是地区辐射平台，每年至少选择五个省份，召开片区会议，深入服务职业院校；五是创新创业服务平台，启动网络拍卖、电商创业和创新成果与知识产权转化等创新创业系列活动。首场网络拍卖会在今年的创新成果交流赛上成功举办，上拍的作品全部形成交易，成交额 42 060 元，最高成交价 18 000 元。

围绕新业态、新技术、新装备和新岗位要求，电子商务行指委深入探索研究了电子商务技术技能人才培养的新要求，主要体现在三个方面：一是迫切需要开发一批财经类相关专业电子商务基础课程；二是随着电子商务行业的快速发展已经具备形成新专业的基础和条件；三是在人才培养理念、人才培养模式、课程开发和实训教学等方面要与之相匹配和适应。

（三）电力职业教育教指委：多方推进，建设特色教材

电力职业教育教指委在指导职业院校研究制定专业人才培养方案、专业建设标准、课程内容等教学标准时，形成了多方共同参与推进的团队，由资深教育专家、一线优秀教师、行业专家、各省教育、劳动行政部门管理者和教指委委员共同组成。特别是在教材建设中的举措值得学习：一是根据各院校的优势，凝聚众多优秀教师，整合了多所电力职业院校优质资源及教改成果；二是通过年会及利用项目经费的会议、电子邮件等形式收集各地不同电企设备状况、自动化水平，教材体系统筹整合，充分反映地域的不同特色、设备的使用状况，突出教材的实践性；三是每年电力职业教育教指委举行年会期间，会邀请机械工业出版社、中国电力出版社等各种出版单位参加会议，搭建一个共享平台，使职业院校的先进的教学改革成果及时转化出版，为其他院校发展提供借鉴。

（四）文化艺术职业教育教指委：健全机制，全面提升素质

文化艺术职业教育教指委对培养全面发展的高素质技术技能人才起到关键作用。文化艺术职业教育教指委为了更好地提升学生文化素质和职业素养，在机构设置上也细分到8个专委会，涵盖管理育人、美育、劳动教育、文化育人、心理健康教育、校园文化建设、国际文化交流和教师发展。至今已举办过多场关于素质教育的活动，包括已举办七届的全国职业院校"文化育人"高端论坛、职业院校校园文化建设"一校一品"活动、工业文化研究及工匠精神传承等方面的优秀工作案例、全国职业院校红色故事大赛等，提升了职业院校学生的道德品质、科学文化素质、艺术素养和身心健康素质。

开展职业教育督导评估

2022年4月修订通过的《中华人民共和国职业教育法》首次以立法的形式指出，省、自治区、直辖市人民政府应当加强对本行政区域内职业教育工作的领导，明确设区的市、县级人民政府职业教育具体工作职责，统筹协调职业教育发展，组织开展督导评估。同时要求职业学校、职业培训机构应当建立健全教育质量评价制度，吸纳行业组织、企业等参与评价，并及时公开相关信息，接受教育督导和社会监督。

一、保证人才培养质量的监控手段

教育督导评估在教育事业的健康持续发展过程发挥着重要作用。普及九年义务教育、教育公平、新课程改革、教育质量的监督与评估、教育管办评分离改革等国家和地方的重大教育改革项目，都离不开教育督导评估的保驾护航。

教育督导评估是推动教育事业发展和教育领域各项改革落实的重要手段，是现代教育治理体系的重要组成部分。教育督导评估水平直接影响着教育改革发展成效，其地位和作用越来越受到关注。我国的职业教育督导评估起步较晚，前期基本上依附于普通教育，并没有形成类型特色鲜明的职业教育督导制度和体系。

目前，我国职业教育进入快速发展时期，培养和输送了大批高素质技术技能人才，为实现全面建成小康社会战略目标做出了重要贡献。但我国还有一些职业院校不能完全适应经济社会发展需要，存在办学定位不明确、服务地方和行业的能力不强、发展保障资源薄弱、实践教学能力低等诸多问题。

鉴于此，国家通过制定、执行政策的方式来建立健全职业教育督导评估制度，不断推动职业院校教学督导工作体制、机制改革与创新，在完成了职业院校督导评估工作的同时完善职业教育督导评估政策。

❀ 二、落实人才培养质量的制度举措 ❀

（一）建立健全职业教育质量保障体系

2010年8月，教育部颁发了《国家中长期教育改革和发展规划纲要（2010—2020年）》。文件对职业教育督导评估工作做了一系列的部署，比如建立健全职业教育质量保障体系，吸收企业参加教育质量评估，鼓励专门机构和社会中介机构对高等学校学科、专业、课程等水平和质量进行评估；建立科学、规范的评估制度；整合国家教育质量监测评估机构及资源，完善监测评估体系，定期发布监测评估报告等等。

为贯彻落实《中华人民共和国职业教育法》和《国家中长期教育改革和发展规划纲要（2010—2020年）》，全面推进《中等职业教育改革创新行动计划（2010—2012年）》，督促各地认真履行发展中等职业教育的职责，教育部在2012年3月印发了《中等职业教育督导评估办法》。这是新中国成立以来第一个专门针对中等职业教育督导的文件。文件指出，督导评估工作由国家教育督导团组织实施，建立职业教育督导评估制度。与文件同时发布的还有《中等职业教育督导评估指标体系》《中等职业教育督导评估标准》及《中等职业教育督导评估有关情况调查表》三项测量工具。《中等职业教育督导评估标准》对《中等职业教育督导评估指标体系》的每一个二级指标进行了细致阐释，相当于实施督导评估的工作细则；《中等职业教育督导评估有关情况调查表》详细列出每一项指标的核算方法、计算公式及事项说明，供各级教育行政主管部门和基层中等职业学校如实填写、及时反馈。《中等职业教育督导评估办法》对于督促各地认真履行发展中等职业教育职责，推动中等职业教育改革创新，加快现代职业教育体系建设，推进职业教育快速发展具有重要意义。

2013年11月召开的十八届三中全会通过的《中共中央关于全面深化改革若干重大问题的决定》明确指出，要"加快转变政府职能""深入推进管办评分离""强化国家教育督导，开展教育评估监测"，教育督导发挥"管办评"中"评"的职能。这一系列部署为新时代职业教育督导评估工作指明了方向。

（二）建立职业院校教学工作诊断与改进制度

2015年7月，教育部发布了《教育部办公厅关于建立职业院校教学工作诊断与改进制度的通知》。文件旨在建立职业院校教学工作诊断与改进制度，引导和支持学校全面开展教学诊断与改进工作，切实发挥学校的教育质量保证主体作用，不断完善内部质量保证制度体系和运行机制，加快发展现代职业教育。同年，教育部又发布了《关于印发〈高等职业院校内部质量保证体系诊断与改进指导方案（试行）

启动相关工作的通知》，文件要求在各地诊断和改进工作的基础上，教育部职成司委托全国诊改专委会开展以完善指导方案为目的的诊改工作试点，进一步完善以内部质量保证体系诊断与改进为基础的职业教育督导评估工作。

为贯彻落实《国家中长期教育改革和发展规划纲要（2010—2020年）》和《国务院关于加快发展现代职业教育的决定》，进一步完善高等职业院校评估制度，确保高等职业院校充分发挥办学主体作用，更好地服务地方经济社会和行业发展需求，依据《教育督导条例》，国务院教育督导委员会办公室在2016年3月印发了《高等职业院校适应社会需求能力评估暂行办法》，对高等职业院校适应社会需求能力评估的目的、原则、评估范围、内容和工具、实施方式和结果运用等做了具体规定。同时明确了高等职业院校办学基础能力、"双师"队伍建设、专业人才培养、学生发展和社会服务能力5个方面的评估内容，共20项指标。

2016年6月，国务院教育督导委员会办公室印发《关于开展2016年全国职业院校评估工作的通知》，委托上海市教育科学研究院对全国高等职业院校适应社会需求能力进行了评估。随后，教育部发布了一系列的评估报告，如2017年12月发布的《2016年全国高等职业院校适应社会需求能力评估报告》，2019年12月发布的《2018年全国高等职业院校适应社会需求能力评估报告》和《2018年全国中等职业学校办学能力评估报告》。从总体上看，评估报告利用现代统计分析方法，呈现了我国职业院校办学整体状况，指出了当前存在的主要问题。

为贯彻《国务院关于加快发展现代职业教育的决定》，落实《教育部办公厅关于建立职业院校教学工作诊断与改进制度的通知》，根据《教育部2017年工作要点》关于"全面推进职业院校教学工作诊断与改进制度建设"的要求，教育部在2017年6月印发《关于全面推进职业院校教学工作诊断与改进制度建设的通知》。通知要求健全国家、省两级诊改专家委员会工作联系机制，建立工作年报制度，以教学工作为重点建立健全诊改制度，要对新建高职院校、优质高职院校和其他高职院校诊改工作进行分类指导，促进高职院校特色发展。

（三）提高高等教育评估水平

2019年2月，国务院颁发了《国家职业教育改革实施方案》。方案对职业教育督导评估工作做了全面部署，比如建立健全职业教育质量评价和督导评估制度；以学习者的职业道德、技术技能水平和就业质量，以及产教融合、校企合作水平为核心，建立职业教育质量评价体系；定期对职业技能等级证书有关工作进行"双随机、一公开"的抽查和监督，从2019年起，对培训评价组织行为和职业院校培训质量进行监测和评估；实施职业教育质量年度报告制度，报告向社会公开；完善政府、行业、企业、职业院校等共同参与的质量评价机制，积极支持第三方机构开展评估，将考核结果作为政策支持、绩效考核、表彰奖励的重要依据；完善职业教育督导评估办法，建立职业教育定期督导评估和专项督导评估制度，落实督导报告、公报、约谈、限期整改、奖惩等制度等。

国务院教育督导委员会办公室2019年工作要点提出，要提高高等教育评估水平，完善督导评估制度，强化质量督导评估，强化高校质量保障主体意识，充分发挥专家组织和社会机构在质量评价中的作用；强化合格评估，组织开展合格评估高校整改落实督导复查；完善审核评估，定期向社会发布质量报告。稳妥推进专业评估试点，及时总结试点经验。

2020年2月，中共中央办公厅、国务院办公厅印发的《关于深化新时代教育督导体制机制改革的意见》指出，要进一步深化教育督导运行机制改革，加强对地方政府履行教育职责的督导。完善政府履行教育职责评价体系，定期开展督导评价工作。重点督导评价党中央、国务院重大教育决策部署落实情况，主要包括办学标准执行、教育投入落实和经费管理、教师编制待遇、教育扶贫和重大教育工程项目实施等情况。大力强化信息技术手段应用，充分利用互联网、大数据、云计算等开展督导评估监测工作。遵循教育督导规律，坚持综合督导与专项督导相结合、过程性督导与结果性督导相结合、日常督导与随机督导相结合、明察与暗访相结合，不断提高教育督导的针对性和实效性。加强教育督导工作统筹管理，科学制定督导计划，控制督导频次。文件围绕督政、督学、评估监测三方面重点工作，从管理体制、运行机制、问责机制、督学聘用和管理、保障机制等方面提出了24项改革措施，对新时代教育督导的全面覆盖、系统重塑、持续发力提出了更高要求，也为开展高职院校督导评估提供了工作指导和制度保障。

（四）系统推进教育督导体制机制改革

教育部在2021年的工作要点中大篇幅地论及职业教育督导评估工作，系统推进教育督导体制机制改革，完善督导体制机制，健全对地方各级政府履行教育职责的分级督导评价机制，加强对各级各类学校办学行为、教育质量和教育热点难点的评估监测；贯彻落实《关于深化新时代教育督导体制机制改革的意见》，指导各地结合实际深化教育督导体制机制改革实施方案；推进《教育督导条例》修订工作，完成第三轮职业院校督导评估工作，形成2020年国家督导评估报告；开展高校评估整改落实情况督导复查，探索开展质量预警等。

2021年，中共中央办公厅、国务院办公厅印发的《关于推动现代职业教育高质量发展的意见》，提出推进职业学校教学工作诊断与改进制度建设。完善职业教育督导评估办法，加强对地方政府履行职业教育职责督导，做好中等职业学校办学能力评估和高等职业学校适应社会需求能力评估。健全国家、省、学校质量年报制度，强化评价结果运用，将其作为批复学校设置、核定招生计划、安排重大项目的重要参考。明确了高等职业教育在现代职业教育体系中的位置及其高质量发展的目标旨向，并强调国家要将职业教育工作纳入省级政府履行教育职责督导评价，各省将职业教育工作纳入地方经济社会发展考核。

教育部在2022年的工作要点中大篇幅地论及职业教育督导评估工作，部署开展第四轮职业院校督导评估；修订中等职业学校办学能力评估办法和高等职业院校适应社会需求能力评估办法，启动第四轮职业院校评估，更好助力职业教育高质量发展；创新方式方法，组织好数据采集、实地调研、报告撰写等工作，提高评估的针对性、实效性；将评估结果及时反馈省级人民政府办公厅，报送国务院教育督导委员会领导及各成员单位，并以适当方式向社会公开，推动有关方面将评估结果作为资源配置的重要参考和依据，等等。

❀ 三、对我国职业教育健康发展的重要意义 ❀

职业教育督导评估在提高职业院校办学质量，职业教育人才培养工作和教学工作以及职业院校办学质量等方面起着重要的作用，对我国职业教育的健康发展具有重要的意义。

（一）提升职业教育高质量发展水平

职业教育高质量发展是国家教育发展战略的重要组成部分，也是实施高职院校督导评估的首要目标。职业教育督导评估能够促进职业教育的规范化和标准化。通过对职业教育的督导评估，可以发现存在的问题和不足之处，并提供改进意见和建议，从而促进规范化和标准化建设，提高职业教育的教育质量。

（二）推进职业教育的现代化

职业教育督导评估可以检查职业教育机构的管理制度是否规范，管理是否科学有效，是否能够满足职业教育的需求，促进职业教育机构的规范化管理。职业教育督导评估可以检查职业院校的教学内容和教学方法是否适应市场需求和现代化发展的要求，为职业教育的改革和发展提供指导和支持。职业教育督导评估可以促进职业教育的品牌建设，提高职业教育的社会认可度和竞争力，增强职业教育的影响力和吸引力。

（三）推进职业教育的改革创新

职业教育督导评估可以帮助职业院校和教师了解自身的改进方向，同时也可以推动职业教育的改革创新。督导评估可以发现职业教育中存在的问题和短板，有针对性地推动教育改革，促进职业教育的发展；督导评估可以帮助教师了解自身的教学能力和水平，发现不足，促进教师的专业发展；督导评估可以发现职业教育中存在的问题和短板，有针对性地改进职业教育教学内容和方法，提高学生的就业竞争力。

四、职业教育督导评估的成效与经验

（一）陕西省：第四轮"316工程"学校督导评价——引导中职学校不断增强适应性

"316工程"是指每3年为1轮，每年督导评估6 000所学校。2022年，陕西省教育厅、省政府教育督导委员会办公室印发《陕西省第四轮"316工程"学校高质量发展督导评价实施方案》。方案紧紧围绕增强适应性和推动高质量发展两大主题，以确立增强适应性推动高质量发展的基本思路，以"加强党的领导，坚持正确办学方向"为根本保证，切实加强思想政治教育，落实立德树人根本任务，强调德育为先、德技并修。以"优化内部管理"为基础保障，以"产教融合、校企合作、深化教改，提高教育教学质量"为核心动力，深化"三教"改革，推动高质量发展。以"师德为先、双师为本，加强师资队伍建设"为关键性保障，重视师德师风建设。以"五育并举、全面发展，强化学生核心素养培养"为成果检验标准，坚持德智体美劳全面培养，加强劳动教育，端正劳动态度，培植劳模精神、工匠精神。以"提升办学条件"为基本条件保障，加强基础设施建设，夯实学校高质量发展基础。第四轮"316工程"督导指标体系将积极发挥导向作用，促使新时代职教政策落地落实，引导中职学校不断增强适应性，抵达高质量发展新航道。

（二）上海出版印刷高等专科学校：以多元评价促高质量发展

为进一步加强上海职业教育督导评价研究工作，上海市人民政府教育督导委员会办公室于2022年10月与上海出版印刷高等专科学校共建职业教育评价研究中心。这是上海市教委在上海22所应用技能型高校中唯一设立的职业教育评价研究基地。职业教育评价的主体是多元化的，主要包括教育主管部门的评价、行业的评价、企业的评价、学校自己的评价。要以政府视角关注办学方向，以行业企业视角关注人才供给质量，以教师视角关注自身职业成长，以学生、家长视角关注成长成才。教育评价应该关注多元主体不同利益表达，如此才能吸引利益相关者共同建构职业教育价值，增强职业教育吸引力，形成多元评价格局。上海出版印刷高等专科学校

"职业教育评价研究中心"作为上海应用技能型高校中成立的第一个职业教育评价研究机构，在今后的工作中，将结合上海市教育综合改革试点方案，形成职业教育评价相关问题的理论与实践研究，形成评价指标体系，推进职业教育评价工作，推动职业教育发展，为我国技能人才培养质量保障体系提供参考。

（三）烟台职业学院：系列教学督导活动为立德树人护航

2020年6月12日，人民网以《烟台职业学院：系列教学督导活动为立德树人护航》为题，报道了烟台职业学院狠抓课堂教学质量的系列教学督导活动。学院成立了由院领导、特聘督学、教学名师、省青年技能名师、专业带头人及部分高级职称教师组成的校级教学督导团队，出台了《烟台职业学院听课评课实施方案》，开展推门听课评课活动。推门听课采用随机方式，每年听课数量达到专任教师总量的20%，年均120人次左右，听课成绩纳入系（部）年终教学质量考核。课后每位督导专家提出指导意见，汇总形成督导专家听课小组整体评价意见。评价意见及时通过任课教师所属系部教学负责人向被听课教师个人反馈或直接与被听课教师沟通反馈，对教师的课堂教学组织与实施给予指导。同时对学生进行学习情况问卷调查等方式，使授课教师能够及时调整课程阶段目标和授课内容，不断改进课堂教学状态。质量立校，教师是关键、教学是根本、课堂是焦点。烟台职业学院通过一系列教学督导活动，狠抓课堂教学质量，为立德树人护航。

举办首届世界职业技术教育发展大会

当前，世界正处于百年未有之大变局，新一轮"逆全球化"浪潮袭来，对各国经济发展、劳动者就业和人民生活带来严重影响。如何携手推动全球职业教育高质量发展、助力建设后疫情时代美好世界，是摆在世界各国职业教育界面前的一个重大课题。在此背景下，中国发起并举办世界职业技术教育发展大会，对搭建各国职业教育界深化交流合作的有效机制和平台具有重要的现实意义。

一、贡献中国职教智慧

经国务院批准，教育部于2022年8月19—20日在天津举办世界职业技术教育发展大会。2022年3月29日教育部办公厅发布《教育部办公厅关于成立世界职业技术教育发展大会组织委员会的通知》（教职成厅函〔2022〕7号），成立了由教育部、天津市人民政府主要负责同志担任主任委员的大会组织委员会。

此次大会是中国政府首次主办的国际性职业技术教育会议。大会聚焦"后疫情时代职业技术教育发展：新办法、新方式、新技能"这一主题，围绕数字化赋能、绿色技能、产教融合、技能与减贫、促进公平、终身学习等议题，分享各国职业教育发展经验和成果，研讨后疫情时代对职业教育理念、方式、内容等方面的影响，共同探讨新形势下全球职业教育改革发展的方向和主要任务。

教育部将以"增进交流、深化合作、创新发展"为原则，每两年举办一次大会，逐步将大会打造成职业教育领域具有重要国际影响力的机制性会议，推动全球职业教育互学互鉴、共商共享，助力构建人类命运共同体。

举办世界职业技术教育发展大会是落实全球发展倡议的重要行动。2022年6月24日，习近平总书记主持召开全球发展高层对话会，将举办世界职业技术教育发展大会列入对话会成果清单。通过举办世界职业技术教育发展大会，达成全球职业教育发展共识，推动全球职业教育高质量发展，为促进全球共同发展作出积极贡献。

二、扩大中国职教影响

教育部、中国联合国教科文组织全国委员会和天津市人民政府于2022年8月19—20日在天津举办首届世界职业技术教育发展大会（以下简称大会），这是我国政府首次发起并主办的国际性职业教育大会。

国家主席习近平向大会致贺信。习近平指出，职业教育与经济社会发展紧密相连，对促进就业创业、助力经济社会发展、增进人民福祉具有重要意义。中国积极推动职业教育高质量发展，支持中外职业教育交流合作。中方愿同世界各国一道，加强互学互鉴、共建共享，携手落实全球发展倡议，为加快落实联合国2030年可持续发展议程贡献力量。

大会以"后疫情时代职业技术教育发展：新变化、新方法、新技能"为主题，参会的700名代表来自全球123个国家，其中有来自瑞士、新加坡、阿根廷等25个国家的教育部长，埃塞俄比亚、爱尔兰、巴基斯坦等15个国家的驻华大使，联合国教科文组织、国际电信联盟等17个国际组织负责人或代表将通过线下或线上形式出席大会。大会发布《中国职业教育发展白皮书》（以下简称《白皮书》），向世界介绍中国职业教育发展经验，提出中国方案、贡献中国智慧；大会主论坛和14个平行论坛围绕当前全球关心的热点问题展开，分享经验做法，指出面向未来的职业教育发展方向，发布了《天津倡议》。

大会打造"会、盟、赛、展"的职业教育国际交流合作崭新平台和范式。"会"即世界职业技术教育发展大会，主要包括开幕式、主论坛、14个平行论坛、闭幕式。主论坛和14个平行论坛围绕当前全球关心的热点问题开展。其中14个平行论坛围绕"数字赋能、转型升级""绿色技能、持续发展""命运与共、合作共赢""普职协调、终身学习""技能减贫，促进公平""产教融合、创新发展""科学教育、工程教育"7个主题开展。

"盟"即世界职业技术教育发展联盟。大会期间，中国教育国际交流协会将联合部分国内外高校、职业院校、研究机构、行业组织和企业等，以"自愿、平等、互利、共赢"原则，发起筹建世界职业技术教育发展联盟的倡议，拓展职业教育领域国际交流的渠道和模式。

"赛"即世界职业院校技能大赛。首届世界职业院校技能大赛比赛项目分为竞赛类赛项、展演类赛项两种。其中竞赛类项目设置了装备制造、交通运输、能源动力与材料、电子与信息技术、财经商贸5个赛项单元，16个高职赛项。展演类赛项设中国制造与传统文化、能工巧匠、非物质文化项目3个赛项单元。参赛选手以2021年全国职业院校技能大赛国赛获奖选手（按总成绩排名选定，选手所属学校自愿放弃的依次递补；选手自愿放弃的，由选手所属学校自行遴选替补）及鲁班工坊建设院校为主。为促进中外职业教育互融互通、院校交流合作、师生增进友谊，参赛队采用中外"手拉手"组队方式。具体分为中外联队和混合编队两种。其中，中外联队比赛以联队为单位，包括1个中国队和1个外国队，各自完成比赛任务，最终成绩取平均值。混合编队中每个参赛队包括中国选手和在华留学生（或外国选手），中外比例大致相当。

"展"即世界职业教育产教融合博览会。博览会以"大力发展适应新技术和产业变革需要的职业教育"为主题，由中国职业技术教育学会牵头组织，以线上为主、线上线下结合的形式举办，重点展示职业教育应对数字化变革、产教科融合发展的成效，以及职业教育高质量发展成就等。

《白皮书》介绍，职业教育是国民教育体系和人力资源开发的重要组成部分。发展职业教育，已经成为世界各国应对经济、社会、人口、环境、就业等方面的挑战，实现可持续发展的重要战略选择。进入新时代，中国政府高度重视职业教育，把职业教育摆在经济社会发展和教育改革创新更加突出的位置。经过长期的实践探索，中国形成了独具特色的现代职业教育发展范式。

《白皮书》指出，现代化是人类历史发展的伟大变革，是以工业化为核心，推动经济增长、思想革命、制度创新和社会转型的发展历程。中国式现代化是一个具有几千年农业文明大国的现代化，是超大人口规模的现代化，是经济、社会、文化、教育的全面现代化。中国职业教育与中国现代化共生发展，发挥着服务经济发展、促进民生改善、优化教育体系、增进国际交流的作用，在面向世界的现代化进程中作出了不可替代的贡献。

《白皮书》指出，2012年以来，中国政府把职业教育作为与普通教育同等重要的教育类型，不断加大政策供给、创新制度设计，加快建设现代职业教育体系，构建多元办学格局和现代治理体系。中国职业教育实现由参照普通教育办学向相对独立的教育类型转变，进入提质培优、增值赋能新阶段。

《白皮书》表示，中国把职业教育定位于国民教育体系和人力资源开发的重要组成部分，充分发挥中国特色社会主义制度优势，政府主导与市场引导相结合、发展经济与服务民生相结合、教育与产业相结合，构建了现代职业教育发展的制度体系，形成了职业教育发展的中国模式，为中国式现代化道路注入了强劲的职教力量。

《白皮书》强调，搭建合作与交流平台，与世界共享中国职业教育改革成果是我们的美好愿景。中国将一以贯之地坚持对外开放，以国际视野兼容并蓄，以国际胸怀开放合作，深度融入世界职业教育改革发展潮流，积极构建国际化交流平台，致力消除贫困、增加就业、改善民生，在力所能及的范围内承担更多责任义务，为全球教育治理贡献中国方案，为推动构建人类命运共同体贡献教育力量。

结合代表的观点、意见和建议，大会形成了《天津倡议》，于闭幕式上发布。

三、推动中国职教发展

中国发起并举办首届世界职业技术教育发展大会，对搭建各国职业教育界深化交流合作的有效机制和平台具有重要的现实意义，是服务新发展格局、推动中国职业教育高质量发展的重要途径。

（一）提质培优、增值赋能，中国职业教育发生历史性转变

党的十八大以来，党中央和国务院高度重视职业教育发展，大力推进职业教育改革，以增进职业教育对经济社会发展需求的适应性。白皮书指出，中国政府把职业教育作为与普通教育同等重要的教育类型，不断加大政策供给、创新制度设计，加快建设现代职业教育体系，构建多元办学格局和现代治理体系。中国职业教育实现由参照普通教育办学向相对独立的教育类型转变，进入提质培优、增值赋能新阶段。

（二）持续推进职业教育与经济社会发展紧密相连

职业教育与经济社会发展紧密相连，对促进就业创业、助力经济社会发展、增进人民福祉具有重要意义。2022年颁布的《中国职业教育发展白皮书》指出：实践是职业教育区别于其他类型教育的显著特征。中国职业教育遵循技术技能人才的培养规律，坚持产业、行业、企业、职业、专业"五业联动"，创新教学模式，培养造就支撑发展的高素质劳动大军。"五业联动"把学校与产业、行业紧密相连，确立了以产业需求为导向的人才培育机制。在"五业联动"的推动下，职业院校毕业生的专业知识、职业能力、职业精神能够与岗位需求相适应，同时也促进了职业院校的老师与设备能够跟上企业的发展。

（三）深度融入世界职业教育改革发展潮流，贡献中国职业教育发展智慧

兼相爱，交相利。中国作为世界第二大经济体国家，本着墨子"兼爱"的思想将中国职业教育的教育模式、专业标准、技术设备、教学方案与世界分享，推动人类命运共同体的发展。自2016年第一个"鲁班工坊"在泰国落成以来，已经在亚欧非三大洲的8个国家（泰国、英国、印度、印度尼西亚、巴基斯坦、柬埔寨、葡萄牙和吉布提）建设9类23个专业，为当地的青年提供了学历教育和技能体能提升。中国职业教育面向世界、融通中西，在"引进来""走出去"中不断实现"再提升"。鲁班工坊的"走出去"标志着近代中国职业教育的改革发展是成功的，中国

的职业标准是被认可的，中国的职教教学模式是创新的且符合发展的。与此同时，中国的先进实训设备走向了世界，中国的传统文化走向了世界，中国的大国风范也展示给了世界！

四、展现中国职教特色

首届职业技术教育发展大会的召开助力推动职业教育向高质量、智能化和可持续化方向发展。在新时代下，职业教育需要更加注重实践和创新，要更好地适应未来社会的需求。这次大会为职业教育的创新发展提供更好的机会和平台。本次大会坚持守正创新，必将有力推动世界职业教育特别是中国职业教育改革发展。这是一次职业教育改革发展与合作共赢的大会，通过完善交流合作机制，扩大利益汇合点、画出最大同心圆，着力构建共商、共建、共享的世界职业教育治理和发展新格局。

（一）中国职业教育的国际品牌——鲁班工坊

2015年，教育部与天津市签署协议，共建国家现代职业教育改革创新示范区，任务之一便是创建职业教育国际化新窗口。天津原创并率先实践鲁班工坊由此起航。2016年3月8日，世界第一个鲁班工坊在泰国揭牌运营。如今，鲁班工坊这一我国职业教育对外交流的知名品牌，已在泰国、印度、英国、葡萄牙等19个国家落地。目前，鲁班工坊有11个国际化专业教学标准获得合作国教育部认证，开设了工业机器人、新能源、动车组检修等49个专业，合作的学历教育包括中职、高职、应用本科、研究生四个层次。本着墨子"兼爱"的思想将中国职业教育的教育模式、专业标准、技术设备、教学方案与世界分享，推动人类命运共同体的发展。鲁班工坊的"12345"核心要义保证了项目建设的品牌化、标准化、规范化以及精准化。参与鲁班工坊建设的学校在国际交流的过程中，在专业教育改革、师资队伍建设、产教融合深化等方面都取得了突破性发展。所以建设鲁班工坊不仅树立了中国职教的自信，也逼迫自己克服自身不足，促进职教内涵的发展。而且，通过鲁班工坊走出去的中国企业也有力地促进了我国企业的服务和产品输出，提升了中国企业在国际上的竞争力。

（二）与世界分享中国职教方案——工程实践创新项目

除了先进设备，更吸引各国合作伙伴的还有中国的教学模式——工程实践创新项目（Engineering Practice Innovation Project，EPIP）。EPIP教学模式把真实的工程案例、现实生活所遇到的真问题搬入到学校，融入进专业、应用在教学，做到了真实的理实一体化课堂，培养学生科学探究能力和问题解决能力，可以极大地减少毕业生进入企业的磨合期，鲁班工坊采用的这种教学模式十分符合现代企业的用人需求。为了使EPIP模式更好地"接地气"，符合当地人才培养需要，天津机电职业技术学院还与葡方专家共同开发国际化专业教学标准，确定了5个课程标准和双语教材，并在工坊运营的过程中对标准、教材不断完善、修订。葡萄牙塞图巴尔理工学院自动化专业学科带头人卢卡斯教授认为，EPIP与欧洲的项目式学习法（Project-Based Learning，PBL）很类似，但它具有更强的实用性、创新性和创意性，其应用更接近并存在于工业行业中。

（三）天津构建现代职业教育体系"五业联动"促产教融合

作为全国首个国家职教改革试验区，天津市围绕"1+3+4"现代产业体系（即智能科技产业＋生物医药、新能源、新材料三大新兴产业＋航空航天、高端装备、汽车、石油石化四大优势产业），全面构建现代职业教育体系，形成了产业、行业、企业、职业、专业"五业联动"办学模式，在培育能工巧匠、稳定就业过程中，探索出"天津模式"。据统计，目前天津高职专业对接现代服务业相关专业（点）376个。近5年，累计培养合格毕业生超26万人，留在本地就业人数约占58%，技术服务产生的经济效益2.2亿元。随着"1+3+4"现代产业体系不断完善，"五业联动"办学经验也在津沽大地不断被推广复制。我国职业教育领域首所应用技术大学——天津中德应用技术大学，已经设立由百家企业组成的合作资源库，实施不同模式订单项目80余期，定制化培养毕业生3 000余人。订单班、现代学徒制成果不断显现。

（四）天津市经济贸易学校：向世界各地提供标准的中餐烹饪技术学历教育和资格培训

2017年在天津市教委的支持下，天津市经济贸易学校与英国奇切斯特学院共同成立了英国鲁班工坊，这也是中国中职学校建立的第一个鲁班工坊，致力于向世界各地提供标准的中餐烹饪技术学历教育和资格培训。目前，英国鲁班工坊形成了由中国饮食礼仪文化、盘饰及冷菜制作、热菜制作、面点制作、津派面塑5个模块构成的850小时的学习资源，截至目前已培训了1 500多位中餐人才。英国鲁班工坊成立5年来，硕果累累。值得一提的是，2019年1月，中国传统春节来临之际，天津市经济贸易学校的4位烹饪大师带领英国鲁班中餐烹饪艺术专业的师生，受邀在伦敦唐宁街10号英国首相府，为包括时任英国首相特雷莎·梅、中国驻英国大使刘晓明在内的200余名宾客奉上"年夜大餐"。此外，鲁班工坊的师生还受邀在剑桥大学圣约翰学院、奇切斯特学院克劳利校区、利物浦市希尔顿酒店进行了三场路演展示，得到了英国民众的欢呼与认可。作为英国鲁班工坊第一批毕业生的David Joseph Critchley早已成为了英国"网红"中餐厨师。

深入开展中德职业教育交流与合作

中德职业教育合作是中国改革开放以来起步最早、范围最广、效果最实的对外职业教育合作，成为两国人文交流的一大亮点。中国和德国都有着重视教育、崇尚创新的优秀传统，双方都高度重视职业教育在发展经济、保障民生、促进就业中的重要作用。德国的职业教育一直处于全球领先地位，其"双元制"职业教育模式培养的技能人才为德国经济持续发展提供了源源不断的动力，这种职业教育模式也成了全球典范。

一、中外互学互鉴典型模式

中国产业结构从中低端向中高端稳步迈进，职业教育做出了不可磨灭的贡献。在这种职业教育模式下培养出的技术技能人才传承了严谨务实、精益求精的工匠精神也广为世人称道。近年来，中国建成了世界上规模最大的职业教育体系，拥有近1.3万所中、高等职业学校，开设约10万个专业点，基本覆盖国民经济各个门类，在校生近3 000万人，每年培训上亿人次。

中德职业教育合作交流已有40余年的发展历史，它伴随着我国改革开放而起步，伴随着中德经贸合作推进而腾飞，伴随着我国职业教育改革创新迎来了发展新局面。中德职业教育交流与合作经历了借鉴移植、师资培训、合作办学、高质量发展四个阶段，随着双方交流与合作的不断深入，在两国政府大力支持和积极推动下，中德职业教育合作卓有成效，促进了双方职业教育领域的相互理解、合作与交流，两国职业教育在政策对话、校企合作、校际交流、教学改革、师资培训、学生培养、职教科研等领域取得了丰硕成果，越来越多的高职院校从中受益，同时也对中德两国的社会经济发展起到了积极的推进作用。面对全球产业百年未有之大变局，唯有在"一带一路"建设的框架下实现"中国制造2025"与"德国工业4.0"对接，以开放包容、互学互鉴为准则，中德两国职业教育方可携手为构建人类命运共同体培育源源不竭的大国工匠。因此，中德两国合作交流是职业教育发展的必然选择。

二、中德职业教育合作交流发展历程

第一阶段是20世纪80年代—21世纪初。中德职教合作模式主要是借鉴和移植，即仿效德国"双元制"职业教育经验，德国派遣职业教育领域专家来华指导，并在此期间建立了100多个中德职业教育合作单位。1979年，德国巴伐利亚州部长、汉斯·赛德尔基金会主席弗里茨·皮尔克博士通过中国人民对外友好协会与中华人民共和国建立了交往关系，这是中德就教育政策的最初对话。1980年，时任中国教育部部长蒋南翔访德，正式打开了职业教育合作大门。同年原国家教育委员会外事局与汉斯·赛德尔基金会国际交往与合作所签署了教育领域合作意向书，中德教育领域合作进一步深入。1983年，中国教育部与汉斯·赛德尔基金会签署《中华人民共和国教育部与德意志联邦共和国汉斯·赛德尔基金会合作协议》及《补充协议》，拉开了中德合作的序幕。同年成立中德南京建筑职教中心和上海师资培训中心，这是中德合作最初的职业教育项目。德国职教模式真正意义上在中国的实践，始于1985年原国家教育委员会确定在苏州、无锡、常州、沙市、沈阳、芜湖6城市先行试点的德国"双元制"职教模式。此后，中国建设部、铁道部、电力企业联合会在相关行业也开展了"双元制"职业教育试点工作。中德政府共同支持建设了天津中德现代工业技术培训中心等一些具有重要影响的职业院校。1990年成立首个中国职业技术教育中心研究所，同期上海职教研究所、辽宁职教研究所成立，成为中德职业教育合作的标志性成果，引领了职业教育科学研究和教学改革。1994年，国务院总理李鹏和联邦德国总理科尔在波恩共同签署《中华人民共和国政府和德意志联邦共和国政府关于加强职业教育领域合作的联合声明》以下简称《声明》。这是迄今为止中国政府与外国政府专门就职业教育签署的唯一一个双边协议，是两国职业教育交流与合作的纲领性文件。《声明》提出"促进中国的职业教育是双方政策的重点"。1999年开始，原中国外经贸部、劳动部与德国经济技术合作与发展部启动"南京下岗失业妇女再就业项目"等职业培训和就业促进项目。

第二阶段是21世纪初始十年。师资培训是该阶段中德职教合作的重点内容。在我国职业院校中选取院（校）长和骨干教师赴德进修取经，切身体验德国"双元制"职业教育模式，与此同时探索符合我国国情的"本土化"职业教育实践思想和方法。1997年，原国家教育委员会和德国国际发展协会签署合作协议，实施"中德职业教育管理人员培训"项目。这是中德合作首个培训职教管理人员项目。2001年，国务院副总理李岚清与德国总理施罗德在北京主持召开第二次中德高技术对话论坛，论坛期间中德签约建立"太仓德资企业专业工人培训中心"。2003年，中国教育部与德国国际合作机构实施"中德职业教育教师进修项目"，使得中德职教师资培训进一步深入合作。2004年，同济大学中德工程学院把应用技术大学模式首次引入我国，被德国联邦政府《中国战略2015—2020》誉为中德教育合作之灯塔。2006年，中国教育部同意天津大学、东南大学与德国马格德堡大学共同实施"中德联合培养职业教育学硕士"项目。2007—2009年，中国教育部与德国多个组织分别合作，举办各类师资进修、教学质量管理等培训项目，进一步拓展中德职教师资培训范围，如苏州健雄职业技术学院与德国工商行会海外部（AHK）上海代表处合作建立"中德职业技术教育培训中心"，为中国"长三角"地区德资企业培养高技能人才。此后青岛、沈阳、成都等地建立了中德产业园区，一批中德合作的职业院校成为配套工程，高素质技能人才成为各地招商引资的优势条件。

第三阶段是2010—2019年。在"中德职教合作联盟"成立后的十年里，中德职教合作的形式和途径更加多样化。中德双方齐心协力，共同打造跨部门、跨行业、开放性的职业教育合作平台，合作项目几乎覆盖全国，从东部沿海地区向中西部地区延伸，从职业院校向地方院校、社会机构延伸，从传统专业技术领域向新技术领域延伸，社会影响力不断扩大。2010年8月，中共中央、国务院印发的《国家中长期教育改革和发展规划纲要（2010—2020年）》，明确提出"大力发展职业教育"，为我国职业教育改革和发展提供了新机遇，同时强调要扩大教育开放，加强国际交流合作。在政策的影响下，同年10月，以"扩大交流、拓展合作、促进发展"为主题的2010中德职业教育交流大会在山东青岛召开，教育部国际合作与交流司与德国职业教育联盟签署了《中德职业教育合作协议》，为两国职业教育机构开展多领域的交流与合作提供有力依据，它明确规定，中德利用双方优质教育资源，通过遴选推荐合作项目与项目成果转化等手段，促进中德职业教育有关机构开展多领域的交流与合作，不断完善两国职业教育体系，使职业教育在未来能够更好地满足经济和社会对其提出的更高要求。2010年前后，中国教育部与德国国际合作机构（GIZ）、德国五大汽车制造商联合启动了"中德职业教育汽车机电合作项目"，开发机电一体化汽修培训课程标准。2011年，国务院总理温家宝与德国总理默克尔共同主持首轮中德政府磋商期间，共同签署了《中华人民共和国教育部与德意志联邦共和国教育与研究部关于共同设立"中德职教合作联盟"的联合声明》。双方约定，共同打造"跨部门、跨行业、开放性的职业教育合作平台"，提升职教合作的水平。这意味着中德职教合作建立示范伙伴关系。2012年，国务院总理温家宝和德国总理默克尔共同主持第二轮中德政府磋商期间，共同达成了"双方支持在重庆、上海、沈阳、广州和青岛开展职教示范项目"的协议，为中德职教合作的发展奠定了基础。2013—2015年间，由于"中德高等职业教育合作联盟"成立，中国地方院校逐渐成为中德职教合作的主力军。2014年，国务院总理李克强与德国总理默克尔共同主持第三轮中德政府磋商，共同发表了《中德合作行动纲要：共塑创新》，提出双方将进一步采取各种措施，吸纳各种力量和机构参与和支持中德职教合作，完善"中德职教合作示范基地"运行机制，支持有条件的中国职业院校和机构与德国机构合作或建立"中德职教合作中心"这意味着，中德职教合作建立全方位战略伙伴关系。

2016年，教育部印发的《推进共建"一带一路"教育行动》，中共中央办公厅、国务院办公厅印发的《关于做好新时期教育对外开放工作的若干意见》，都强调了加强国际教育沟通合作。同年，国务院总理李克强和德国总理默克尔在北京共同主持第四轮中德政府磋商，双方愿在现有中德职教联盟基础上升级两国教育合作，拓展了中德双方职业教育合作的深度和广度。2017年5月24日，中德职业教育合作研讨会在北京召开。该会议是中德高级别人文交流对话机制首次会议的7项配套活动之一，以"寄语中德职教未来发展"为主题，旨在总结、展示中德职业教育合作取得的成绩和经验，分享典型案例，探讨合作前景，使职业教育为促进中德经济发展和民生福祉作出更大贡献。在会上，中德双方共同签署了《中华人民共和国政府和德意志联邦共和国政府关于建立中德高级别人文交流对话机制的联合声明》，将中德职业教育合作提升到新的高度。

第四阶段是自2019年至今。随着职业教育重磅政策和文件的发布，中国职业教育迎来发展的春天。中德职业教育合作交流从此前的建立多数量平台逐步向高质量发展转变。2019年2月，国务院印发《国家职业教育改革实施方案》，再次彰显现代职业教育发展在推动国民经济社会健康发展中的基础性、先导性、全局性地位。此后，全国各地职业教育改革发展实施方案等政策相继出台，进一步明确了职业院校国际交流工作的方向。同年4月，教育部、财政部发布的《教育部 财政部关于实施中国特色高水平高职学校和专业建设计划的意见》指出，提升国际化水平，加强与职业教育发达国家的交流合作，引进优质职业教育资源。各职业院校在中德人文交流对话机制正式建立的背景下，主动对接国家战略，充分发挥各地的办学优势，积极引进、共享国际优质教育资源。为了贯彻《国家职业教育改革实施方案》《国务院关于加快发展现代职业教育的决定》《国务院办公厅关于深化产教融合的若干意见》《教育部关于深入推进职业教育集团化办学的意见》等文件的精神，依托中国"一带一路"倡议，由德国各产业协会、职业院校以及职业教育机构等联合发起"中德职业教育产教融合联盟中方理事会"在2019年10月30日正式成立。联盟的成立深度推进了中德职业教育产教融合联盟全面服务中国制造强国战略，适应了先进装备制造业等专业群发展要求，推进了职业教育规模化、联盟化发展，促进了中国职业院校与德国行业企业、职业院校等紧密合作交流、资源共享，完善了现代职业教育体系，为中德两国经济社会发展、先进制造业发展培养更多更好的技术技能人才搭建了桥梁。2021年7月8日，教育部办公厅发布《教育部办公厅关于开展中德先进职业教育合作项目遴选工作的通知》。中德先进职业教育合作项目（简称

SGAVE项目）是教育部与德国等欧洲职业教育模式先进国家行业龙头企业联合实施的职业教育合作项目。SGAVE项目首先遴选SGAVE项目院校，然后在校内实施在德国"双元制"模式，以此来建立健全适合我国国情的汽车、智能制造、新一代信息技术等领域的相关专业人才培养体系。通过遴选，全国共有216所高职院校入选，涉及238个试点专业。其中，"双高"院校85所，涉及试点专业101个；非"双高"院校131所，涉及试点专业137个。2022年12月，中共中央办公厅、国务院办公厅印发了《关于深化现代职业教育体系建设改革的意见》，将创新国际交流与合作机制作为当前阶段的重点工作之一。文件的颁布，在很大程度上促进了中德两国间的职业教育合作向更深更广的方向发展，同时也为中国的职业教育发展注入更加强大的动力。

❀ 三、对我国职业教育对外合作的影响 ❀

中德职业教育合作是中德两国在教育领域中长期合作的重要组成部分，为我国在更广泛领域的对外合作树立了样板。中德职业教育不仅促进了两国职业教育的交流与合作、两国职业教育体系的互学互鉴，而且将学校与企业结合的德国经验融入中国实践，形成了中国特色的校企合作办学模式和工学结合人才培养模式，更重要的是，为中国特色职业教育理论的发展奠定了基础，培养了一批高素质的技术技能人才。

（一）推进两国职业教育改革，促进互学互鉴

德国是中国最早也是最大的职业教育合作伙伴。中德职业教育合作促进了两国职业教育的交流，增强两国职业教育体系的互学互鉴。中德两国的职业教育体系有着很大的不同，中德职业教育合作的开展，中国以借鉴和应用德国"双元制"职教模式为基础，与多家德国机构在师资及管理人员培养培训、课程大纲和教纲教材联合开发、校企合作等方面开展了卓有成效的合作。同时，德国也可以借鉴中国职业教育近年来发展的成功经验，为新时代德国职业教育的改革和发展提供新思路和新方向。通过职业教育合作的开展，也增进了中德两国人民之间的了解和友谊，为两国关系的发展和在其他领域的交流合作打下更加坚实的基础。

（二）提高两国劳动力素质，推动经济发展

中德职业教育合作的开展，可以提高两国劳动力素质，为两国经济的发展提供人才保障。德国职业教育一直以来以其实践性、专业性、技能性而著称，其培养的学生往往具有强大的技能和实践经验，在德国工业制造、机械制造等领域拥

有着很高的声誉。中国的职业教育注重理论和实践相结合，为中国的制造业、服务业等领域培养了大量"软素质＋硬技能"的技术工人和管理人才。两国职业教育的合作，不仅可以提高两国劳动力素质，还可以为两国企业的国际化提供更多的人才支撑。

（三）培养国际化人才，增强国际竞争力

进入 21 世纪以后，随着经济全球化和教育国际化的发展程度加深，我国职业教育在学习借鉴德国发展职业教育的经验过程中，也形成了独具特色的经验，比如"集团化办学""示范校建设"等。随着"一带一路"倡议的推进，一批重大工程和国际产能合作项目相继在沿线国家落地和发展，为职业教育"走出去"提供了平台。一些学校培养出的高素质高技能人才可以直接签约成为德国分公司的正式员工，为中国企业"走出去"提供本土化人才支撑，在很大程度上提升了我国职业教育的国际竞争力，也为两国的国际交流和合作搭建更多的平台。

四、中德职业教育合作的成效与经验

在 40 余年的中德职业教育合作过程中，涌现了一批合作典范。一些地方结合区域实际情况，对中德职业教育合作发展进行了有益探索，值得关注和借鉴。

（一）上海：中德携手打造职教合作示范基地

为落实《国家中长期教育改革和发展规划纲要（2010—2020 年）》的有关内容和要求，配合国家"大力发展职业教育"方针的实施，教育部与德国联邦教育与研究部（BMBF）在首轮中德政府磋商期间签署了《关于共同设立"中德职教合作联盟"的联合声明》。作为"中德职教合作联盟"倡议框架下的一项重要合作内容及统筹联盟内各项合作的重要载体，中德双方约定共同在华建设一批"中德职教合作示范基地"。依托同济大学建立的"中德（上海）职教合作示范基地"是首批两家中德基地之一。该基地由中国教育部、德国教育与研究部、上海市教委、同济大学等主体共同建设。基地旨在打造跨机构协调平台，以中德合作与交流为基本手段，立足上海、辐射长三角、服务全国，通过职业教育领域的研究开发、咨询指导、培训推广、管理协调等工作，在政府、行业企业及职业院校的参与下，充分挖掘和推广中德职教合作的成功经验，促进中德职教合作层次和效益的提升。目前基地开展的工作主要有：编撰《德国教育动态信息》，开展德国职业教育专题研究并提供政策建议；建立中德职业教育学者定期交流研讨机制；德国职业教育标准和经验的借鉴及本土化；组织职业教育师资培训、研修并跟踪后续专业化发展等。

（二）陕西：中德携手促进"双高计划"建设

陕西工业职业技术学院作为"双高计划"A档院校，在"双高计划"建设期，充分发挥"中德高等职业教育联盟（陕西—柏林）"平台，启动与德国拉腾市的职业教育合作项目，不断优化现有合作项目，深化合作内容。扩大与德国高校、职业教育机构的合作，建立多个教师学术科研合作项目，学生交流交换和学分互认项目，持续扩大教师和学生的国际视野，促进中外人文交流。对接服务制造强国的重点产业领域，借鉴"双元"制模式，与德国高校开展专业、课程、实训室共建方面的合作项目，引进内化德方优质教育资源，提升专业和课程的国际化水平，加强技术技能人才的国际化培养。对接德资企业和德国制造，围绕国际产业链，加强与德国应用技术类大学、行业协会的合作，引进一批国际通用的资格证书，扩大学生在跨国企业和海外的实习就业机会，增强创业能力。围绕双师队伍和专业群建设的国际化，设立中德双元制精英师资提升项目，提升教师的专业教学能力、专业技术水平、实践操作技能和国际视野格局，培养高素质、专业化、创新型的教师队伍，建设引领专业教学模式改革的教师创新团队。

（三）天津：中德携手探索"国际化"办学新模式

作为国内最早引入德国"双元制"模式、具有30多年国际化办学经验的天津中德应用技术大学，始终致力于国际化教学理论研究、教学改革实践突破、人才培养路径创新，并取得了显著成效。在引入"双元制"的初期，提出"先期重仿，长期重创"的国际化特色办学思路，学校首创双元制本土化模式，结合我国本土化办学的领先经验与特色，形成了30多年深厚底蕴的国际化办学传统和基因。在中德、中日、中西政府间合作项目的基础上，学校与多国相关机构签署40多份合作协议和谅解备忘录，形成"德国合作为本、国际合作多元化"办学特色。2013年，学校成为教育部"中德（天津）职教合作示范基地"，承担了9个国际化专业教学标准的开发与应用，并向汽车检测与维修技术、航空电子设备维修等专业推广应用，与国内行业企业联合培养国际视野技能人才，逐步实现与国际标准承接的互认体系，该校的国际化办学理念开始注重在民族的、多元化国际合作中的交流与发声。2015年11月之后，天津中德应用技术大学新申报本科专业培养标准部分引入了国际化标准，成为应用技术大学国际化办学的新起点。2017年，天津市政府确定该校为"双一流"项目建设单位，支持建设"一流应用技术大学"，学校紧紧围绕建设"世界一流应用技术大学"的目标，传承并发展国际化办学特色，全面增强国际竞争力，不断探索和完善国际化人才培养模式。

（四）广东：中德携手培养高素质技术技能人才

广东机电职业技术学院数控技术专业是国家双高"数控技术专业群"骨干专业、全国职业院校装备制造类示范专业、"国家数控技术技能型紧缺人才培训基地""中央财政支持的数控实训基地"等。专业教学条件突出、资源丰富，服务大湾区智能装备制造业，对接产业清晰，专业特色与优势明显。2022年，该校凭借数控技术专业获批教育部"中德先进职业教育合作项目（SGAVE）试点院校"。中德先进职业教育合作项目拟借鉴德国等欧洲国家行业龙头企业开展"双元制"人才培养的技术和经验储备，打造高素质技术技能人才培养国际合作精品项目，为我国制造业转型升级和高质量发展奠定人才基础。通过此次SGAVE项目的立项建设，中德联合开发和实施适应我国国情的智能技术技能人才培养方案和教学标准，构建智能制造专业课程体系、评价和认证体系，切实提高教师团队的模块化教学能力，并开展学历教育与证书培训贯通探索。同时发挥中德先进制造业教育合作项目的引领和辐射作用，与区域内职业院校共享优质教学资源，带动相关专业共同发展。

依托鲁班工坊，树立我国职业教育的国际品牌

鲁班工坊以鲁班的"大国工匠"形象为依托，采取学历教育与职业培训的方式，将天津作为国家现代职业教育改革创新示范区的优秀职业技术和职业文化，输出国门与世界分享，服务国家"一带一路"建设，为当地培养熟悉中国技术、了解中国工艺、认知中国产品的技术技能人才，搭建起的天津职业教育与世界对话与交流的实体桥梁。可以说，鲁班工坊就是推进职业教育国际化的深刻实践。

一、我国职业教育的国际品牌

随着经济全球化的不断深入，我国出台了一系列的政策支持职业教育国际化发展，其中最为重要的是中共中央办公厅、国务院办公厅印发的《关于做好新时期教育对外开放工作的若干意见》以及教育部发布的《推进共建"一带一路"教育行动》。这些文件都明确提出，要大力提升教育对外开放治理水平，完善教育对外开放布局，加强与大国、周边国家、发展中国家、多边组织的务实合作，充分发挥教育在"一带一路"建设中的重要作用，形成重点推进、合作共赢的教育对外开放局面，鼓励中国优质职业教育配合行业企业"走出去"，探索开展多种形式的境外办学，培养当地急需的各类"一带一路"建设者。在国家职业教育改革创新试验区、示范区建设的基础上，天津充分利用职业教育政策优势，秉持开拓创新的职业教育发展理念，加快推进职业教育国际化发展，努力提升职业教育国际化水平，在实现国际教育资源本土化、推动国内外优质职业教育资源互鉴、互补和共享等方面取得显著成果。2012年，天津在全国率先进行高职国际化专业教学标准开发试点工作，开发研制了的50个国际化专业教学标准顺利完成教育部试点工作。这些探索性工作不仅为全国职业教育推进国际化改革提供了成功示范，也为天津职业教育国际化新发展奠定了基础。在这样的背景下，以中国古代的杰出工匠鲁班命名的职业教育国际交流平台——鲁班工坊应运而生。这是天津市教委依据教育部与天津市签署的《关于共建国家职业教育改革创新示范区协议》提出的创新型国际化职业教育服务项目。

二、推进鲁班工坊建设工作

（一）鲁班工坊项目的筹划期

2010—2015 年是鲁班工坊项目的筹划期。2010 年，天津国家职业教育改革创新示范区建立。同年，教育部高职高专自动化技术类教学指导委员会启动工程实践创新项目（EPIP）建设。2012 年，天津市承接开发 50 个国际化专业教学标准的任务，《工程实践创新项目教程》（中文版）正式出版。2013 年，《工程实践创新项目教程》（英文版）正式出版，天津市启动 131 个国际化专业教学标准试点班建设工作。

2015 年 10 月颁发的《高等职业教育创新发展行动计划（2015—2018 年）》强调，高职院校要配合国家"一带一路"倡议，助力优质产能"走出去"，扩大与"一带一路"沿线国家的职业教育合作；同年，天津市升级为国家现代职业教育改革创新示范区，致力于为职业教育国际化发展与合作搭建平台，教育部职成司指导天津市着手对鲁班工坊项目进行前期调研、方案设计、标准制订工作，鲁班工坊项目正式启动。

2016 年 3 月 8 日，天津渤海职业技术学院在泰国大城技术学院建立的鲁班工坊揭牌。这是我国在海外设立的首个鲁班工坊，标志着鲁班工坊建设进入发展期。2016 年 12 月 2 日，在北京召开推进职业教育现代化座谈会，国务院副总理刘延东对国家现代职教示范区、在境外建设首个鲁班工坊给予充分肯定。2016 年 12 月 12 日，教育部部长陈宝生在福州召开的现代职业教育发展推进会上提出美国有爱因斯坦，也有爱迪生，中国要有孔子，更要有鲁班，对鲁班工坊的建设给予高度肯定。

2017 年 5 月，鲁班工坊登陆欧洲，在被称为"世界工业革命摇篮"的英国成功运营。这也是中国中等职业学校建立的第一个境外鲁班工坊。2017 年 12 月，中国首个在应用型大学建立并分享四个国际化专业标准的境外鲁班工坊——印度鲁班工坊，揭牌启用。同时，第一个在"21 世纪海上丝绸之路"首倡之地建设的鲁班工坊——印尼鲁班工坊揭牌。印尼鲁班工坊由天津市东丽区职业教育中心学校与波诺罗戈市第二职业技术学校共同建设，在汽车维修、新能源技术、工程实践创新、无人机技术等领域开展了一系列的培训，先进的教学设备和扎实的教学内容获得广大印尼师生好评。

（二）鲁班工坊研究与推广中心正式成立

2018 年 1 月，鲁班工坊研究与推广中心正式成立。中心旨在开展工程实践创新项目（EPIP）研究及鲁班工坊建设标准、模式、评价机制等内容的研究；2018 年 5 月，中国天津–印尼东爪哇职业教育发展研究中心正式成立，旨在开展国际化专业教学标准开发等相关研究；同期我国第一个以鲁班工坊为主题的特色展馆——鲁班工坊建设体验馆，开馆运营，集中展现鲁班工坊的建设历程和成效。场馆整体面积560 m²，建有10个展区，接待中外参观人员近2万人。中央政治局委员、国务院副总理孙春兰参观场馆，并对鲁班工坊建设给予高度评价。她指出，把中国的技能通过鲁班工坊这样一个载体传播到国外，服务国家"一带一路"建设，值得充分肯定。2018年7月，鲁班工坊铁院中心正式成立，旨在服务中泰铁路建设、运营与维护，培养熟悉中国高铁技术、标准、产品的本土化人才；同期中巴经济走廊上的鲁班工坊——巴基斯坦鲁班工坊正式揭牌。2018年10月，服务"一带一路"沿线国家的国际化职业教育培训基地鲁班工坊——柬埔寨鲁班工坊正式揭牌。2018年12月，中葡合作示范项目——葡萄牙鲁班工坊成立；同时，工程实践创新项目（EPIP）教学研究中心正式成立。中心的设立旨在推动EPIP教学研究并推动鲁班工坊标准与模式的发展，巩固鲁班工坊的成果，探索鲁班工坊建设模式，进一步挖掘鲁班工坊服务职业教育国际化的策略。

2019年3月28日，由天津铁道职业技术学院、天津第一商业学校、吉布提工商学校和中国土木工程集团有限公司共同建设的吉布提市鲁班工坊正式揭牌成立。这是我国在非洲设立的首个鲁班工坊，一期开设铁道运营管理、商贸等4个专业。同年，由天津城市职业学院与肯尼亚马查科斯大学共建的肯尼亚鲁班工坊正式揭牌运营。习近平主席曾在中非合作论坛北京峰会开幕式主旨讲话中郑重承诺，我国将"在非洲设立10个鲁班工坊，向非洲青年提供职业技能培训"。截至目前中国已在非洲11个国家设立了12所鲁班工坊，超额完成任务。

（三）成立"鲁班工坊建设联盟"

2020年11月6日，72家院校、企业、科研机构和社会组织组成"鲁班工坊建设联盟"，研究制定鲁班工坊建设标准，开展鲁班工坊立项、质量监管和终止退出工作，推动鲁班工坊在世界各地加快项目建设、提升办学质量、扩大影响力。2020年11月27日，尼日利亚鲁班工坊"云揭牌"暨启用仪式在阿布贾大学与天津中德应用技术大学同步成功举行。2020年12月9日，天津理工大学依托在科特迪瓦建有孔子学院的优势，与享有"科特迪瓦清华大学"之称的亚穆苏克罗国立博瓦尼理工学院强强联合，共建科特迪瓦鲁班工坊。

2021年4月29日，在天津市委、市政府的大力支持下，由天津铁道职业技术学院和天津市鲁班工坊研究与推广中心联合成立鲁班工坊产教融合发展联盟。联盟由35家企业和21所参建鲁班工坊的职业院校组成，旨在共同推动国际产教融合、校企合作，实现共建共享共同发展。这是继2020年11月6日"鲁班工坊建设联盟"成立以来又一个以鲁班工坊为载体的全国性联盟组织，也是推进国家品牌项目鲁班工坊服务"一带一路"建设的重要举措。

2022年11月29日，塔吉克斯坦鲁班工坊启动仪式在天津城市建设管理职业技术学院和塔吉克斯坦技术大学同步举行。这是我国在中亚地区建成的首家鲁班工坊。塔吉克斯坦鲁班工坊不仅贯彻落实中塔两国元首重要共识的成果，也是落实"中国＋中亚五国"外长会晤成果的重要举措。

近年来，天津已在19个国家建成25个鲁班工坊，并在海外建立起从中职到高职再到本科、专业硕士，从技术技能培养到技术综合应用，从学历教育到社会培训全覆盖的职业教育输出体系。鲁班工坊开设的专业日益增多，已涵盖自动化、工业机器人、云计算、新能源、铁道、动车组检修、汽车、机械、电子信息、通信、餐饮、物联网等领域，为蒙内铁路、亚吉铁路、匈塞铁路、中泰铁路、中老铁路等项目培养了一批适用性技术技能人才。在不断地创新和探索过程中取得相当可观的成果，比如在建设模式上，创建了基于多个院校合作共赢的一坊两中心模式，构建了不同鲁班工坊之间的中高职相互衔接的办学模式；在运营管理机制上，支持和创建了两个全国性的联盟组织，为鲁班工坊这一国家品牌的全球发展提供了有力支撑；在科研支撑上，充分发挥了鲁班工坊研究与推广中心的智库功能。截至目前，共开展学历教育3 000余人，面向中资企业、合作国当地企业开展培训超过10 000人。职业教育的"中国模式"在海外熠熠生辉。

三、推动我国职业教育国际化

鲁班工坊作为创新型职业教育国际化服务项目，经过2016—2023年七年的建设，在办学模式、专业建设等方面都取得了突出成就，探索出一条天津职业教育国际化发展的特色之路，为我国职业教育国际化积累了可复制、可借鉴、可推广的经验，推动我国职业教育国际化从低水平国际交流与合作迈向高水平国际交流与合作。

（一）丰富职业教育国际化办学内涵

随着世界各地鲁班工坊如雨后春笋般地成立，囊括工程、实践、创新和项目四大核心理念的教育部工程实践创新项目（EPIP）正沿着"一带一路"走向世界。鲁班工坊的建设秉持着因地制宜、产教协同的主要原则，由国内的职业院校发起，重点面向"一带一路"沿线国家，基于当地经济产业发展的人才需求，输出我国优质的职业教育资源和教学模式以及企业产能和服务，培养出一大批既具备国际视野、通晓国际规则，又具有创造性思维、实践能力和创新能力的本土化技术技能人才。通过项目实施，不仅提升了职业院校的国际合作能力，拓宽了院校管理者、教师和学生的视野，还在很大程度上增强了中国职业教育的自信，带动了职业院校的内涵质量建设。鲁班工坊基于当地社会经济发展对各式各样人才的需求开发和建设了相关的专业课程，满足当地人才技能提升的需求，扩大了职业教育专业领域。

（二）发挥平台功能助推国际产教融合

在"一带一路"倡议下，中国企业加大了"走出去"的步伐。职业教育适时而动，全力培养当地熟悉中国技术、产品、标准的技术技能人才。具体来看，鲁班工坊通过采取职业培训、学历教育等方式，在输入地开展职业教育和技术技能培养培训，有力地促进了我国企业的服务和产品输出，提升中国企业在国际上的竞争力。如天津圣纳科技有限公司研发的新能源汽车依托鲁班工坊输出设备的标准配置而成为泰国大城的新能源汽车改造指定商；东方亨瑞科技发展有限公司承接了鲁班工坊空中课堂项目后，其生产的交互智能平板就注册了国际品牌MAXHUB，并进入东南亚市场；肯尼亚鲁班工坊、南非鲁班工坊为华为公司在非洲的发展培养了大批信息与通信技术技能人才。鲁班工坊研推中心的统计数据显示，目前鲁班工坊合作的中外企业数量达到66个。这些单位在专业教学、实训教学、实践教学以及校企协同发展等方面开展了广泛合作，为相关企业培养培训了大量的本土技术技能人才。

（三）人才培养规模质量实现"双高"

鲁班工坊对国际化高质量人才的培养具有重要价值。鲁班工坊既为海外中国企业提供人才支撑，又为当地经济发展培养和培训本土化技术技能人才。如马来西亚鲁班工坊不但为马来西亚师生提供职业技术培训，同时还向东盟各国职业院校师生开放。据统计，一期培训有包括BIM建模等4门课程上线运行，二期上线课程包括建筑施工、虚拟现实和无人机3个专业的8门课程，并为外籍师生开展各类讲座十余场。截至目前，有200余人的外籍在校学生、中资驻海外企业及外籍待就业人员参加了课程培训。

四、"鲁班工坊"的国际影响

（一）泰国鲁班工坊："一坊两中心"助力人才的高质量培养

泰国鲁班工坊作为我国在境外建立的第一所鲁班工坊，在三期建设的过程中逐渐探索出一条融合多所院校优质国际专业共同建设鲁班工坊的创新路——鲁班工坊"一坊两中心"模式，即"一个鲁班工坊，内设渤海中心、铁院中心两个中心"，以天津渤海职业技术学院机电一体化技术、物联网技术、数控机床技术、新能源汽车技术和天津铁道职业技术学院（高铁）动车组检修技术、（高铁）铁道信号自动控制等优质教育资源为支撑，采用双方共同管理的模式，天津渤海职业技术学院和天津铁道职业技术学院分别负责渤海中心和铁院中心教育教学标准、项目运行质量监控管理等工作，泰国大城技术学院负责招生、日常的教育教学管理等工作。"一坊两中心"模式的实施，极大地提升泰国鲁班工坊的职业教育学历教育与职业培训的服务能力和服务水平，使得泰国鲁班工坊成为专业设置齐全、教学理念先进、技术装备精良、功能辐射广泛的优质境外办学项目，能够同时开展学历教育与技能培训、技能大赛与设备研发、师资培养与合作交流，不仅服务泰国经济社会发展，还可以辐射周边东盟国家。五年来，渤海中心共招收留学生192人，短期培训600多人。泰国鲁班工坊除对泰国师生学习训练外，还对东盟国家职业院校师生开放，目前已累计交流培训学生7 500余人次，其中8人次荣获所在国技能大赛奖牌，特别是2019年泰国鲁班工坊留学生参加泰国首届"职业教育宝石王杯"大赛，并荣获金牌冠军诗琳通公主宝石王杯。目前已毕业的21名泰国留学生，7人到本科院校深造，其余均已就业，就业率达100%。铁院中心（高铁）动车检修技术专业9名学生全部进入泰国本科院校继续深造。

（二）埃及鲁班工坊："中高职衔接"推进职业教育纵向贯通

埃及鲁班工坊是落实中埃两国元首共识而创立的。2019年4月25日，第二届"一带一路"国际合作高峰论坛期间，国家主席习近平会见埃及总统塞西时提出：中方将在埃及设立鲁班工坊，向埃及青年提供职业技能培训。埃及鲁班工坊是在一个国家同时建立两个鲁班工坊的特例，致力于通过与埃及教育与技术教育部合作开展中职层次的职业教育合作，与高等教育部合作开展高职教育合作。在天津市委、市政府的领导下，天津轻工职业技术学院携手天津交通职业学院自2018年12月启动与埃及艾因夏姆斯大学和开罗高级维修技术学校合作共建鲁班工坊，与艾因夏姆斯大学合作建设鲁班工坊高职教育层次，项目位于艾因夏姆斯大学工程学院院内，共计1 200 m²，创建了数控设备应用与维护、新能源应用技术、汽车运用与维修技术3个专业；与开罗高级维修技术学校合作建设的鲁班工坊中职教育层次，项目位于开罗高级维修技术学校校内，共计620 m²，创建数控加工技术、汽车维修技术两个专业以及面向全体学生创新教育的电脑鼠实训区。埃及鲁班工坊致力于在埃打造中高职贯通的鲁班工坊职业教育体系，即学生在开罗高级维修技术学校鲁班工坊完成中职阶段数控技术加工专业、汽车维修技术专业的中等职业教育学习后，可升入艾因夏姆斯大学鲁班工坊，进行高职阶段数控设备应用与维护专业、汽车应用与维修技术专业的学习，毕业后可获得本科文凭。

（三）马来西亚鲁班工坊："全方位合作"引领职业教育国际化发展

马来西亚鲁班工坊是辽宁建筑职业学院和马来西亚新纪元大学学院、中国驻马来西亚合作办学企业合作创建的我国东北地区境外第一所鲁班工坊、马来西亚首家鲁班工坊。2020年11月13日，马来西亚鲁班工坊揭牌启用，致力于技术技能人才培养培训、国际专业教学资源开发、国际产教合作协同育人、中外人文交流培训、国际技能赛项资源开发、国际产教融合校企合作、中马师生交流互访等项目，呈现了与众不同的特色，取得了令人瞩目的成就，增进中马两国人民友谊。在鲁班工坊建设基础上，积极拓展中外合作办学项目，进一步打造集教学、实训、会议、住宿、餐饮于一体的国际教育学院和引领职业教育国际化发展，全方位开展国内外培训、师资交流，访学留学及各种国际合作工作，共同谱写马来西亚鲁班工坊高质量发展新篇章。马来西亚鲁班工坊已建设完成孔子学堂、陶艺馆、茶道茶艺体验中心、建筑信息模型体验中心、虚拟现实体验中心、建筑实体模型体验中心、无人机应用体验中心。建有 1 200 m^2 的鲁班工坊国际教学中心，其中包括鲁班工坊文化长廊、BIM-VR教学中心、多功能智慧教学中心、无人机室内实操中心、线上会议中心以及国际化的办公区域。

（四）英国鲁班工坊："中国标准"进入英国国家职业资格体系

英国鲁班工坊作为欧洲首家鲁班工坊，发展定位准确，建设规划科学，严格遵守鲁班工坊的内涵标准要求。创立以来，英国鲁班工坊始终致力于打造高端的中国餐饮品牌和中餐教育培训体系，通过开展中餐烹饪学历教育和职业资格证书认证，提高海外中国餐饮服务行业的技术水准。同时，配合中国装备"走出去"，搭建带动天津餐饮企业、食品集团企业拓展海外市场的平台，借助多形式的合作交流促进中西文化融合，搭建起中英民心相通的桥梁。英国鲁班工坊以天津国家现代职业教育改革创新示范区的建设成果为基础，对接英国学历资格证书开发流程，创建了"英国鲁班工坊中餐烹饪艺术"学历标准，其中二、三、四级学历均已纳入英格兰国家普通和职业学历框架，实现了中国标准进入英国国家职业资格体系（NVQ），课程得到英国政府财政支持，可供16岁~19岁的英国及欧盟学生免费学习。目前，英国鲁班工坊实现了自运转和可持续发展。项目建设得到中英双方政府的高度肯定，在英国及欧盟产生了较大的影响力。

（五）印尼鲁班工坊：携手共建"21世纪海上丝绸之路"

2013年10月，习近平主席在印尼首次向世界发出共建"21世纪海上丝绸之路"的倡议。2017年12月，天津市东丽区职业教育中心学校在波诺罗戈市第二职业技术学校建立印尼第一家鲁班工坊。印尼是农业大国，农业科技人才需求量大。因此，鲁班工坊重点教授无人机农业技术。在老师指导下，学生们从零开始学习，拆装、校准、操作、维护等每个步骤都学得很用心。项目建设围绕印尼本土产业发展需求和"一带一路"建设发展要求，在紧缺技能人才培养、人文交流、师资培训、技能竞赛、校企合作等方面取得了良好成效。合作共建汽车运用与维修、电子技术应用以及中餐烹饪3个专业，学历教育和职业培训均实现了规模化发展，通过开展汽车维修、新能源技术、工程实践创新、无人机技术等职业技能培训，先进的教学设备和扎实的教学内容获得广大印尼师生好评。近年来，印尼鲁班工坊为印尼东爪哇省培养了大批高素质技术技能人才，学历教育达到460人，社会培训1748人，对印尼东爪哇省职业院校开展了9期EPIP师资培训，培训印尼教师48名。

（六）埃塞俄比亚鲁班工坊："授人以渔"为非洲青年带来职业新机

中国不仅积极同非洲分享农业发展经验技术，支持非洲国家提高农业生产和加工水平，助力非洲农业发展，还大力支持非洲教育发展，根据非洲国家经济社会发展需要，帮助非洲培养急需人才。埃塞俄比亚鲁班工坊由天津职业技术师范大学和埃塞俄比亚联邦职业技术教育与培训学院共同建设，于2021年4月正式揭牌。近两年的时间里，埃塞俄比亚鲁班工坊为当地搭建了高水平的职业教育国际交流合作平台，在弘扬中国工匠精神、共享中国职业教育经验与方案的同时，也架起促进中非人文交流、民心相通的桥梁，为非洲培养适应经济社会发展急需的高素质技术技能人才。在疫情期间，大量中方老师无法前往埃塞俄比亚。为了保证鲁班工坊的交流效果，埃塞俄比亚留学生来到天津职业技术师范大学的工程实训中心学习着先进的"工业4.0技术"，培训内容包括工业机器人控制、机电一体化传感器技术和工业控制系统等，后来凭借着这些技能参加世界机器人大赛锦标赛，获得了不错的成绩。鲁班工坊作为中非双方搭建的高质量职业教育交流平台，授人以渔，培养人才，为非洲青年带来职业新机的同时，更为非洲国家的发展注入动力。

后 记

　　过去的30年，职业教育战线跃马扬鞭，锚定中国特色职业教育发展道路，以奋发有为的精神不断改革创新，干成了许多事关职业教育发展方向和发展格局的大事要事。为集中反映30年来我国职业教育改革发展历程和取得的显著成就，探索职业教育发展规律，为新时代职业教育发展提供科学借鉴，我们整理汇编了对职业教育发展具有方向性和长远影响的30件大事要事。

　　专项工作组坚持"大事突出，要事不漏，新事不丢"的原则，以事关职业教育全局、重点领域发展、政策引领发展、重点部门工作部署、历史转折节点的大事为标准，收集整理了30年来职业教育不同发展阶段的百余个关键词和大事。经专家组研讨认定，又从中选取出与育人方式、办学模式、管理体制、保障机制改革等相关的具有代表性的30件大事要事。

　　本书由教育部职业教育发展中心主任彭斌柏策划指导，副主任曾天山统筹组织，产教合作处处长唐以志具体推进，天津职业技术师范大学职业教育教师研究院李梦卿教授团队撰写。具体撰写人员有于子强、任艺、朱金玲、刘丹、刘晶晶、刘翕瑶、刘颖、李先伟、李兴海、李新发、李梦卿、余静、肖艳婷、张心怡、张洪华、昌厚峰、郭超、崔立鹏、韩雪军、董显辉。此外，教育部职业教育发展中心王泽荣、杜红军、贾平、颜彦负责项目统筹、条目整理和汇编统稿，其中，颜彦具体负责各项联络工作。

　　本书编写得到了陈衍教授的大力支持，张志增教授通读全书并提出了宝贵意见。高等教育出版社鼎力支持，为本书编辑出版付出了极大努力，在此致以诚挚的谢意。

　　由于时间和能力所限，本书难免有疏漏和不妥之处，在此诚挚地希望广大读者给予指正！

编写组

2023年9月

读者意见反馈

为收集对教材的意见建议，进一步完善教材编写并做好服务工作，读者可将对本教材的意见建议通过如下渠道反馈至我社。

咨询电话　400-810-0598

反馈邮箱　gjdzfwb@pub.hep.cn

通信地址　北京市朝阳区惠新东街4号富盛大厦1座　高等教育出版社总编辑办公室

邮政编码　100029